高职高专房地产类专业规划教材

物业统计

主　编　林德钦
副主编　全福泉　罗清萍　黄　姗
主　审　高鸿桢

武汉理工大学出版社
·武汉·

内容简介

本教材是“高职高专房地产类专业规划教材”之一。在总结国内外优秀统计学教学与实践成果的基础上，本教材做到了内容、结构的优化安排。基于统计的实际工作过程，本教材分为九大模块，结合统计实践，较为系统地介绍了统计学认知、如何获取数据资料、如何整理数据资料、描述数据的分布特征、时间序列分析、统计指数分析、抽样与抽样估计、假设检验与方差分析以及相关与回归分析等知识。通过这样的结构安排，既能使学生带着具体的问题进入各模块的学习，又不失知识的整体性与系统性。

本教材既可以作为高职高专物业管理、经济、企业管理等专业的教学用书，也非常适合作为从事商业统计工作人士的参考书。

图书在版编目(CIP)数据

物业统计/林德钦主编. —武汉：武汉理工大学出版社，2010.6
(高职高专房地产类专业规划教材)
ISBN 978-7-5629-3181-2
Ⅰ.①物… Ⅱ.①林… Ⅲ.①物业管理-统计 Ⅳ.①F293.33

中国版本图书馆 CIP 数据核字(2010)第 096028 号

出版发行：武汉理工大学出版社
地　　址：武汉市武昌珞狮路 122 号　　邮编：430070
http://www.techbook.com.cn　　理工图书网
印 刷 厂：荆州市鸿盛印务有限公司
开　　本：787×1092　1/16
印　　张：18.5
字　　数：384 千字
版　　次：2010 年 6 月第 1 版
印　　次：2010 年 6 月第 1 次印刷
印　　数：1—3000 册
定　　价：30.00 元
凡使用本教材的教师，可通过 E-mail 索取教学参考资料。
E-mail：wutpcqx@163.com　　louyanfang2004@sina.com
本社购书热线电话：027-87394412　87383695　87384729　87397097(传真)
凡购本书，如有缺页、倒页、脱页等印装质量问题，请向出版社发行部调换。

出版说明

在我国，房地产业已经成为国民经济的支柱性产业，而与之密切相关的物业管理行业，作为极具增长潜力的新兴服务产业，被称作“房地产的第二次开发”，更是迎来了加速发展的契机。房地产和物业管理行业的发展离不开优秀专业人才的支撑，这些人才既需要具备现代物业管理、房地产经营与管理领域的专业知识、理念和素质，熟悉相关行业的管理方法和手段，又要具备较强的实践操作能力和创新能力。

为了响应教育部关于“推出一批特色鲜明的高质量的高职高专教育教材，形成一纲多本、优化配套的高职高专教育教材体系”的目标，满足我国高速发展的房地产、物业管理等行业对优秀高职人才的迫切需求，我社在广泛、细致、深入调研的基础上，经申报立项，组织编写了这套系列教材。本系列教材将分期、分批出版。

本系列教材的编写具有以下特色。

◆ **定位准确，服务高职高专教育。** 本系列教材的编写紧紧围绕“为高等职业教育服务”这一宗旨，精选高职高专学生终生发展所需的基础知识和基本技能，遵循“适度、够用”的原则，突出“能力本位”和“就业导向”等高职教育特色，以实现社会需要、学科特点和学生发展三者有机统一。

◆ **内容全面，知识性与实用性兼顾。** 本系列教材以高职高专房地产类专业基本课程建设为依据，内容覆盖面广，知识含量多，为学生提供更丰富、多层次、跨学科的全面的专业知识。同时，本系列教材在适当介绍理论知识的基础上，突出强调实践环节的设计，在选材和案例分析上紧扣物业和房地产业务实践，以满足用人单位对人才的知识和技能要求。

◆ **可读性强，体例风格新颖。** 针对高职高专的教学特点，几乎每本教材均设置了“学习目标”、“本章小结”、“关键概念”、“复习思考题”、“实践与训练”、“案例分析”等栏目，讲练结合，体例新颖，可读性强，以期通过寓教于乐的方式加深学生对相关知识的理解与掌握。

参加本系列教材编写的教师均来自教学一线，有丰富的教学经验和科研成果，从而保证了教材的编写质量，使其具有一定的指导性和权威性。

为方便教师组织教学，本系列教材配有电子教案等教学参考资料。

本系列教材主要适用于高等职业技术学院、普通高等专科学校、本科院校的二级学院和成人高校的物业管理、物业设施管理、房地产经营与估价、工程管理、工程造价以及其他相关专业的教学，也可作为继续教育、自学考试、专业技能考试和国家相关证书考试的教学培训和参考用书。

武汉理工大学出版社

2009 年 12 月

高职高专房地产类专业规划教材

编委会

前　言

在目前国内出版的教材中，以《物业统计》命名的非常少见，难以满足物业管理专业教学和学习的需要。而在物业服务实际工作中，很多时候需要用到统计学方面的知识。为了较好地解决这一现实矛盾，笔者编写了这一教材。

本教材是“高职高专房地产类专业规划教材”之一。在编写过程中，笔者试图使本书最大限度地体现《教育部关于加强高职高专教育人才培养工作的意见》的文件精神，更好地实现高职高专技能型、应用型人才的培养目标。因此，在本教材内容的选取方面，非常注意高职高专学生的特点及其实际工作岗位的需要，主要介绍了统计学认知、数据收集、数据整理、描述数据的分布特征、时间序列分析、统计指数、抽样与抽样估计、假设检验与方差分析、相关与回归分析九大模块的内容。与国内其他相关教材相比，本书具有如下一些特点。

1. 在内容的选择上，本书始终贯彻“理论适度、够用”的原则。具体表现在：本书着重介绍统计实际工作中常用的统计方法，对涉及的公式及定理等，原则上都不进行具体的推导和证明，而是通过案例介绍使用的方法与步骤。

2. 基于统计实际工作过程。在本书各个学习模块的安排顺序上，努力做到与统计实际工作过程相一致，循序渐进，培养学生的职业能力和素养。

3. 突出实践性，以培养“技能型、应用型”人才为目标。在本书每一学习模块中，都根据统计实际工作设计有若干个学习任务，这样使得学生在学习相关知识时更加有目的性，学习完理论知识以后能较好地运用其解决相关实际问题。此外，在每一模块的结尾，都设置有复习思考题对所学知识进行巩固，尤其是其中的实训题对培养学生的实践能力有很大帮助。

本书由广东科学技术职业学院的林德钦博士担任主编，负责本书大纲的拟定、PPT课件的制作以及全书的统稿等工作，并负责编写了第一章、第二章、第三章、第四张、第五章；全福泉、罗清萍及黄姗担任副主编，分别编写了第六章、第七章和第九章；林德钰参编，负责编写了第八章。

厦门大学经济学教授高鸿桢通读审阅了本书，并对本书的写作思路、结构安排、内容选取等很多方面提出了极其宝贵的意见，在此表示最衷心的感激和谢意。

此外，本书的编写也得到了武汉理工大学出版社的大力支持与帮助，各位工作人员的工作使得本书得以顺利出版，在此表示最衷心的感谢。在本书的编写中，也参考了国内外一些相关著作文献及网站资源，吸取了很多专家、学者的研究成果，笔者在本书参考文献中一一列出，对他们表示感谢。

尽管我们力图使本书做到尽善尽美，并付出了最大的努力，但由于学识浅薄、水平有限、资料不足，书中错误之处在所难免。在此，恳请各位专家及学者批评指正，以便在日后改正完善，不胜感激！

编　者

2010 年 3 月

目　录

目录

学习模块一　统计学认知

开篇导读

究竟什么是统计

在日常生活中，通过电视、网络、报纸杂志及专业书籍等，我们几乎每时每刻都能接触到如下或类似的叙述：

1. 今天珠海的气温变化真大，早晨温度还是 9℃，接近中午时就达到了 25℃。

2. 在刚刚结束的一场 NBA 常规赛中，我国球员姚明取得 32 分 19 个篮板的大号两双数据，表现抢眼。

3. 坚持每天饮 4 杯茶以上的男子，死于心脏病的危险减少 45%；吃一个或一个以上苹果者，死于心脏病的危险减少 50%。

4. 统计显示，2009 年我国的居民消费价格指数(CPI)为 3%，没有出现严重的通货膨胀压力。

5. 受到美国次贷危机的影响，今天沪深股市开盘便严重受挫，上证指数收于 2982.3 点，跌破 3000 点大关。

有人认为，以上所叙述的数据事实就是统计；也有人认为，收集、整理数据事实才是统计；还有人认为，收集、整理、分析、分类显示和解释数据才是真正的统计。因为存在以上争论，所以我们不禁要问：究竟什么才是统计？统计是一门独立的学科吗？统计的研究对象是什么？统计能帮助我们什么，不能帮助我们什么？作为统计在具体领域内的运用，物业统计过程包括哪几个主要环节呢？

所有上述问题都是本学习模块的内容，学完本模块后，就能对以上问题做出完美的解答。

知识目标

通过本学习模块的学习，主要应该掌握以下一些知识点：

1. 了解统计工作、统计资料、统计学的含义及其在相关领域内的运用；

2. 掌握统计的研究对象是什么，了解统计研究对象所具有的特点；

3. 了解统计所具有的各项功能、局限性，了解统计在实践中被误用、滥用的两种情况；

4. 了解物业统计的基本含义及其所包含的环节，掌握与物业统计相关的一些主要概念，如总体、总体单位、样本、标志和变量、统计指标和指标体系等。

能力目标

通过本学习模块的学习，主要能获得以下一些技能：

1. 能将统计学的知识运用于我们日常生活、学习、工作等实践，尤其是能运用于物业管理领域；

2. 掌握运用统计的一些技巧，避免统计学的误用和滥用；

3. 能根据调查的任务和目的，按照物业统计的四个环节组织物业统计实践，收集相关数据，进行整理并对所得结果进行分析和说明。

任务一 统计的感性认识

【任务导入】

假定您是某房地产开发企业市场部的新任经理，您的秘书向您提交了一份有关广告活动的统计结果报告，在该报告中写到："广告费用支出对销售额的影响是统计显著的"。试问，您该如何对该份报告做出合理的解释，而不至于暴露出您对统计知识的一无所知呢？

【任务分析】

在日常的工作、学习中，我们通常会遇到各种各样的数据，对于简单的统计数字，我们也许能很容易理解其意义，如某位物业服务员工的工资是2250元、某物业服务企业的资质等级是三级等。然而，对于一些技术性很强的专业术语，如果没有系统地学习过统计学，则很难理解其确切含义。如上述"广告费用支出对销售额的影响是统计显著的"该如何理解呢？学习完本书以后，上述问题就会迎刃而解。

【相关知识链接】

一、统计概述

（一）每个人都需要统计

在日常生活、学习以及工作中，我们都会与统计学打交道，因此，了解与掌握一些与统计学有关的知识对我们而言，无疑是非常实用和必要的。例如，在观看一场NBA篮球赛时，我们除了关心哪一支球队获得比赛的胜利以外，还通常关心某位(几位)球员的技术统计：得分、篮板、助攻等方面的数据；在股票市场进行投资时，我们不仅需要了解股票价格指数的高低、股票的实时交易量，还需要了解某只特定股票的相关财务信息；在决定去某地旅行时，我们除了了解交通路线、做好预算等外，往往还有一个非常重要的工作，那就是关注该地区最近及未来一段时间的天气情况，等等。

除此之外，在日常生活中，我们还经常听到类似如下的叙述：

(1)坚持每天喝四杯茶以上的男子，死于心脏病的概率减少45%；吃一个或一个以上苹果者，死于心脏病的概率减少50%。

(2)吸烟有害健康。

(3)不结婚的男子会比结婚男子少活10年。

(4)身材高的父母，其所生子女的身材也比较高。

(5)第二个出生的子女没有第一个出生的聪明，而第三个出生的子女又没有第二个出生的聪明，以此类推。

(6)每隔两天服用一片阿司匹林有助于减少心脏病第二次发作的概率。

(7)身体超重30%会使人的寿命减少1300天。

(8)每天摄取500毫升的维生素C，可以使人的寿命延长6年。

(9)怕老婆的丈夫患心脏病的概率也比较大。

(10)上课坐在前排的学生的考试平均成绩比上课坐在后排的学生平均成绩要高。

(11)在听了10分钟的莫扎特钢琴曲以后，学生们做推理测试的准确性比听10分钟娱乐磁带或其他曲目后的准确性要高。

(12)据测算，目前我国每年有3000亿元人民币的节电潜能。

(13)近25年来，我国的航空运输总周转量、旅客运输量和货物运输量的年均增速分别达到了18%、16%和16%，是世界平均增长水平的两倍多。

仅仅阅读这些表面的数据其实很简单，要正确地理解以上的统计结论则需要具备一定的统计知识，若要分析这些结论是怎样来的，是否可靠，则需要认真、深入地学习有关统计学的知识。

具备一定的统计知识对普通个人而言是必要的，对政策的制定者和企业的管理者而言，统计知识无疑就更为重要了。这些知识不仅有助于他们做出科学、合理的决策，而且更为重要的是能避免出现一些常识性的错误。

让我们先来看两则由于对统计学的无知而闹出的笑话。

【思维拓展1-1-1】在某次由统计办公室组织的统计学者会议上，一些统计学者抱怨从其他部门反馈得到的参数估计值没有给出标准误差(在统计学上，标准误差表示参数估计误差的大小，衡量了估计的精度)。该办公室的主管听了不解，问道："对误差也制定有标准吗?”

【思维拓展1-1-2】卫生与健康部门的一位领导看到一份由统计学者提出的报告中称:某年由于某种疾病的原因,平均每1000人中死亡的人数为3.2人。该位领导对这个统计数字表示出了浓厚的兴趣,便问他的秘书,死亡人数也可以是小数吗?他的秘书回答道:先生,当一位统计学家说死了3.2个人时,意味着3个人已经死亡,另外还有2个人正在死亡。

其实,只要具备一些统计学的基本知识,就能避免出现上述显得无知的笑话。

(二)什么是统计

统计(Statistics)一词来源于古希腊语state(城邦)、拉丁语status(状态)、意大利语stato(国家)和statisti(政治家)。由此可见,早期的统计一词是与国家的政治活动相关的,是记载和描述一国重要政治活动的主要方法。随着社会经济的发展,人们将统计运用到更为广泛的领域,统计一词的内涵和外延因此而发生了巨大的变化。从实践的角度来看,统计是对客观现象的数量表现、数量关系以及数量变化进行描述和推断的计量活动,其直接成果便是获得统计资料,即反映客观事物数量特征和发展规律的各种数据资料。而对统计实践过程中积累起来的丰富经验加以科学的总结和概括,便形成了统计科学。因此,统计一词可以从以下三个方面来进行理解。

1. 统计工作

统计工作即统计实践活动,是指对客观事物数量方面的资料进行收集、整理和分析研究的工作活动的总称。统计工作是统计最基本的含义,没有统计工作,就无法收集到统计资料;没有在统计工作中积累起来的经验与总结,就无法形成统计科学。

2. 统计资料

统计资料即统计工作的成果,是统计工作所取得的数字资料和相关文字资料的总称,包括各种统计报表、统计图形以及文字资料等。统计资料反映了客观现象的规模、水平、发展变化的速度及比例关系等数量方面的特征,其质量的好坏取决于实施统计工作的方法是否科学、合理。如我国统计局每年发布的统计年鉴便属于统计资料。

3. 统计学

统计学是一门有关收集、整理、描述、显示和分析统计数据的方法论的科学,其目的在于探索数据在数量变化上的规律性,以达到科学认识客观事物的目的。统计学是系统论述统计方法与理论的科学,是统计工作中所积累经验的概括与总结。

统计工作、统计资料与统计学是一个事物的三个方面,三者之间存在显著的区别,也紧密联系。具体表现在:统计工作和统计资料之间是过程和结果的关系,统计资料质量的高低直接取决于统计工作实施的好坏;统计学与统计工作之间是理论与实践的关系,统计学来源于统计工作的实践,是统计工作中所积累经验的科学总结,反过来,统计学又指导统计工作的开展,为统计工作提供理论与方法上的指导。

以上三个方面一起便构成统计完整的概念。

【观念运用 1-1-1】试列举出一些物业管理活动中有关统计实践与统计资料的实例，并阐明其说明了什么问题。

二、任何领域都需要统计

随着社会经济的发展，统计运用的领域早已突破了政治领域的范畴，现在已经延伸至社会生活的各个领域。正如某位著名学者所言："举出一个统计没有用途的领域名称比举出一个统计作为其组成部分的领域的名称要困难得多。"因此，若要你列举出一些不使用统计的领域，将是非常困难的。在本书中，作者不计划也没有足够的能力穷尽统计运用的所有领域，而只是列举出几个典型的例子，以显示统计在各个领域的运用。

(一)运用统计进行产品质量管理

统计在实践中的一个非常重要的运用便是对企业的产品质量进行管理与控制。在企业所生产的产品中，由于生产过程中受各种因素的影响，使产品的质量产生波动，因此，任何产品都不可能是一模一样的。产品之间的这种差异被称为质量的波动性，有了波动性便需要对产品的质量实施管理与控制。在统计学中，我们通常用σ作为标准差，以反映数据之间的差异程度。在质量管理中，6σ是一个经常使用的术语，它表示偏离正态分布的均值 6 个标准差，即表示企业所生产的产品中次品率不超过百万分之三点四，通俗一点来说，就是在生产的 100 万件产品中，不合格品的数量平均来说不超过 3.4 个。这样的概率非常小，几乎不可能发生，以至于我们可以忽略不计。

由于具有独特的优势，6σ质量管理已经成为质量管理与控制领域最新的理念，近年来，有一大批国际大型企业都推行了6σ质量管理方法并从中受益匪浅。如国际知名手机生产商摩托罗拉公司，由于推行了6σ质量管理，在三年内节省的资金超过了 9.4 亿美元；美国通用电气公司(GE)在推广6σ质量管理不到 10 年的时间里，其市值的世界排名由第十位攀升到第二位。GE 的前 CEO 杰克·韦尔奇曾经说过这样一段话："6σ培训计划是 GE 下一个世纪领导层得以产生繁衍的园地，6σ是我们曾经尝试过的最重要的管理培训方法，它胜过到哈佛商学院就读，也胜过到克顿维尔(GE 公司内部的质量培训部)进修，它教会你一种完全与众不同的思维方式。"

其他一些推行6σ质量管理的大型公司包括宝利来(Polaroid)和德州仪器(Texas Instruments)等。

【观念运用 1-1-2】试查找出另外一些推行质量管理的公司，并比较其推行前后的业绩变化。

(二)运用统计识别作者

早在 1787—1788 年间，为了说服纽约人认可宪法，亚历山大·汉密尔顿(Alexander Hamilton)、约翰·杰伊(JohnJay)以及詹姆斯·麦迪逊(James Madison)三位作者匿名发表了著名的85篇论文。这些论文中的大部分都已经确认了作者,但是其中12篇论文的作者却无法认定。最后,通过对不同单词的使用频数进行统计,确定詹姆斯·麦迪逊最有可能是这12篇论文的作者。现在,人们普遍认为詹姆斯·麦迪逊即是这12篇存在争议的论文的作者,且基本不再怀疑以上结论的正确性。

(三)运用统计得出重要科学发现

在1952年发表的一篇文章中,费希尔(R. A. Fisher)列举了一个例子,说明如何根据基本的描述统计量引出一个重要的科学发现。早在20世纪的早期,哥本哈根卡尔堡实验室的施密特(J. Schmidit)发现从不同地区所捕获的同种鱼类的脊椎骨与腮腺的数量存在很大的差别,甚至在同一海湾内不同地点所捕获的同种鱼类,也存在这样的倾向。然而,鳗鱼是一个例外,其脊椎骨的数量变化不大。在从欧洲各地、冰岛、亚速尔群岛以及尼罗河等几乎相互分离的海域所捕获的鳗鱼样本中,施密特计算发现其脊椎骨数量几乎具有相同的均值和标准差。由此,施密特得出以下结论:所有不同海域的鳗鱼是由海洋中某公共场所繁殖的。后来,这一结论得到了科学的证实,一个名为“戴纳(Dana)”的科学考察船在一次远征中发现了这一场所。

穷尽统计运用的领域范围是不可能的,列举以上例子的目的在于说明统计不仅在许多领域都适用,而且与日常生活、工业生产以及科学研究等活动都密切相关,发挥日益重要的作用。

【观念运用1-1-3】试列举出其他一些运用统计知识进行推断或管理的领域,并与同学交流。

任务二　了解统计研究什么

【任务导入】

回忆一下自己以前所学习过的各门学科,分析它们的研究对象各是什么,再仔细思考统计学的研究对象又是什么,并将其与以前所学学科研究对象进行比较,你能发现什么问题?

【任务分析】

研究对象是一门学科所要认知的客体。只有对研究对象进行深入的研究才能揭示现象的本质和规律。研究对象是划分学科的依据,要成为一门独立的学科,首先必须要有特定的研究对象。

对以往所学学科进行分析,不难发现,诸如化学、物理学、经济学等各门学科都有各自独立的研究对象,而统计学则不一样,它需要以其他学科的数据资料为依托。这并不是说统计学因此而处于附属地位,恰恰相反,这从一个侧面说明统计学在社会科学中所具有的举足轻重的重要性。

【相关知识链接】

一、什么是统计的研究对象

统计的研究对象就是指统计研究所要认知的客体。只有对研究对象进行深入细致的研究才能揭示客观现象的本质及其发展变化的规律。研究对象是学科划分的依据，也是对学科进行区分的标志。要成为一门独立的学科，就需要有有别于其他学科的研究对象。

二、统计研究什么

(一)统计学的研究对象

如果你身边的朋友问你：股票价格指数是什么？2009 年我国的国内生产总值(GDP)是多少？居民消费价格指数(CPI)又是多少？也许你可以列举出一大堆的数字，显示出很高的专业水准。但是当问你这些统计数字各自代表了什么，又是怎样形成的，这时你就未必知道了。同样的道理，在还没有学习本门课程之前，你也许会认为统计谁都明白，没有必要专门开设一章来讲述统计是什么。但是当你真正追问自己的时候，你就会变得不那么底气十足，你会对“统计是什么”诸如此类的问题感到很迷茫。

认真考察我们小时候学习过的任何一门学科，不难发现，它们都具有独立的研究对象。如化学研究的是物质的组成以及各化学元素之间的相互作用；数学研究的是在给定的假设条件之下推导出各种各样的命题；物理学研究的是诸如光、电、热及力等这类自然现象的运用规律。以上各门学科不仅具有各自的研究对象、需要解决的问题，而且具有一整套解决各自问题的方法体系。

如果老师告诉你，统计学(Statistics)是一门独立的学科，你肯定会毫不怀疑。但如果老师继续问你，统计学研究的究竟是什么？你心里也许并没有确切的答案。问不同的人，每个人都会有不同的看法。

有人认为，统计学虽然是一门独立的学科，但是没有固定的研究对象。这种观点似乎令人无法理解，但是仔细思考之后会发现，其实有一定的道理。因为统计学分析的数据来源于各个领域，依靠解决其他领域的问题而存在和发展。正如 L. J. 萨维奇(L. J. Savage)所言：“统计学基本上是寄生的，靠研究其他领域内的工作而生存。这不是对统计学的轻视，这是因为对很多寄主来说，如果没有寄生虫就会死亡。对有的动物来说，没有寄生虫就不能消化它们的食物。因此，人类奋斗的很多领域，如果没有统计学，虽然不会死亡，但一定会变得很弱。”从表面上，这似乎是将统计学边缘化了，但我们却应该理解成统计学在各学科领域具有独特的作用和地位，表明统计学作为一门独立学科的同时所具有的特点。

伟大的统计学家 C. R. 说过:“今天,统计学已发展成为一门媒介科学,它研究的对象是其他学科的逻辑和方法论——做出决策的逻辑和实验这些决策的逻辑。统计学的未来依赖于向其他学科领域内的研究者正确传授统计学的观点;依赖于如何能够在其他知识领域内将其主要问题模式化。”因此,在他看来,统计学是科学、工艺以及艺术三者的结合。

1. 统计学是一门科学

统计学中所提供的数据分析方法是通用的,不是为了解决某个特定领域的问题而设计的。同时,统计学所提供的方法和技术也不是一成不变的,在给定的情况下,使用者必须根据所掌握的专门知识选择使用这些方法,有时还需根据具体问题而进行必要的修正。

2. 统计学是一种工艺

统计方法大部分是在为保证产品达到所希望的质量水平或维持其稳定性的管理系统中建立发展起来的。统计学的方法也能适用于控制、减少以及考察不确定性。

3. 统计学是一门艺术

统计学中所用最多的便是归纳推理的方法,而推理本身就是一种艺术。归纳推理无法保证结论百分之百正确,因此,也就肯定会存在争议。如何让人看懂并理解统计结论,关键在于统计结论的表达技巧及其艺术性。

以上说法听起来似乎有些过于理论化,但它确实可以帮助我们理解统计学研究什么。总而言之,统计学研究的是数据,提供的是一套适用于所有学科领域的收集数据、整理数据、分析数据并从所得数据中得出统计结论的原则和方法。

(二)统计学研究对象的特点

作为统计学研究对象的数据具有数量性、总体性、具体性与社会性等特征。

1. 数量性

统计学研究对象的数量性主要表现在数量表现、数量关系以及数量界限三个方面。

(1)数量表现是指作为统计学研究对象的数据应能反映客观现象的规模水平、结构、比例关系、差别程度、普遍程度及发展速度等方面的数量特征。如珠海市 2009 年房屋买卖价格上涨了 12.8%,就从数量上反映了该市 2009 年房地产价格的发展速度。

(2)数量关系主要体现在数量对比关系与数量依存关系两个方面。其中,现象之间的数量对比关系是常见的数量关系。除此之外,数量关系还可以表现为依存关系。依存关系又可以分为函数关系与相关关系两种类型。其中,函数关系是严格的,变量之间是一一对应的关系;相关关系相比之下就没那么严格,在统计学中,一般可以通过计算相关系数和回归分析来判断相关关系的紧密程度。

(3)数量界限是指现象量变与质变之间的数量界限。数量界限不仅可以反映客观事物发展变化的规律,而且还具有一定的警示作用。如权衡各国的实际情况,目前国际上公认的基尼系数衡量标准为:基尼系数在0.2以下,代表居民之间的收入分配"高度平均";介于0.3~0.4之间则表示"比较合理";介于0.4~0.6之间则表示"差距偏大";0.6以上则表示"高度不平均"。因此,通常将0.4作为衡量一个国家贫富差距的"警戒线"。

【观念运用1-2-1】借助于网站或相关书籍,收集我国自2001年至今每年的基尼系数数据,并判断我国的贫富差距状况,分析产生贫富差距的原因主要有哪些。你认为有哪些措施可以减少贫富差距过于悬殊?

2. 总体性

统计研究的目的在于认识客观现象发展变化的规律性及其本质,这就决定了能作为统计研究对象的只能是由个体数据所组成的总体。因为个体数据往往会受到许多偶然因素的影响,其数值对总体数量特征没有多大的代表性。只有将大量的个体数据组成数据总体,才能使偶然因素的影响相互抵消,对其所作的分析才能反映出本质特征和内在的规律。

当然,在对总体进行统计分析的同时,也并不排斥对个别典型事物的深入研究。通过对典型事物的分析与研究,可以发现规律适用的范围与界限。

3. 具体性

具体性是指作为统计学研究对象的数据必须是具体的,任何一个统计数字都存在于特定的时间、空间条件之下。这是统计学与数学最主要的区别,数学上研究的数量关系是抽象的,而统计学上研究的是具体、实际的数据。

4. 社会性

由于以下几个方面的原因,使得统计学的研究对象具有社会性。首先,在统计实践中,定量分析是以定性分析为基础的,而定性分析就使统计具有社会性质。其次,客观现象的数量变化受到诸多因素的影响,包括政治经济政策、文化背景、宗教与法律等。也就是说,统计工作是为不同的社会制度服务的。最后,从事统计活动的工作者往往也具有不同的立场和观点,其所使用的方法也各不相同。

任务三 掌握统计能做什么及不能做什么

【任务导入】

为了对某次物业统计科目学生考试成绩的大致情况有所了解,任课老师随机抽取了5位学生作为样本。他们的考试成绩分别为:85、64、92、79、70。则根据以上样本数据,判断以下哪些陈述是正确的,哪些陈述是应该质疑的。

(1)5个学生组成的样本的考试平均成绩为78分;

(2)所有参加该次考试的学生的平均成绩是78分;

(3)所有参加该次考试的学生的平均成绩的估计值是78分;

(4)有半数以上的参加考试的学生成绩在70～85分之间;

(5)如果再随机抽取5名学生组成一个新的样本,则另外5名学生的考试成绩将会处于64～92分之间。

【任务分析】

统计在我们的日常生活、学习以及科研中发挥着极其重要的作用,一般而言,统计具有信息作用、咨询作用与监督作用三个方面的功能。因此,几乎所有的行业中都离不开统计学。然而,在为我们提供巨大方便的同时,我们也应该看到,统计学并不是万能的。表现在:

(1)大多统计学方法在使用时都有一定的前提;

(2)统计能够获取数据,但是对数据的解释往往需要专业的知识;

(3)统计在大多数时候只是一种数学分析工具;

(4)统计的正确使用需要一定的方法和技巧。

正因为如此,统计往往在实践中被许多人滥用,得出许多错误的数据和分析结论。

【相关知识链接】

一、统计能做什么

在统计学的初学者之间,普遍存在着一种片面的观念,他们认为统计就是在收集数据,其目的就是为了让人看懂数据。其实不然,这只是统计在一个方面的作用,除此之外,统计还能发挥更为广泛的作用。主要包括以下几个方面。

(一)信息作用

统计最主要、最基本的作用在于提供各种各样的信息。无论你是一位管理者还是一名科研人员,都会遇到大量的数据资料。如果不对这些数据进行深入、系统的分析,就仅仅是一些数字的拼凑,根本无法从中发现有价值的东西,因为有价值的东西往往是隐藏在数据里面的,需要我们去认真挖掘。例如,即使你已经收集到某个住宅小区业主的收入数据,如果不进行分析,你根本就不知道该小区业主收入的分布状况,况且在很多时候,你无法收集到所有业主的收入数据;或者是你作为小区管理处的员工,已经知道了30只节能灯泡的使用寿命,或者知道了100颗种子的发芽率,这些都还显然是不够的,因为你所要知道的是所有节能灯泡的使用寿命或者一批种子的发芽率。要得到这些结果,就要运用统计方法进行分析,得到有用的信息。

统计分析的方法多种多样,在后续章节中会有所介绍。对于繁杂的数据,我们可以运用图表展示数据，或者是建立相应的数学模型。

【观念运用 1-3-1】美国健康协会在对 4.6 万名雇员的研究中发现，压力往往比高血糖、肥胖与吸烟更容易导致更高的医疗费用。相关研究表明：受到压抑的员工的医疗费用支出要比不受到压抑的员工高出 70%；觉得自己处于压力下工作的员工的医疗费用支出要比没有压力的员工高出 46%；而患有高血糖的员工的医疗费用支出只是比没有高血糖的员工高出 11%。

问：以上统计资料体现了统计哪方面的功能？

答：体现了统计的提供信息的功能。

【思维拓展 1-3-1】我们应该对数据分析要有正确的认识，在数据分析过程中最容易发生的一种错误便是曲解数据分析的意义。在有些人看来，数据分析的作用在于寻找支持。也就是说，在他们心目中其实早就有了某种"结论性"的东西，该种结论往往是符合他们自身需要的，然后再希望收集到的数据能支持他们的结论，这其实恰好违背了数据分析的本质。真正的数据分析事先应该是没有结论的，应该从对数据的分析中得到启发，最后得出结论，而不是去寻找支持。

(二)咨询作用

统计的咨询作用是信息作用的延伸和深化，是指根据已经掌握的统计信息资料，运用科学的方法进行分析，为科学决策和管理提供咨询、建议与对策的功能。要做出正确、科学的决策，首先要获取足够的信息。根据统计所获取的信息，我们可以知道客观事物发展变化的规律以及运行过程中所存在的问题，这样就能为后续的决策提供相应的指导。

【观念运用 1-3-2】Yankelovich Partners 已经确认出 X 代的一个分支团体，叫做"朋友化的 X 代"。这个团体是指什么呢？关于此团体的商务调查统计表明，他们有 4 万美元的中等家庭收入与 1.9 万美元的中等个人收入。20%的人至少有大学学历，63%的人还没有结婚，55%的人年龄在 25 岁以下。

问：以上统计资料能发挥什么样的作用？

答：主要体现了统计数据的咨询作用。通过这些统计数据，市场开发者可以分析这个团体中的人的市场需求潜力、设计正确的销售方案。在此，统计数据的功能在于为决策者提供咨询意见，帮助其做出科学的决策。

(三)监督作用

统计的监督作用是指根据统计数据资料的整理及分析结果，对客观现象的运行状况进行全面的检查、检测和预警，当运行过程中出现偏差时，及时查找原因，并提出相应的对策和措施，以确保客观现象持续、稳定、协调发展。

【观念运用 1-3-3】中国民航总局局长杨元元在 2004 年召开的全国民航工作会议上说，督促民航系统改善服务工作，切实维护消费者权益，是中国民航 2004 年的工作重点。民航总局采取了一系列措施，进一步建立健全消费者事务工作的管理体系和制度，民航地区管理局、航空公司和机场受理旅客投诉机制都已建立，对外公布了受理投诉电话。2004年1月至11月，民航总局消费者事务中心共受理投诉729件，均转相关单位并督促其认真处理。

在航空企业中推行"顾客服务承诺制"，各航空公司、大部分机场均制定并公布了《顾客服务承诺》，按季度向社会公布航空公司的航班正常率、旅客投诉率、货物或行李运输差错率，督促航空公司提高服务质量。

问：以上统计资料主要发挥了什么作用？

答：该数据资料主要发挥了统计的监督作用，对航空公司的日常服务进行监督，提高服务质量，以满足旅客的需求。

以上统计的三大作用是相辅相成的，一起构成了一个有机的整体，也称为现代统计的整体功能。在这三种作用中，信息作用是最基本的，是统计的咨询作用与监督作用的前提和基础；咨询作用是信息作用的继续和深化；而监督作用只有在信息作用及咨询作用的基础上才能发挥。随着监督作用和咨询作用的完善，必然也会对统计的信息作用提出更高的要求。

二、统计不能做什么

统计在实践中虽然能发挥巨大的作用，但其绝对不是万能的，它不可能解决你所面对的一切问题。

首先，统计结论的解释及方法的选择往往需要其他领域的专业知识。显然，统计能帮助我们对数据进行分析，并经分析得出某种结论，但若需要对结论作进一步的解释，则往往还需要一定的专业知识。如一个简单的统计结论是：吸烟有害健康，但是对于吸烟为什么有害健康的问题，就不是统计学所能回答的了。此外，当你面对不同的数据资料时，统计并不会告诉你该选择什么方法去进行分析，而是由你自由选择。此时，为了正确地选择统计分析方法，只具备统计知识是不够的，你还需要其他专业的知识。

其次，大多数统计方法都有一定的假设前提。在管理领域，相当多的数据都是非实验性的，不一定能满足统计的假设。许多人在使用统计方法时，经常忽略这些前提，教条地使用这些方法，得到的结果往往也是错误的。请记住，这不是统计方法的错，而是数据资料不能满足统计方法的使用前提。

再次，从某种意义上来说，统计学与数学一样，仅仅是一种数学分析工具，或者说是方法。当你需要它的时候，它只能为你提供一种方法、工具，而无法成为你解决问题的灵丹妙药；而当你不需要它的时候，它就毫无价值可言。

最后，统计并不能为你提供你想要的一切技巧和方法。如前所述，大部分统计方法都有一定的假设前提，而且理论与实践往往存在着较大的差距。因此，许多学习了统计的人都会产生这样的错觉：统计其实并没有从根本上解决他们所遇到的问题。

三、统计的滥用

大约在一个世纪以前，政治家本杰明·迪斯雷利(Benjamin Disraeli)曾经有一个著名的论断："谎言有三种：谎言、糟透的谎言和统计数字。"历史学家安德鲁·兰也曾说过，一些人使用统计"就像喝醉酒的人使用街灯柱——支撑的功能多于照明。"也就是说，统计经常被人们有意无意地滥用，如错误的图表展示、样本不合理或遗漏数据等。这些错误有些是常识性的，有些是技术性的，也有一些是故意的。作为从数据中寻找结论的统计，却被一些人用做了歪曲事实的工具。你也许经常看到类似这样的统计报告：某小区有80%的业主对物业服务企业提供的服务表示满意。看到这样的数据时，你可能会觉得该物业公司的服务很不错。但是你考虑了以下问题吗：调查了几位业主？样本的选取是随机的吗？等等。

统计往往会被两个极端所误用。

(一)根本不使用统计学

产生这种误用的一般是不懂或不太懂统计学的人，他们认为统计没什么用，他们因不懂统计而看不起统计，几乎不用统计方法去分析数据，即使分析，也只是停留在表面。这种人一般是根据信息给予其的某种直觉来做出决策。如果他们的决策被证明是正确的，则他们会变得更加自信，认为有没有统计也都无所谓；相反，若他们决策的最后被证明是错误的，他们会找出一大堆的理由，而所有这些理由肯定都会与统计无关。

(二)过于依赖统计学

这是统计被滥用的另一个极端。在统计实践中，相当一部分人喜欢把一些可以用简单方法解决的问题复杂化，他们采取复杂的方法、建立复杂的模型、编写大堆的程序、提出似是而非的结论，等等。这样的统计分析经常是理论性过强，使用价值不大。

在实践中，以上两种对统计的误用都是不可取的。在做决策时不运用统计方法往往是不可能的；而把简单的问题复杂化有时也未必可行。统计应该恰当地运用到它能起作用的地方，同时，也不能将统计神秘化，更不能将统计看做歪曲事实的工具。

任务四　物业统计认知

【任务导入】

与校外实习单位合作，对该物业服务企业的所有员工籍贯、性别、学历层次、工资水平等基本情况进行统计调查，以便为企业的人事部门提供各种有用的信息。要求：

1. 自行确定统计调查的组织方式和方法；
2. 以小组为单位，试编制一份统计调查方案；

3. 利用课余时间,深入实习基地进行统计调查,收集原始数据;

4. 对所收集到的原始数据进行整理,并对整理得到的数据进行分析,最后提交一份简要的调查报告。

【任务分析】

物业统计是统计在具体领域内的运用,与其他领域内的统计工作一样,一个完整的物业统计也包括四个环节,即物业统计设计、物业统计调查、物业统计整理以及物业统计分析。物业统计设计在整个物业统计过程中具有基础性的作用,在这一阶段中主要是编制好物业统计调查方案。

在物业统计中,确定总体和总体单位是非常重要的,总体单位需同时具备大量性、同质性以及变异性三个特征。在本任务中,总体是该物业服务企业的所有员工,总体单位是该物业服务企业的每一位员工。

有时,总体单位数很多,我们不可能、也没有必要对全部总体单位进行调查,而是对抽取的样本进行调查。在抽样时候,如何确定样本容量的大小以及提高样本的代表性是非常重要的。

【相关知识链接】

一、什么是物业统计

物业统计是统计在具体领域内的运用,因此,物业统计也包含三个方面的含义,即物业统计工作、物业统计资料与物业统计学。三者的有机结合便是物业统计。

(一)物业统计工作

物业统计工作即物业统计实践活动,是指对物业管理及相关领域现象的数量方面的资料进行收集、整理和分析研究的工作活动的总称。这是物业统计最基本的含义,没有物业统计工作也就不会有物业统计资料和物业统计学。

(二)物业统计资料

物业统计资料是物业统计工作的成果,是物业统计工作所取得的数字资料和相关文字资料的总称,包括各种统计报表、统计图形以及文字资料等。

(三)物业统计学

物业统计学是物业统计工作中所积累经验的科学总结与概括,是一门有关收集、整理、描述、显示和分析统计数据以显示物业管理现象数量特征与数量关系的方法论的科学,主要是对物业统计工作提供方法论意义上的指导。

物业统计工作、物业统计资料与物业统计学也是一个事物的三个方面,三者是相互联系,相辅相成的。

【观念运用 1-4-1】试列举出一些物业统计的例子,并判断其属于上述三者中哪一方面的物业统计。

二、物业统计的工作过程

一个完整的统计工作过程包括统计设计、统计调查、统计整理以及统计分析四个主要环节。作为统计在具体领域的运用，一个完整的物业统计也应该是由以上四个环节构成的。具体介绍如下。

(一)物业统计设计

物业统计设计是指根据统计研究的任务、目的以及被研究对象的特点，对物业统计活动的全过程做出全面的计划和安排的工作过程。它的主要目的在于确保物业统计工作的顺利进行。统计设计在物业统计活动中具有非常重要的作用，是其得以顺利开展与组织的前提和基础。

在物业统计设计阶段，主要进行以下工作：确定调查对象、调查单位和期限，设计调查项目、统计指标和指标体系，确定统计调查的方式，确定统计分析方法，协调统计工作各部门、各环节的关系，组织安排统计工作人员以及试点调查等。

物业统计设计环节的结果便是得到物业统计调查方案。

(二)物业统计调查

物业统计调查是指根据物业统计调查方案的具体要求，采用科学、合理的统计调查组织方式和调查方法，有组织、有计划地收集被调查单位的数据资料的工作过程。它是物业统计工作的基础性环节，也是从定性认识到定量认识的过渡阶段。在物业统计阶段能否收集到客观、完整、系统的数据资料，对后续的物业统计整理与分析工作具有决定性的影响，直接关系到能否得到正确的统计分析结论。因此，该环节对物业统计而言是相当重要的。

(三)物业统计整理

物业统计整理是指根据统计研究的目的，运用科学的方法对物业统计调查阶段所收集到的原始数据按照一定的标志进行分组、汇总和整理，使之条理化、系统化，从而成为能够反映总体数量特征的综合资料的工作过程。物业统计整理是物业统计调查的继续，又是物业统计分析的基础，属于物业统计工作的中间环节，起着承上启下的过渡作用。

(四)物业统计分析

物业统计分析是指在物业统计整理的基础上，运用一定的统计分析方法，分别从静态或动态两方面进行数量分析，揭示被研究现象的本质和发展规律，进而得出科学的结论、提出建议和进行预测的活动过程。物业统计分析是物业统计的最后阶段，是实现统计目的、发挥统计作用最为关键的阶段。

以上物业统计的四个环节构成一个紧密联系的整体，四者相互作用和影响。在统计实践中，只有把每一环节的工作做好，才能最终完成物业统计的任务，实现物业统计的目的。

三、与物业统计有关的几个概念

为方便本书以后内容的理解与阅读，在此作者拟将书中反复、经常使用到的一些关键概念和专门术语整理出来，加以介绍。在物业统计理论与实践中，经常用到的概念和术语包括总体和总体单位、样本、标志与变量、统计指标和指标体系，现详细介绍如下。

(一)总体和总体单位

1. 什么是总体和总体单位

总体是统计总体的简称，是指根据研究目的确定的研究对象的全体，是客观存在的、具有某一相同性质的许多个别事物所构成的整体。构成总体的每一个别事物则称为总体单位。

总体是统计研究的对象，是根据统计研究的目的确定的。在实际中，我们一般是通过对构成总体的全部或部分总体单位的认识来达到对总体的认识。如为了调查研究某小区业主的月消费支出情况，就可以把该小区的所有业主组成总体，而每一位业主则都是一个总体单位。在此，“性质相同”表现为他们都是小区的业主。

在统计实践中，总体是根据研究的目的确定的，因此，总体和总体单位的概念是相对的，并不是一成不变。随着研究目的和任务的变化，对于同一研究对象而言，在有的统计中，它是总体；而在另一统计中，则作为总体单位。

【观念运用 1-4-2】在物业统计中，若我们想分别调查某物业服务企业的员工情况、设备使用情况以及其所管理物业的基本情况。试分别确定以上三种统计调查中的总体和总体单位。

解：(1)总体为该物业服务企业的全体员工，总体单位为每一位员工；

(2)总体为该物业服务企业的所有设备，总体单位为每一台设备；

(3)总体为该物业服务企业所管理的所有物业，总体单位为每一项物业。

2. 总体具有什么特征

一般而言，一个统计总体应同时具备大量性、同质性与变异性三个主要特征。

(1)大量性

大量性是指总体必须由大量的总体单位构成，这是由统计研究的目的和任务所决定的。统计研究的目的在于通过对总体数量特征的研究，来揭示总体的特征及其发展变化的规律性。个别单位在数量上容易受到许多偶然因素的影响，因此根本无法体现总体的数量特征。只有将大量的个体单位组合成总体，并对其进行分析，各个体单位中偶然因素的影响才能相互抵消，所得出的结论才能正确反映总体的本质特征与规律。

(2)同质性

同质性是指总体中的各个总体单位至少应在某一方面具有共同的性质。同质性是诸多个体能构成总体的基础，总体单位也许在许多方面的性质是不同的，但是其至少在某一性质上表现相同。如为了研究某物业服务企业的员工情况时，该企业的所有员工便组成一个总体，每一位员工便是总体单位。虽然每一位员工的年龄、性别、籍贯、学历层次、宗教信仰、工资水平及身高等各不相同，但有一点是相同的，即他们都是该物业服务企业的员工，因而具有同质性，所有员工便能组成一个总体。

同质性是确定总体的基本标准，而总体又是根据研究的目的和任务确定的。研究的目的和任务不同，其所确定的总体必然也就不同，体现出来的同质性的含义也就肯定不同。

【观念运用 1-4-3】试分析观念运用 1-4-2 中各总体单位的同质性分别表现在什么方面。

解：(1)同质性表现在他们都是某物业服务企业的员工；

(2)同质性表现在它们都是某物业服务企业的设备；

(3)同质性表现在它们都是某物业服务企业的管理服务对象。

(3)变异性

变异性也称为差异性，是指构成总体的各总体单位除了在某一个或几个方面具有同质性以外，在其他方面还必须表现出一定的差异。如果说同质性是构成总体的基础的话，那么变异性就是统计研究的必要条件。因为如果各个体单位的性质和特点都完全一致，那么便没有研究总体的必要，而只需研究一个总体单位就够了。可以说，没有变异就无所谓统计。如在全体物业服务企业员工所组成的总体中，每位员工的工资水平、学历层次、年龄以及籍贯等方面都存在着差异，也正是由于他们存在这些差异，我们才有对之进行统计研究的必要。

【观念运用 1-4-4】试分析观念运用 1-4-2 中各总体单位的变异性分别表现在什么方面。

解：(1)每位员工的年龄、性别、工资水平、工作年限等各不相同；

(2)每台设备的型号、用途、价格等各方面都存在差异；

(3)每项物业的类别、使用年限、开发商以及价格等方面都不相同。

根据总体中总体单位数量的不同，总体可以分为有限总体和无限总体。

有限总体是指由有限个总体单位所构成的总体，有限个总体单位的数目即是总体容量，一般用符号 N 表示。无限总体是指由无限个总体单位所构成的总体。如某物业服务企业拟对某小区的水质进行调查，其数量是难以确定的，该总体便是无限总体。

(二)样本

1. 什么是样本

统计研究的目的在于确定总体的数量特征，然而，在统计实践中，常常会遇到总体中的总体单位数非常多或者无限的情况。此时，根本就不可能也没必要对总体中的所有总体单位都进行调查，而需要采用一定的方式从总体中的所有总体单位选取一定数量的总体单位，作为总体的代表，并对其进行研究。这种由部分总体单位所构成的集合体称为样本，样本中所包含的总体单位的个数被称为样本容量，一般用符号 n 表示。

2. 抽取样本时的注意事项

样本的选取对统计推断非常重要，直接影响推断的效果与质量。因此，在进行抽样时应注意如下几个方面的问题。

(1)样本中的所有单位都必须来自于同一总体。

(2)在统计实际中，应根据抽样调查的方式来确定样本的个数及样本容量的大小。

(3)在抽样时应遵循随机的原则以排除主观因素的影响，确保所抽取样本的客观性与代表性。

(4)统计推断是根据样本估计值来估计总体参数，这肯定会存在一定的误差。如何使得抽取的样本具有较高的代表性，减小统计推断的误差，便是统计推断所研究的主要内容。

(三)标志和变量

在统计实践中，我们一般是通过对总体单位的认识来达到认识总体本质与规律的目的，而要认识总体单位，就首先需要理解标志、变量以及变量值等几个基本的概念。

1. 标志

(1)什么是标志

标志是指反映各总体单位属性或特征的名称，它是研究总体数量特征的前提和基础；而标志表现是指各总体单位在标志上集体表现出来的属性或数量。每个总体单位从不同的方面考察都会具有不同的特征或属性。如由某物业服务企业全体员工所构成的总体中，全体员工便是总体单位，每位员工的年龄、性别、籍贯、学历层次、工资水平等是各不相同的，所有这些就是总体单位的标志。以"工资水平"标志为例，各员工的工资是不同的：甲的月工资为 3650 元；乙的月工资为 1980 元；而丙的月工资为 1020 元等。则以上的 3650 元、1980 元及 1020 元等数字便是标志表现。

在统计中，标志和标志表现是两个非常重要的概念，没有标志和标志表现就根本不可能通过统计确定总体的数量特征和变化规律。

【观念运用 1-4-5】假设您欲对某物业服务企业全体员工的性别与学历层次进行调查，试说明该统计调查中的标志和标志表现各是什么。

(2)标志的分类

依据不同的标准，可以将标志进行不同的分类。常见的分类主要有如下几种。

1)根据性质的不同,可以将标志分为品质标志和数量标志

品质标志是指反映总体单位品质属性方面的特征标志,其一般只能用文字或语言来进行描述。例如,物业服务企业的资质等级,员工的性别、籍贯、学历层次等都是品质标志。以员工性别为例,其标志表现为男性和女性。

数量标志是指反映总体单位数量方面特征的标志,其一般能用具体的数值来表现。如物业服务企业的营业收入、利润总额,员工的工资等都是数量标志。以员工工资为例,其标志表现可以为3650元、1980元以及1020元等等。

【观念运用1-4-6】假设您欲对某物业服务企业全体员工的性别、籍贯、工资水平、学历层次等进行调查,试判断以上各种标志是属于品质标志还是数量标志。

解:员工的性别、籍贯、学历层次等均属于品质标志;而员工的工资水平则属于数量标志。

2)根据其表现是否相同,可以将标志分为不变标志和可变标志

不变标志是指在总体中的各个总体单位上的标志表现都相同的标志。总体中,各总体单位至少要存在一个不变标志,这是各单位组成总体的必要条件。如在某物业服务企业的全体员工所组成的总体中,"所属企业"便是不变标志。

可变标志又称为变动标志,是指在总体中的各个总体单位上的指标表现各不相同的标志,这是统计研究的主要内容。如在由某物业服务企业所有员工所组成的总体中,年龄、性别、工资水平、工作年限等都是可变标志。

在统计实践中,不变标志和可变标志各自发挥着极其重要的作用:不变标志反映了总体中各总体单位的同质性,是各单位构成总体的基础;可变标志则反映了总体中各总体单位之间的变异性,它使总体有统计的意义,是统计研究的主要内容。

2. 变量

(1)什么是变量

可变的标志既可以是数量标志,也可以是品质标志。统计学中所谓的变量通常是指可变的数量标志,通常用拉丁字母x、y、z、…表示。如某物业服务企业的营业收入及其员工的工资,都是可变的数量标志,因此都可以称为变量。

变量值也称为标志值,是指变量所表现出来的具体数值,也即可变数量标志的具体表现。如某物业服务企业员工的工资为3650元、1980元、1020元、2550元等等,则这些具体的工资数便是变量值。

(2)变量的分类

依据不同的标准,可以将变量划分为不同的类型。

1)依据变量值是否连续,可以将变量分为连续型变量和离散型变量

连续型变量是指取值不可列、在某一区间内可以取无限多个值的变量。连续型变量一般取小数,在数轴上表现为一连续的区间。如某物业服务企业的营业收入、利润总额等都为连续型变量。连续型变量的数值通常只能用测量或计量的方法来

取得。

离散型变量是指取值为有限的，且能按照一定的顺序一一列举出来的变量。离散型变量一般取整数，在数轴上往往表现为一系列孤立的点。如某物业服务企业的员工人数、设备的台数等就是离散型变量。离散型变量一般采用逐个计数的方法来获取。

2)根据其性质不同，可以将变量划分为确定性变量和随机变量

确定性变量是指变量的取值在事先能够被确定的变量。如某物业服务企业在某小区组织的抽奖活动中，"中奖人数"便是确定性变量。随机变量是指变量的取值有很多种，且在事先无法确定其会取何值的变量。统计中研究的变量大部分是随机变量。如在上述的抽奖活动中，"中奖号码"便是随机变量。

3)根据其能否用数值来表示，可以将变量划分为定性变量和定量变量

定性变量是指只能运用文字、语言来描述其属性特征的变量，即使使用数字来描述，该数字本身也无任何实际意义。如物业服务企业员工的性别以及籍贯等就是定性变量。

定量变量是指能用数值表示其数量特征的变量。如物业服务企业员工的工资水平以及年龄等均是定量变量。

(四)统计指标和指标体系

1. 指标

标志只能反映总体单位的数量特征，而要反映总体的数量特征，则还需要定义另外一个非常重要的概念，那就是指标。指标和标志是统计中两个联系非常密切的概念。

(1)什么是指标

指标是指反映现象总体数量特征的概念及其具体数值。如 2007 年我国的国内生产总值为 246619 亿元；城镇居民家庭恩格尔系数为 36.3%；年末全国就业人数为 76990 万人，比上一年年末增加了 590 万人。所有这些都属于统计指标。

由以上指标可以看出，一个概念(或者名称)与具体的数值组合在一起，用来反映总体在一定时间、地点、条件下的数量特征时就是统计指标。一般而言，一个完整的统计指标应该包含六个因素，分别是：指标名称、指标数值、时间范围、空间范围、计算方法以及计量单位。其中，指标名称和指标数值是两个最为基本的要素。指标名称是对所研究现象本质的抽象概括，也是对总体数量特征的质的规定性。指标数值是反映被研究对象在特定时间、地点及条件下的规模和水平，它应该是具体的。

在统计设计阶段，统计指标还只是包括指标名称、计算方法和计量单位等几个要素。

(2)指标的特点

统计指标一般具有可量性、综合性与具体性等几个方面的特点。

1)可量性

统计指标主要用于反映现象总体的数量特征,这一要求体现在统计指标的构成上,便是统计指标需具备指标数值这一基本构成要素。因此,具有可量性是统计指标最重要、最基本的特征。

2)综合性

统计指标是对现象总体数量特征的综合和概括。根据统计研究的目的,利用科学的统计方法,采用特定标志对总体分组后汇总出各组的总体单位数或对总体中各单位的变量值进行汇总、计算,都可以形成统计指标。如按照"性别"对某物业服务企业的员工进行分组,分别统计出各组所包含的总体单位数及其在总体单位总数中所占的比重,这些都属于统计指标。

统计指标反映了总体的综合数量特征,是个别差异的综合和抽象。

3)具体性

统计指标是反映现象总体数量特征的概念及其具体数值,它不是抽象的概念和空洞的数字,它以一定的经济内容为载体,不存在脱离具体内容的统计指标。

(3)指标的种类

统计指标可以根据不同的标准进行分类,最常见的分类包括以下几种。

1)根据反映总体的内容及性质的不同,统计指标可以分为数量指标和质量指标

数量指标是指反映客观现象总体规模、总水平的统计指标,通常用统计绝对数表示。如某物业服务企业的员工人数、工资总额、营业收入以及利润总额等都属于数量指标。数量指标的特点主要体现在计算方法上,即不同空间的数值可以进行加减运算,并且数值的大小与总体范围的大小呈相同方向变化。

质量指标是指反映社会经济现象相对水平或平均水平的统计指标,一般用相对数或平均数表示。如某物业服务企业员工的平均工资、员工出勤率、人均住房面积、城镇居民家庭恩格尔系数等都是质量指标。质量指标是数量指标的派生指标,经常用于反映经济现象的内部结构、比例、发展程度、一般水平以及工作质量等。质量指标的特征反映在计算方法上,便是指标数值是通过对比得到的,不同空间的数值不能进行加减运算;反映在数量特点上,便是数值的大小与总体的范围并无直接关系,它并不随范围大小和单位数多少而增减。

2)统计指标按其具体表现形式不同,可分为总量指标、相对指标和平均指标

总量指标是反映总体现象规模的指标,如总人口、国内生产总值等。它是数量指标的表现形式,其具体数值表现为绝对数。前述各种数量指标,从表现形式上看就是总量指标。因此总量指标具有数量指标的特点,即数值大小与总体范围大小和包含单位数的多少直接有关。

相对指标是两个相关联系的总量指标相比较的结果。例如,同一指标不同时期的数值对比,可以说明事物的发展变化,如人口增长率、成本降低率等;总体中部分数

值与总体数值比较可以说明事物的内部结构，如三次产业在国内生产总值中所占比重等。相对指标是质量指标的一种表现形式，其具体数值表现为相对数。

平均指标是说明总体一般水平的代表值的指标，如平均工资、平均成本等。它是质量指标的另一种表现形式，其具体数值表现为平均数。

由于相对指标和平均指标是质量指标的表现形式，因此，它们同样具有质量指标的特点，即数值大小与总体范围大小和包含单位数的多少没有直接的关系。有关不同表现形式的各类指标，将在第四章详述。

统计指标还可以从其他角度做出许多种分类。如按指标的时间标准不同可以分为时点指标和时期指标；按指标的报告次序和准确性不同可分为预计指标和终期指标；按指标的用途不同可分为观察指标和考核指标等等。需要说明的是，各种指标的分类不是孤立的。

(4)指标与标志的联系与区别

指标和标志是两个既有联系又有区别的概念。两者之间的联系主要有：

1)指标数值是通过各标志值汇总和计算得到的，没有标志也就没有统计指标。总体中各单位标志值的大小及其变化对统计指标数值的大小有直接的影响和作用。

2)指标与数量标志之间可以相互转换。当总体转化为总体单位时，统计指标名称就转化为标志，指标数值就转化为标志值；当总体单位转化为总体时，标志转化为指标名称，标志值转化为指标数值。

两者之间的区别主要表现在：

1)指标是说明总体的数量特征，而标志是说明总体单位的品质属性和数量特征。

2)标志有品质标志和数量标志之分，品质标志是不能用数值来表示的，是不可量的；而对指标而言，无论是数量指标还是质量指标，都需用数值表示，都是可量的。

2. 指标体系

一个统计指标往往只能反映现象某一方面的数量特征。然而，现实中的客观现象是一个复杂的整体，现象之间存在着各种相互依存的联系，要全面、系统地反映客观现象的整体，描述现象发展变化的全过程，只要一个统计指标是远远不够的，而需要采用一系列的统计指标，这就形成了所谓的统计指标体系。

(1)什么是指标体系

统计指标体系是指由若干个统计指标所组成的一个全面反映研究现象总体特征的指标系统。例如，要评价一个物业服务企业的经济效益，首先需要了解企业的盈利能力、发展能力、偿债能力、营运能力等，这几个方面的情况分别是通过总资产贡献率、资本保值增值率、资产负债率、流动资产周转率、成本费用利润率等指标所组成的指标体系来衡量的。

指标体系一般有两种表现形式。

1)数学等式联系的指标体系。这是最常见的指标体系的表现形式。如商品销售额＝商品销售量×销售价格等。

2)框架式指标体系。这种指标体系是由一系列平行的指标所构成的整体，从不同的角度反映了总体的数量特征。

(2)指标体系的分类

依据不同的标准，可以对指标体系进行不同的分类。常见的分类方法有以下几种。

1)根据所反映内容的不同，可以将指标体系分为社会统计指标体系、经济统计指标体系以及科学技术统计指标体系

这三种统计指标体系分别从人口社会、国民经济运行以及科学技术发展等方面反映国民经济及社会发展的综合情况。

2)根据考察范围的不同，可以将指标体系分为宏观指标体系、中观指标体系以及微观指标体系

宏观指标体系是指反映整个社会、经济以及科技的总体情况的指标体系；中观指标体系是指反映各地区、各部门、各行业的经济、科技总体情况的指标体系；微观指标体系是指反映各企、事业单位生产经营、工作等运行情况的指标体系。

3)按照功能、作用的不同，可以将统计指标体系分为描述性统计指标体系、评价性统计指标体系以及决策性统计指标体系

描述性统计指标体系是指反映客观现象的运行过程、状况以及结果的指标体系；评价性统计指标体系是指用于比较、判断客观现象的运行过程及结果是否正常的指标体系；决策性统计指标体系是指用于采取措施以保证客观现象协调、有序发展的指标体系。

本模块小结

本学习模块主要包括四大方面的内容，主要介绍了统计的含义、统计的研究对象、统计的功能以及物业统计的概念与几个基本概念。

1. 统计主要包括三个方面的含义，即统计工作、统计资料和统计学。这三个方面既相互联系，又有区别。统计工作与统计资料是过程与结果的关系；而统计学与统计工作是理论与实践的关系。其中，统计工作是统计最基本的含义。

2. 研究对象是一门学科所要认知的客体。只有对研究对象进行深入细致的研究才能揭示现象的本质和规律。研究对象是学科划分的标志，要成为一门学科，首先要有特有的研究对象。与其他学科不同，统计的研究对象是数据，它所提供的是一套适用于所有学科领域的有关收集数据、整理数据、分析数据及从数据中得出统计结论的原则和方法。

3. 统计具有信息作用、咨询作用及监督作用等多方面的功能，因此，在日常生

活、工作和科研中得到了广泛的运用。但是需要注意的是，统计也具有一些局限性，大多数统计方法都有一定的假设前提，对所得数据的解释也需要其他专业知识，统计更多的时候是作为一种工具来使用的。在实践中，一定要对这些有所认识，以免发生统计的误用和滥用。

4. 物业统计是统计在具体领域内的运用，因此，也包含物业统计工作、物业统计资料及物业统计学三个方面的含义。一个完整的物业统计工作过程包含物业统计设计、物业统计调查、物业统计整理及物业统计分析四个主要环节。其中，物业统计设计具有重要的基础性作用。

5. 与物业统计有关的几个主要概念包括总体与总体单位、样本、标志和变量、指标和指标体系等。在学习过程中对这些概念一定要深入理解，为后续学习做好准备。

关键概念

统计工作 Statistical work　统计资料 Data　统计学 Statistics

总体 Population　总体单位 Population unit　样本 Sample

品质标志 Qualitative mark　数量标志 Quantitative mark

连续型变量 Continuous variable　离散型变量 Discrete variable

定性变量 Qualitiative variable　定量变量 Quantitative variable

指标 Indicator　指标体系 Index system

复习思考题

一、填空题

1. 统计工作即(　　)，是指对客观事物数量方面的资料进行(　　)的工作活动的总称。

2. 统计的研究对象就是指(　　)，只有对研究对象进行深入细致的研究才能揭示(　　)及其发展变化的规律。

3. 统计最主要、最基本的作用在于(　　)。

4. 统计指标一般具有(　　)等几个方面的特点。

5. 一个完整的统计工作过程包括(　　)四个主要环节。

二、判断题

1. 作为统计学研究对象的数据具有数量性、总体性、具体性与社会性等特征。(　　)

2. 统计在实践中能发挥巨大的作用，所以是万能的，它能解决你所面对的一切问题。(　　)

3. 物业统计分析是指在物业统计研究整理的基础上，运用一定的统计分析方法，分别从静态或动态两方面进行数量分析，揭示被研究现象的本质和发展规律。（ ）

4. 样本的选取对统计推断非常重要，直接影响推断的效果与质量。（ ）

5. 标志是指反映各总体单位属性或特征的名称，它是研究总体数量特征的前提和基础。（ ）

三、简答题

1. 指标与标志的联系是什么？

2. 抽取样本时的注意事项有哪几个方面的问题？

3. 在物业统计设计阶段，主要进行哪几个工作？

4. 什么是统计的研究对象？

5. 什么是物业统计学？

四、计算题

1. 某物业服务企业为了评估业主对其服务的满意度，设计了一份如下表所示的调查问卷。

附表 业主满意度调查表

您的评价	非常满意	很满意	一般满意	不满意
绿化服务				
保洁服务				
安保服务				
客户服务				

问题：

(1)您认为上述调查问卷中的四级分类设计能否为该物业服务企业的管理提供足够的信息？

(2)您觉得是否还需要添加一个“非常不满意”一栏，以便对问卷的结构进行改进？

2. 某住宅小区大约有900户业主，该住宅小区物业管理处的主任想调查小区业主对其服务的满意度，设计了一份调查问卷，满意度的评分标准在10～100分之间。该管理处主任在900多户业主中随机抽取了50位业主作为样本，对他们进行问卷调查，得到每位业主的满意度的平均分。试回答以下问题：

(1)该次统计的总体是什么，总体单位是什么？

(2)该次统计的样本是什么？

(3)该次统计调查中的标志和标志表现各是什么？

五、实训题

将班级学生分成若干组，每组成员控制在8人以内。根据各自对“优秀物业管理员”的理解和认识，每组各自设计一份调查问卷，并深入到校外实习基地进行调查。要求每份调查问卷包含的调查指标不少于10个，被调查对象不少于30个，男女、职称都不限。每个小组独自进行数据的收集与整理，然后进行全班汇总。根据全班汇总的数据资料，得出可以准确测度“优秀物业管理员”的量化指标体系。

学习模块二 如何获取数据资料

开篇导读

为了了解中国老百姓对经济事件的感受和思考，在国家统计局的配合下，依托强大的邮政网络，中央电视台于2006年年末组织进行了一次大型的抽样调查。其设计的调查问卷如下。

CCTV2006 经济生活大调查

2006年12月8日，CCTV首次进行全国范围的经济生活大调查，聚焦10万公众最为关注的经济话题。此次调查的目的是通过深入民间进行调查，反映老百姓最直接的生活愿望，反映老百姓真实的经济状况和所思、所想与所愿，为政府决策提供一份独家、公正、权威的数据。它揭示了未来发展的驱动力，为全社会提供经济风向标。

一、调查范围：在全国范围内。

二、调查工作时间

此项统计调查工作的时间分为三个阶段。

第一阶段：专家评选。时间：2006年11月23日—2006年12月17日。

第二阶段：明信片问卷发放。时间：2006年12月18日—2007年1月1日。

第三阶段：2006调查结果发布仪式。时间：2007年1月31日—2007年2月1日。

三、调查内容(问卷项目)

1. 2006年给您印象最深的政策是(　　)。(可多选)

A. 构建和谐社会　B. 取消农业税　C. 抑制房价高涨
D. 新医改方案的制定　E. 建设社会主义新农村　F. 维护农民工权益

2. 您认为2007年最需要改善的是哪些方面？(　　)(可多选)

A. 医疗　B. 环境　C. 食品安全　D. 养老　E. 油价
F. 就业　G. 教育　H. 房价

3. 您最关注的经济财经事件是什么？(　　)(可多选)

A. 外汇储备超过万亿美元　B. 重拳出击打击商业贿赂　C. 人民币升值
D. 人民币业务开放　E. 工商银行上市　F. 沪指突破 2200 点

4. 您认为 2006 年最具有战略意义的事件是什么？(　　)(可多选)
A. "十一五"规划通过　B. 中非论坛的召开　C. 中国加入世贸五周年
D. 天津滨海新区的启动　E. 青藏铁路的通车

5. 2007 年您的收入预计比 2006 年(　　)。
A. 增加　B. 降低　C. 持平

6. 2007 年您计划的三项主要支出是什么？(　　)
A. 基本生活　B. 储蓄　C. 买房　D. 买车　E. 创业
F. 证券　G. 保险　H. 医疗　I. 教育　J. 旅游

7. 您对 2007 年房价走势的判断是(　　)。
A. 小幅上涨　B. 大幅上涨　C. 持平　D. 下跌

8. 您对目前生活的感觉是(　　)。
A. 很幸福　B. 比较幸福　C. 一般　D. 不太幸福

四、调查方式与方法

此次调查采用的方式比较创新，媒体单位和国家邮政局首次联手，把调查问卷印制在 10 万张邮资明信片上，在国家统计局的指导下，科学划分投放区域和投放对象，对全国老百姓的经济观点和评价进行调查。这样的调查方法在国内尚属首次。明信片不但具有填写简单、参与方便的特点，还能兼顾地区的广泛性及人群的多样性，让广大农村居民与偏远地区的群众也有机会投上一票，充分履行自己的话语权。明信片发放到户的做法可以保证较高的问卷回收率。现在利用短信和互联网等进行调查和投票比较流行，但是能参与的人主要是城市中的部分居民，调查结果具有较大的局限性。

以上"CCTV2006 经济生活大调查"采取了什么样的组织方式和调查方法？调查内容是什么？调查期限又是什么？要准确回答以上问题，则需要进行本学习模块的学习。

知识目标

通过本学习模块知识的学习，主要要达到以下几个目标：

1. 了解数据的计量尺度的概念，掌握定类尺度、定序尺度、定距尺度以及定比尺度这四种由低级到高级、由粗略到精确的计量尺度的概念与适用场合。

2. 掌握统计调查的概念，包括统计调查的定义、类型与方法，理解一份统计调查方案应包括的主要内容，掌握几种常用的统计调查组织方式，包括统计报表、普查、抽样调查、重点调查以及典型调查。

3. 了解收集第二手数据资料的几种主要方式。

能力目标

通过本学习模块知识内容的学习，应达到以下几项主要能力：

1. 对于不同的客观事物能运用不同的计量尺度进行度量，并准确判断数据与变量的类型。

2. 能根据调查任务、目的以及自身时间、经费预算、人员安排等方面的约束选择合适的统计调查组织方式，并编制出高质量的统计调查方案，尤其是能独立设计出一份调查问卷。

3. 能通过公开的统计出版物、网络等工具收集一些学习或工作所需的第二手数据资料。

任务一　数据的计量尺度与类型认知

【任务导入】

现有如表 2-1-1 所示的 2008 年中国 6 大房地产开发企业总资产、净资产、营业收入、净利润以及股票代码等方面的相关数据资料。

表 2-1-1　2008 年中国 6 大房地产开发企业相关数据统计表　单位：亿元

企业名称	总资产	净资产	营业收入	净利润	股票代码
万科	1192.37	318.92	409.32	40.17	000002
中海	855.77	322.20	188.92	50.49	00688.hk
华润置地	707.59	338.05	91.34	20.38	11.9.hk
富力	549.68	148.73	153.60	31.34	02777.hk
合生创展	582.71	201.80	107.75	19.64	00754.hk
碧桂园	501.15	191.00	157.13	13.78	2007.hk

注：.hk 代表该企业在香港上市。

试根据上述表格回答以下问题：

1. 该统计数据中总共有多少个变量?

2. 在这些变量中，哪些是品质变量，哪些是数值变量?

3. 在这些变量中，哪些是连续变量，哪些属于离散变量?

【任务分析】

在解决该问题时，我们必须了解以下一些知识点。

(1)变量(Variable)是说明客观事物某种属性特征的概念。要判断一个变量究竟是属于品质变量还是属于数值变量,就要看该变量反映的是客观事物的品质特征还是数量特征。若反映的是品质特征,则属于品质变量;否则就属于数值变量。

(2)在判断了一个变量是品质变量还是数值变量以后,我们就可以进一步判断该变量是属于连续变量还是离散变量。所谓变量的离散或连续是针对数值变量而言的。若两变量之间可以无限细分,则该变量属于连续变量;否则就属于离散变量。

【相关知识链接】

在进行统计调查与收集数据之前,应首先对客观现象进行测度或计量,因此便涉及数据的计量尺度问题。

一、数据的计量尺度

由于性质的不同,不同事物的测度尺度也是不同的。有的事物可以用精确的数字来衡量,如物管专业学生考试成绩,物管企业的营业收入、利润以及员工的工资水平等;而有的事物则不能用数字来衡量,只能按其品质属性来进行分类,如对物业服务企业员工按照性别、籍贯、婚姻状况等进行分类。前者表现为数量上的差异,而后者表现为品质上的差异。显然,用数字来衡量比用属性来描述更加精确、高级。

美国社会学家、统计学家史蒂文斯 1968 年根据变量的性质和数学运算的功能,将数据的计量尺度从低级到高级、从粗略到精确而分为定类尺度、定序尺度、定距尺度以及定比尺度四种类型。

(一)定类尺度

定类尺度是最粗略、精确度最低的一种计量尺度,但它也是其他计量尺度的基础,是一种最基本的计量尺度。

定类尺度(Nominal Scale)又称为定名尺度或类别尺度,是指按照客观事物的某种属性对其进行分组或分类的一种计量尺度。它只能测度客观事物之间的类型差异,并不能对类别之间的关系做运算。

定类尺度在统计实践中非常普遍,如按照性别将物业服务企业的员工分为男员工和女员工两大类。

在统计处理时,为了便于计算机操作与识别,往往用不同的数字或编码来代替事物的不同类别。如在上例中,分别用“1”代表男员工,“0”代表女员工。必须指出的是,上述数字只是作为不同类别的代码,并不能对这些数字进行代数运用或进行比较。

定类尺度通常具有如下特征。

(1)定类尺度只具有“=”或“≠”的数学性质。也就是说,它只能作为区分事物不同类别的标志,而不能比较各类别的大小、优劣或顺序的先后。因此,在运用定类尺度对客观事物进行分类时，所分的各类别之间是平等的，可以改变各类别之间的顺序。

(2)运用定类尺度对事物进行分类时，必须遵循穷尽和互斥的原则。所谓穷尽是指在根据定类尺度所作的分类中，每一个体都应能被归属于某一类别，不出现有个体无法归类的情形；互斥是指每一个体只能被归属于唯一的一个类别中，而不能同时被归属于两种或两种以上的类别。

(3)在对定类尺度计量的数据进行统计分析时，所用的统计量只有频数与频率。如在按性别对某物业服务企业员工进行分类以后，就可以分别统计该企业中男员工人数和女员工人数(在统计学中称为频数)，或者计算男、女员工占企业总员工人数的百分比(统计学中称为频率)。

【思维拓展 2-1-1】试想一想现实生活中还有哪些可以作为定类尺度的例子。

(二)定序尺度

定序尺度(Ordinal Scale)也称为顺序尺度，是指对客观事物各类别之间的等级差或顺序差的一种计量尺度。

定序尺度在物业统计实践中也非常普遍。例如，物业服务企业员工的职称、学历层次，物业服务企业的资质等级，业主对物业服务质量的态度等均可以用定序尺度来计量。

定序尺度具有以下一些基本特征。

(1)运用定序尺度不仅可以对客观事物进行分类，而且可以比较各类别之间的优劣、大小和顺序，但不能进行加减乘除等数学运算。也就是说，从数学的角度来看，定序尺度不仅具有“＝”和“≠”的数学性质，还具有“＜”和“＞”的数学性质。例如物业服务企业员工按照职称的高低可以分为高级物业管理师、物业管理师、助理物业管理师、高级物业管理员、物业管理员等类别；物业服务企业按资质等级的高低可以分为临时、一级、二级和三级资质等类别，并且以上各类别之间的顺序是不能改变的。

(2)运用定序尺度对客观事物进行分类时，也需遵循穷尽和互斥的原则。

(3)在对定序尺度计量的数据进行统计分析时，所用的统计量除了频率和频数以外，还有累计频率和累计频数。在统计处理时，为了计算机的识别与计算，我们也可以对定序尺度所作的分类进行编码。如我们可以分别用数字“0”、“1”、“2”、“3”来分别代表临时、一级、二级和三级资质。这样，通过统计软件，我们不但可以得到不同资质等级的物业服务企业的数量及其比重，还能得到某一资质等级以上或以下的物业服务企业的数量，如具有二级资质以上的物业服务企业的数量及其比重(在统计学中分别称为累计频数和累计频率)。

【思维拓展 2-1-2】试想一想现实生活中还有哪些可以作为定序尺度的例子，并运用该尺度对某客观事物进行分类。

(三)定距尺度

定距尺度(Interval Scale)又称为间隔尺度,是指对客观事物的类别或次序之间的间隔进行测度的一种计量尺度。

在精确性方面,定距尺度比定类尺度和定序尺度有了很大的提高,同时,它也是定比尺度的基础。定距尺度一般使用自然单位来衡量,如学生物业统计课程的考试成绩用"分"来计量等。

定距尺度主要具有以下几个方面的特征。

(1)运用定距尺度不仅可以对客观事物进行分类以及比较各类别的优劣、大小和顺序先后等,而且可以精确地计算出各类别在数量方面的差异。由于这一尺度的每一间隔都是相等的,因此只要给出一个计量单位,便可以准确算出两个数值之间的差值。如某物业管理专业学生参加物业统计课程考试的最高分为 99 分,最低分为 48 分,则两者之间的差值为 51 分。因此,定距尺度除了具备定类尺度和定序尺度的性质以外,还能进行加减运算。

(2)定距尺度没有固定的、有确定意义的零点,因此定距尺度不能进行乘除运算。也就是说,定距尺度中的"0"表示的是"0"水平,而不是表示"没有"或"不存在"。如某学生物业统计考试成绩为"0"并不代表该学生没有分数。

【思维拓展 2-1-3】试想一想现实生活中还有哪些可以作为定距尺度的例子,并运用该尺度对某客观事物进行分类。

(四)定比尺度

定比尺度(Ratio Scale)也称为比率尺度,是指测度事物之间的比值的一种计量尺度,主要用于反映客观事物的结构、比重以及速度等数量关系。

物业统计实践中常见的定比尺度有员工的工资收入、员工总数、物业服务企业的营业收入等。

与定距尺度一样,定比尺度的计算结果也表现为数值,但是其功能要强于定距尺度。定比尺度的主要特征表现如下。

(1)定比尺度除了可以对客观事物进行分类,排序,比较大小、优劣以及计算各类别的差异以外,还能求出两个数值之间的比值。也就是说,定比尺度除了具备定类尺度、定序尺度和定距尺度的特征以外,还能进行乘除运算。如对某物业服务企业员工工资进行调查,得到两名员工的月工资收入分别为 5400 元和 2360 元,则不仅可以比较两名员工月工资的高低及工资的差距,还能计算得到前者的工资是后者的 2.29 倍。

(2)定比尺度具有确定的零点,因此其能进行乘除运算。也就是说,数字"0"表示的是"没有"或"不存在"。如某物业服务企业员工的工资为"0",则表示该员工该月没有工资。

【思维拓展 2-1-4】试想一想现实生活中还有哪些可以作为定比尺度的例子,并运用该尺度对某客观事物进行分类。

上述四种计量尺度对客观事物的测度是由低级到高级、由粗略到精确逐步递进的，高层次的计量尺度具有低层次计量尺度的全部特征。因此，我们可以非常方便地将按高层次计量尺度计量的结果转化为按低层次计量尺度计量的结果，但是不能反过来进行转化。如我们可以非常容易地将按定距尺度测度的考试成绩转化为按定序尺度测度的优、良、中、及格和不及格五个考试成绩等级，但并不能反过来转化。

在统计分析中，使用的计量尺度的层次越高越好。因为层次越高的计量尺度往往包含了更多的数学特征，对数据进行的处理的方法也越多，结果提供的信息也就越丰富。现将四种计量尺度的数学特征进行总结，得到表 2-1-2。

表 2-1-2　四种计量尺度数学特征的比较

数学特征	定类尺度	定序尺度	定距尺度	定比尺度
分类（=、≠）	√	√	√	√
排序（<、>）		√	√	√
间距（+、-）			√	√
比值（×、÷）				√

【观念运用 2-1-1】现有如下几种数据的计量尺度：员工身高、体重、学历层次、政治面貌、宗教信仰、籍贯、工资水平、消费支出以及智商。

试判断以上指标分别属于何种计量尺度。

二、数据的类型

（一）数据的类型与表现形式

1. 数据的类型

（1）根据反映事物特征的不同，可以将统计数据分为定性数据和定量数据

统计数据是采用某种计量尺度对客观事物进行测度所得到的结果，采用不同的计量尺度会得到不同的统计数据。由上述四种计量尺度，我们分别可以得到定类数据、定序数据、定距数据以及定比数据。我们可以将上述四类数据进一步分为定性数据和定量数据两大类。

定性数据也称为品质数据，是指由定类尺度和定序尺度计量所形成的，说明客观事物的品质特征的数据。定性数据一般不能以数值来表示，而只能以文字表述。如某物管专业学生按性别所分类得到的数据就是定性数据；某物管专业学生物业统计考试成绩按优、良、中、及格和不及格分类所得到的数据也是定性数据。

定量数据也称为数量数据，是指由定距尺度和定比尺度计量所形成的，说明客观事物的数量特征的数据。定量数据具体表现为数值。如某物管企业的员工人数为 1500 人、年营业收入为 320 万元，某学生物业统计期末考试成绩为 80 分，所有这些

都为定量数据。

【观念运用 2-1-2】判断以下数据是定量数据还是定性数据,并说明该数据是由哪一类计量尺度测度而形成的。

1. 某物管企业员工小李是研究生学历;

2. 某物管企业 2009 年实现营业收入 354 万元;

3. 某物管专业学生物业统计课程期末成绩为 98 分。

解:1. 是定性数据,是根据定序尺度计量而形成的;2. 为定量数据,是根据定比尺度计量所形成的;3. 为定量数据,是根据定距尺度计量所形成的。

(2)根据观察角度的不同,可以将统计数据分为横截面数据和时间序列数据

横截面数据也称为静态数据,是指在同一时间对某客观事物的数值进行观测计量而获得的数据。如随机抽取某市 10 家物业服务企业,计量其 2009 年年营业收入所得到的数据。

时间序列数据又称为动态数据,是指在不同时间对某客观事物的数值进行观测计量而获得的数据。如观察某物管企业 2004—2009 年的员工人数所得到的数据。

对于不同类型的数据,在统计分析时应采用不同的方法。

对于定性数据而言,主要方法是计算各组的频数和频率、众数以及进行 χ^2 检验等;

对于定量数据,除了运用定性数据的分析方法以外,还可以采用计算均值、进行参数估计和假设检验等方法;

对于横截面数据,主要采用计算集中趋势、离散趋势、偏态和峰态指标的方法来研究客观事物的数量特征和分布规律;

对于时间序列数据,则主要采用水平分析和速度分析的方法,来研究客观事物的变化发展规律。

2. 数据的表现形式

这里所讲的表现形式主要是针对定量数据而言的,定量数据的表现形式主要有两种,即总量数据和分析数据。

总量数据又称为总量指标或绝对数,是反映某客观现象在一定时期或特定时点上达到的总规模、总水平和工作总量的数据。它是统计数据的基本表现形式,也是对数据进行统计分析的基础。

分析数据是指两个总量数据的比值,具体又可以分为相对数和平均数两种。

根据对比的数据性质的不同,相对数又有比例和比率之分。所谓比例是指同一总体中各部分的数量占总体数量的比重或者是部分数量与部分数量之比。它主要用于反映总体的内部结构,且同一总体中各部分的比重之和等于 1。如某物业服务企业中男员工占员工总数的比值就是比例。所谓比率是指不同类别的数量之间的比值。它既可以反映同一现象在不同时间、空间上的对比;也可以反映两个性质不同但

有联系类别的数量之比。如某学校物管专业招生规模的发展速度就属于比率。

平均数也称为均值，是指总体中各个数值的总和与总体中数据个数的比值。它反映了总体在某一数量方面的一般水平。

(二)变量及其类型

变量(Variable)是说明客观事物某种属性特征的概念，其具体表现则称为变量值。统计数据就是变量的具体表现形式。

与统计数据的分类相对应，变量也有品质变量和数值变量之分。

1. 品质变量

品质变量也称为品质标志，是指用于反映客观事物属性特征的变量，其具体表现为定性数据。如员工的性别、学历层次，物管企业的资质等级等都为品质变量。对后者而言，"临时"、"一级"、"二级"、"三级"就是其具体表现。

2. 数值变量

数值变量又称为数量标志，是指用于反映客观事物数量特征的变量，其具体表现为定量数据。如物管企业员工的工资、物管企业的员工人数等都为数值变量。

按变量值的取值是否连续，数值变量可以分为连续变量和离散变量两种。连续变量是指任意两个变量值之间取值无限，且不能一一列举其数值的变量，一般表现为小数形式，如员工的工资、考试成绩、物管企业的营业收入等；离散变量是指任意两个变量值之间取值有限，且能一一列举其数值的变量，一般只能以整数的形式表示，如物业服务企业的个数、物管企业员工的人数等。

【观念运用 2-1-3】试列举出一些现实生活中常见的离散变量和连续变量。

变量是统计学中一个非常重要的概念，在大多数情况下，我们所说的变量都是数值型变量，大多数统计方法也是针对数值型变量的。在本教材以后的章节中，凡是没有特别说明的，所指的均是数值型变量。

任务二　如何组织与实施有效的统计调查

【任务导入】

某物业服务企业计划对某住宅小区业主的收入、消费支出、消费观念等情况进行调查，以获取小区业主收入与消费支出的数据资料，进而提供全方位、多元化的物业管理服务，满足不同业主的需求。假设你是该物业服务企业的一名员工，你认为可以采取什么样的调查组织方式？说明你的理由，并设计出一份完整的调查方案和调查问卷。

【任务分析】

对于该任务，有以下知识点是我们必须了解的。

首先，是统计调查组织方式的选择问题。我们应该综合考虑调查的目的、任务以及调查者自身时间、经费预算、人员安排等方面的因素，选择出成本最低、效果最好的调查方式。在统计实践中，可供选择的调查方式主要有统计报表、普查、抽样调查、重点调查以及典型调查几种。每种方法都有各自的优缺点，关键在于选择时我们该如何权衡。

其次，设计一份完整、高质量的调查方案是至关重要的。只有设计好调查方案，才能确保统计调查工作得以有序的进行，收集到有用的数据资料。通常而言，一份完整的调查方案包括确定调查的目的与任务、确定调查对象和调查单位、确定调查项目、设计调查表、确定调查时间与调查时限以及制定调查的组织实施计划等。而在设计调查问卷时，我们应该确保所设计的问卷通俗易懂、便于回答，而且时间控制在20分钟以内为宜。

【相关知识链接】

从统计工作的整个过程来看，统计数据的收集是进行统计整理、统计分析与统计预测的重要基础和前提。收集到的统计数据质量的高低将直接影响统计结果的正确性。因此，如何收集到科学、合理、系统的统计数据便成为一项极其重要的基础性工作。

在统计实践中，统计数据的直接来源有两个：一是统计调查。这是获取统计数据最重要的方法与渠道。统计调查既可以是由统计部门专门组织实施的，如国家统计局对全国物业服务企业发展情况所作的普查；也可以是其他机构或企业为了特定的目的而组织实施的，如某物业服务企业就某小区业主对其物业服务质量所作的调查。二是科学实验。这是获得自然科学数据的主要途径，但不在本书介绍的范围之内。本书重点介绍统计调查这一获取社会经济统计数据的方法。

一、统计调查概述

（一）什么是统计调查

统计调查是指根据统计工作的目的和任务，借助科学的调查方法与手段，有组织、有计划地从客观实际中收集统计数据的过程。它在整个统计工作中处于基础性的阶段，且极其重要。

根据收集途径的不同，统计调查所收集的数据有原始资料和第二手资料两种。

1. 原始资料

原始资料又称为初级资料，是指直接向被调查对象收集的、未做任何加工处理的反映被调查对象基本情况的资料。如对某住宅小区业主的职业、收入情况、年龄分布、消费支出等所做的调查，得到的便是原始资料。

2. 第二手资料

第二手资料又称为次级资料，是指已经经过加工处理的、反映被调查对象情况的资料。第二手资料主要来源为公开发行的出版物，如从《中国统计年鉴》、《中国统计摘要》等出版物中可以获得许多有用的资料。此外，也可以从物业服务企业的年度报表、股东报告以及内部刊物等获得比较详细的统计资料。

【思维拓展 2-2-1】需要指出的是，随着科学技术的发展、电子计算机和互联网的普及与运用，收集第二手资料也变得日益轻松、快捷与方便。以前为了获得第二手资料，往往需要出入图书馆或找政府部门、行业协会索要数据，但是这些方式要么不能获得齐全的数据，要么在借阅方面存在诸多限制。但是现在，我们可以非常方便地从相关网站上（如中国统计信息网）找到我们所需要的资料，大大降低了收集数据的难度与成本。

（二）统计调查的基本要求

为了使经过统计调查获取的统计数据能满足统计分析的要求，达到统计研究的目的，在进行统计调查时必须符合以下基本要求。

1. 准确性

准确性是指统计调查所收集的数据要如实地反映客观实际，做到真实、可靠。准确性是统计调查最基本的要求，也是统计工作的生命。如果统计调查失去了准确性，那么通过其获得统计数据也就没有了利用价值。

2. 及时性

及时性也称为时效性，是指要求在统计调查方案中规定的时间范围内，及时地完成各项调查任务，收集好统计资料，以满足统计分析的需要。统计调查不及时不仅会对统计工作的进程产生影响，而且可能导致根据统计数据做出错误的决策。

3. 完整性

完整性是指统计数据的项目齐全，既没有重复也不发生遗漏。完整的统计数据是进行统计整理和统计分析的保障和前提。没有完整的统计数据，就无法得到正确、系统的统计结论。

4. 系统性

系统性是指要求统计调查所收集的数据应该有条理，不杂乱无章，使后续的统计整理工作方便、快捷。

5. 经济性

经济性是指在准确、及时地取得统计数据的前提下，应尽可能提高统计工作的经济效益，通过精心设计调查方案，尽量减少人力、物力和财力的投入。

以上五个方面的要求是对立统一的，关键是在实际的统计工作中如何协调这几者的关系。一般而言，我们应该综合考虑统计调查的目的和现实的客观条件（如经费、时间等），实现综合平衡。但无论如何，准确性是最基本的要求。

(三)统计调查的分类

为了确保统计调查满足以上几个方面的基本要求，对于不同的调查目的和被研究对象，应该灵活选择适当的统计调查方式。按照不同的标准，统计调查可以作如下分类。

1. 按调查对象范围的不同，可以分为全面调查和非全面调查

全面调查是指对调查对象的所有个体进行调查、收集数据的调查方法。其目的在于获得调查对象全面、完整的统计资料。如某物业服务企业对所管理小区的所有业主所作的收入、消费支出情况调查。

非全面调查是指只对调查对象的一部分个体进行调查、收集数据的调查方法。如某物业服务企业为掌握业主对其服务的满意度，抽取了某小区一部分业主进行调查，就属于非全面调查。非全面调查主要表现为抽样调查、重点调查以及典型调查等形式。

2. 根据调查的时间是否连续，可以分为经常性调查和一次性调查

经常性调查也称为连续调查，是指在一定的时间范围内，随着被调查对象的发展变化所进行的连续不断的调查、登记的统计调查。其目的在于获取被调查对象整个变化过程以及结果的统计资料。如对某物业服务企业所进行的营业收入、利润、成本等的调查。

一次性调查又称为非连续调查，是指每隔一段时间对被调查对象在某一时点上的状况进行调查、登记的统计调查。其目的在于取得对象在某一时点上的状态资料。如对于某市物业服务企业的数量，通常采用一次性调查以了解其在某一时点的规模或水平。

3. 根据组织方式的不同，可以分为统计报表和专门调查

统计报表是指按照《中华人民共和国统计法》同一规定的表式和要求，自上而下统一布置、自下而上逐级提供统计资料的一种调查方式。统计报表是一种制度，是各级政府部门获取社会经济发展数据的主要方式，也是政策制定与修改的重要依据。

专门调查是指为研究一些特殊问题而专门组织的收集统计数据的调查方式，如为宣传《物权法》而在业主中组织进行的物权法知识的问卷调查。在我国的统计实践中，经常被运用的专门调查方式包括普查、重点调查、抽样调查以及典型调查。

【观念运用 2-2-1】某物业服务企业为了了解广大业主对《物权法》相关知识的掌握程度，拟进行一次统计调查。试判断以下的说法是否正确。

1. 此次调查适合采取全面调查的方式；

2. 此次调查是一种专门调查。

解：1. 由于总体中个体的数量比较多，因此采取非全面调查比较合适；

2. 是一种专门调查。

二、统计调查方法

统计调查方法是指收集统计数据的方式和方法。在确定完统计调查的方式以后,就应该根据具体情况选择好统计调查的方式。常见的统计调查方式有以下几种。

(一)直接观察法

直接观察法是指调查人员亲临现场对被调查对象进行观测、计量以获取数据资料的一种调查方式,如调查人员对物业服务企业各部门员工人数的统计或者各种设备数量的统计等。其优点是能够确保所获资料的准确与完整;缺点是成本较高,需花费较大的人力、物力和时间。因此,实际中运用较少。

(二)报告法

报告法是指基层单位以各种原始记录和台账为基础,按照统计表的格式和要求填写调查表并逐级向有关部门上报统计资料的一种调查方法。现行的统计报表制度就是采用这种方法。原始记录是指基层单位通过一定的表格形式,对企业经营活动所做的初始记录;台账是指基层单位按照统计表的要求,采用表格的形式将分散的原始资料按照时间先后顺序整理登记的账册。报告法的特点是表式、调查项目和上报程序都严格统一。

(三)采访法

采访法是指调查人员就想要了解的问题向被调查者提问,根据被调查者的答复收集统计资料的一种调查方法。如某物业服务企业调查业主对其服务的意见和建议时,就可以采用采访法。采访法可以具体分为个别口头询问、被调查者填表以及开调查会等形式。这种方法对调查人员的素质要求比较高,同时被调查者的心理状况对调查结果也有重要的影响。

【思维拓展 2-2-2】随着现代科学技术的发展,采访也可以通过电话的形式进行,提高调查的经济效益,主要适合于一些简明扼要、数量较少的问题的调查。

(四)问卷法

问卷法是指将调查项目列于表格上形成调查问卷,并通过发放调查问卷收集被调查对象统计资料的一种调查方法。如某物业服务企业通过问卷调查的方法获取业主对物权法相关知识的了解情况。问卷法的特点是方便、成本低。

【思维拓展 2-2-3】随着计算机技术的发展与因特网的普及,问卷法更多地是通过网络来进行,与传统的方式相比较,这种方式无论是在成本还是在效果方面都有明显的优势。

【观念运用 2-2-2】假设国家统计局公布的 2009 年物业管理专业毕业学生的就业率为 98.8%。请问:国家统计局是采取何种统计调查方法获得这些数据资料的?

解:在我国,这些数据资料是由各个院校逐级向上报告的,采用的是报告法。

三、统计调查方案的设计

统计调查方案是指事先制定的,对统计调查工作的全面、有序开展起指导和协调作用的工作计划书,对统计调查具有突出重要的意义。

统计调查是一项系统性工程,所涉及的面广人多。为确保其有计划、有组织、有条不紊、顺利地进行,就必须要有一个系统、完善的统计调查方案作为保障和基础。一份完整的统计调查方案通常应包含以下几个方面的内容。

(一)明确调查目的和任务

调查目的和任务是指调查要达到什么目标、要解决什么问题等,它解决的是"为什么调查"的问题。因此,明确调查目的和任务是设计统计调查方案时应首先解决的问题,只有解决了这一问题以后,才能确定调查对象、选择调查方法等。

(二)界定调查对象和调查单位

在明确了调查的目的和任务以后,接下来的工作就是界定调查对象和调查单位。

调查对象是指根据调查目的确定的需要进行统计调查的某一社会经济现象的总体,即统计总体,它是由一系列性质相同的调查单位所构成的;调查单位是指调查对象中需要被调查的具体单位,即总体单位。例如,为全面了解某省物业服务企业员工的基本情况,那么该省所有物管企业员工构成的整体就是调查对象;每位员工就是一个调查单位。

调查对象与调查单位之间是总体与个体的关系。在一些情况下,调查对象中的全部单位都是调查单位,如全面调查;而在另外一些情况下,调查对象中的部分单位才是调查单位,如非全面调查。

【观念运用 2-2-3】为了解某物管专业学生对《物业统计》知识的掌握情况,统计学老师组织了一次课程测验。请问:该测验是全面调查还是非全面调查?指出该次调查的调查对象和调查单位。

解:该测验属于全面调查;该次调查的调查对象为该专业学生构成的整体,调查单位为每一位物管专业学生。

在统计调查中,除了界定调查对象和调查单位以外,还应理解报告单位的概念。所谓报告单位,也称为填报单位,是指负责填写报告内容、提交调查资料的单位。在有些调查中,调查单位与报告单位是一致的,如调查物业服务企业的盈利情况,则调查单位和报告单位都是每家物业服务企业;而在有些调查中,两者是不一致的,如对某物业服务企业员工的学历层次进行调查,则调查单位是每一位员工,而报告单位是该物业服务企业。

(三)确定调查项目

调查项目是指登记调查单位属性或特征的标志,它既可以是调查单位的品质特征,也可以是调查单位的数量特征。调查项目是由统计调查的目的、调查对象以及调查任务所决定，主要解决的是“调查什么”的问题。调查项目正确与否直接关系到统计调查的成败，因此，拟定调查项目是设计调查方案的关键所在。在统计工作中，拟定调查项目时应该注意以下几点。

(1)应与调查目的与调查任务相适应；

(2)应该遵循可能与需要以及少而精的原则确定必要的调查项目，且项目的名称应明确具体；

(3)每一个调查项目都应该有确切的含义和统一的解释，以免调查人员或被调查者在理解时发生歧义；

(4)各个调查项目应尽可能做到相互联系、彼此衔接，以便全面、系统、完整地反映调查对象的特征，提高调查资料的质量。

此外，还需注意各个调查项目在不同时期的前后衔接，以利于动态比较，研究调查对象发展变化的规律。

(四)设计调查表

在拟定好调查项目以后，就应该设计调查表。所谓调查表，也称为调查问卷，是指将调查项目按照一定的顺序排列而成的表格，是统计工作中收集数据的基本工具。

一份完整的调查表一般是由表头、标体以及表外附加三部分构成。表头用于说明调查表的名称，调查单位的名称、性质及隶属关系等；标体是调查表的主体部分，其内容就是具体的调查项目；而表外附加则由填报人签名盖章、报表日期、填表说明以及指标解释等组成。

调查表有单一表和一览表两种形式。单一表是指只登记一个调查单位的调查表，可以容纳较多的调查项目，适用于比较详细的调查；一览表是指可以登记多个调查单位的调查表，当调查项目比较少时，可以考虑使用一览表。

(五)确定调查时间和期限

调查时间是指调查的数据资料所属的时间。调查时间有两种，一种是时期，如调查某房地产开发商 2009 年第一季度的销售额，则调查时间是一段时期，即从 2009 年 1 月 1 日至 2009 年 3 月 31 日，另一种是时点，也称为基准时点，如调查某学校 2009 届物业管理专业毕业生的就业率，则调查时间为一时点。

总之，若调查的是时点现象，要规定调查资料所属的标准时点；若调查的是时期现象，则需明确规定调查资料的起止时间。

调查时限是指调查工作的起止时间，即从收集到报送数据资料所需要的时间。规定调查时限的目的在于确保统计调查的及时性。我们在确定调查时限时，要综合考虑统计工作量的大小、人力、物力、财力等因素。

【观念运用 2-2-4】某市欲对该市三个区的房地产价格水平进行调查，要求在 2009 年 10 月 5 日至 2009 年 11 月 20 日完成。问：这一规定属于调查时间还是调查时限？

解：所规定的时间为该次调查的起止时间，因此应该是调查时限。

(六)制定统计调查的组织实施计划

统计调查是一项系统、复杂的工作，为保证其顺利、有序地开展，必须要有严格的组织实施计划来作为保证。统计调查的组织实施计划通常包括以下几个方面的工作：调查工作负责机构的组建，调查工作人员的确定，调查方法的选择，人员的培训，调查经费的落实以及工作进度安排等。

四、统计调查的组织方式

在介绍统计调查的分类时，我们曾经按照组织方式的不同，将统计调查分为统计报表和专门调查两大类，而专门调查又可以进一步分为普查、重点调查、典型调查和抽样调查。所有以上几种方式便组成了统计调查的方法体系。在 1994 年的全国统计工作会议上，提出了要建立以必要的周期性普查为基础，经常性抽样调查为主体，同时辅之以重点调查、科学推算和少量的全面报表综合运用的统计调查方法体系。现对各种组织方式简单介绍如下。

(一)统计报表

1. 什么是统计报表

统计报表是指按照《中华人民共和国统计法》同一规定的表式和要求，自上而下统一布置、自下而上逐级提供统计资料的一种调查方式。经过几十年的统计实践，我国已经形成了较为完备的统计报表制度，在数据资料的收集中发挥着重要作用。

统计报表作为一种制度，其最大的优点在于调查实施范围、报送时间、调查项目的含义、口径以及计算方法等均统一规定；但是缺点也是相当明显的，表现在内容和程序呆板、成本较高、调查所花费的时间较长以及一些重要数据无法通过统计报表制度取得，如居民消费支出数据等。

2. 统计报表的分类

统计报表的类型多种多样，按照不同的标准，统计报表有不同的分类。

(1)按报送单位范围的不同，分为全面报表和非全面报表

全面报表是指要求调查对象中的每一个报告单位都必须填报的一种全面调查方式；非全面报表是指只要求调查对象中一部分报告单位填报的一种非全面调查方式。目前大多数的统计报表都属于前者。

(2)按照报送周期长短的不同，分为日报、旬报、月报、季报、半年报以及年报

除了年报以外，其他报表都属于定期报表，而日报和旬报也被称为进度报表。一般而言，上述报表除了时间上存在差别以外，在内容上也有不同。统计报表报送的周期越短，其统计指标越少，调查范围越小，分类目录比较粗；反之，统计报表报送的时间越长，其统计指标就越多，调查范围越广，分类目录比较细。

(3)按报送方式的不同，可以分为电讯报表和邮寄报表

电讯报表是指通过电话、传真以及网络等方式报送的统计报表;而邮寄报表是指通过邮寄方式报送的统计报表。随着我国统计信息化的程度越来越高,传统的邮寄报表正被现代化的电讯报表所取代。

(4)按照填报单位的不同,可以分为基层统计报表和综合统计报表

基层统计报表是指由基层企事业单位填报的、反映其生产经营情况的报表,这是获得基本统计资料的基础;综合统计报表是指由各地统计部门或上级主管部门根据基层单位提供的基层统计报表逐级汇总而成的统计报表。

(二)普查

普查是指为了某一特定目的而专门组织的、一次性的全面调查。世界各国一般都定期进行各种普查,如人口普查、工业普查以及农业普查等,以便获取有关国情、国力等方面的基本统计资料,为制定宏观经济政策、长远发展规划等提供重要依据。

普查是一种重要的统计调查方式,一般是在全国范围内进行,而且适用于收集那些不能够采用定期的全面统计报表收集的、处于某一时点状态上的社会经济现象的数据资料。但是其工作量大,成本较高,所以不宜经常采用。

作为一种特殊的统计调查组织方式,普查具有如下几个方面的特点。

(1)普查是一次性的或周期性的。由于普查的涉及面广、调查单位众多,往往需要耗费大量的人力、物力和财力,成本较高,因此,一般需要间隔较长时间进行一次。

【思维拓展 2-2-4】我国的普查制度一般具有如下的周期性:

1. 每逢末尾数字为“0”的年份进行人口普查;
2. 每逢末尾数字为“1”或者“6”的年份进行基本统计单位的普查;
3. 每逢末尾数字为“3”的年份进行第三产业普查;
4. 每逢末尾数字为“5”的年份进行工业普查;
5. 每逢末尾数字为“7”的年份进行农业普查。

(2)普查是一种全面调查。其调查对象中的调查单位数比较多,调查项目比较详细,涉及的内容也比较广泛,调查所收集的统计资料也很系统、全面。

普查一般有两种组织方式:一种是组建专门的普查机构、配备专业的普查人员,对调查单位直接进行调查登记,如我国进行的历次人口普查;另一种是由调查单位或报告单位根据其原始记录或核算资料填写调查表格,再逐级上报来收集数据资料,如我国的物资库存普查。与第一种方式相比,后一种方式简便、快速,适合于内容比较单一、涉及范围比较小的情况。

由于普查的工作量大、涉及面广,因此在具体实施时应遵循以下几个原则。

(1)为避免数据资料的遗漏与重复,保证普查结果的准确性,普查一般都规定有统一的标准调查时间,且标准时间一般选择在调查对象比较集中、相对变动较小的时间,如我国第二次农业普查的普查时点为 2006 年 12 月 31 日 24 时。因此,凡是普查表中提到的年末数据资料,如“2006 年年末拥有住房情况”等,均以普查时点数据

为准。

(2)在普查中,各调查单位和调查点应尽可能同时行动,并以最快速度完成,确保步调一致、及时报送。

(3)统一规定普查的内容与时间间隔,以利于同一次普查中数据资料的汇总以及前后普查所得资料的纵向对比。

(三)抽样调查

1. 什么是抽样调查

抽样调查是一种专门组织的非全面调查,是指按照随机原则,从调查对象的总体中抽取一部分调查单位组成样本进行调查,并以样本数量特征去推断总体数量特征的一种调查方法。

抽样调查是实际中运用最为广泛的一种统计调查方法。抽样调查有概率抽样和非概率抽样之分,本书只介绍其中的概率抽样。

2. 抽样调查具有什么特点

与其他调查组织方式相比,抽样调查具有如下一些特点。

(1)经济性。这是抽样调查最大的优点。由于属于非全面调查,抽样调查的样本单位通常只是调查对象中的很少一部分,调查的工作量很小,可以节省大量的人力、物力和财力。

(2)时效性。首先,由于抽样调查的工作量小,调查的准备时间、调查时间以及数据处理的时间都大大缩短,因此可以迅速、及时地获取所需要的数据资料,大大提高数据的时效性。其次,与普查相比,由于成本较低,因此可以较为频繁地进行,获取调查对象随时间发展变化的规律性,弥补普查等全面调查方式的不足。

(3)普适性。首先,从适用的范围和问题来看,抽样调查适用于各个领域、各种问题的调查;其次,从调查的项目和指标来看,抽样调查的内容和指标可以更加详细、深入;再次,从调查的内容来看,抽样调查可以设计更多的调查项目。因此,抽样调查往往能够获得更为详细、深入的数据资料。

(4)准确性。首先,抽样调查的样本是通过随机原则获得的,排除了人为因素的影响,使得样本具有较高的代表性;其次,由于抽样调查的工作量小,出现登记性误差的可能性也较小,因此,可以确保所获取数据资料的准确性。

(5)灵活性。抽样调查既适用于专题的研究项目,也适用于经常性的调查项目,且调查项目可多可少,调查的范围可大可小,因此组织实施起来灵活方便。

3. 抽样调查的作用

抽样调查一般适用于以下场合,发挥其功效。

(1)对不可能进行全面调查的社会现象进行统计调查。所谓不可能进行全面调查的社会现象,包括两种情况:一是欲调查的总体是无限的,如某物业服务企业对小区水景的水质进行检测时只能采取抽样调查的方式;二是某些场合的调查具有破坏性，如某物业服务企业对走廊照明灯使用寿命进行调查时，只能采取抽样调查。

(2)对某些没有必要或者很难进行全面调查的社会现象进行统计调查。如对某大型住宅小区业主消费观念进行调查时，理论上可以逐户进行全面调查，但是成本极高；而抽样调查不仅可以达到全面调查的效果，且可以大大降低成本。

(3)其他作用。如对物业服务过程实施质量控制；对全面调查的结果进行检验和修正等。

(四)重点调查

1. 什么是重点调查

重点调查是指在调查对象中选择一部分重点单位所进行的非全面调查。所谓重点单位，是指虽然在总体中的个数不多，但是它们的数值总量在总体数据总量中占有绝大部分比重的那部分单位。通过重点调查，往往能快速地获取有关总体基本情况的数据资料。如为了了解我国房地产企业的投资、利润、固定资产等方面的基本情况，我们只要选择万科、中海地产、雅居乐以及碧桂园等几个大型房地产开发企业进行调查，便可以满足调查任务的要求。

重点调查的优点在于调查单位少，可以设计较多的调查项目和指标，集中精力获取较为详细的数据资料。

但是必须注意的是，实施重点调查必须满足两个基本条件：一是在总体中有重点单位；二是调查的目的在于了解总体的基本情况，因为总体中的重点单位与非重点单位的差别很大。

【观念运用 2-2-5】结合您所在市、县的具体情况，如需对本地物业管理行业的基本情况进行调查，能否采取重点调查的方式？

解：问题的答案取决于您所在的市、县物业管理行业中是否存在重点单位。

2. 如何选择重点单位

重点单位的选择是进行重点调查的关键。在选择重点单位时，一般应注意以下几个方面的问题。

(1)根据调查任务，选出的重点单位应尽可能少，而其数值总量在总体数据总量中所占的比重应尽可能大；

(2)选择重点单位时应根据调查目的、时间以及空间的变化而做出相应的调整；

(3)为了便于统计调查的实施，所选择的重点单位应该是管理制度健全、统计基础工作做得较好的单位。

【观念运用 2-2-6】结合珠海市物业管理行业发展的实际，在对物业服务市场行情进行调查时，若采取重点调查，应选择哪几家物业服务企业作为重点单位？

解：根据珠海市物业管理行业的实际情况，在进行重点调查时，应选择葆力物业管理有限公司、信诚物业管理有限公司、丹田物业管理有限公司等几家企业为重点单位。

(五)典型调查

1. 什么是典型调查

典型调查是指根据调查的目的和任务,在对调查对象进行全面分析的基础上,有意识地选择若干有典型意义或有代表性的单位进行深入细致的调查研究的一种非全面调查方式。典型调查的目的在于通过典型单位来描述或揭示事物的本质或规律,因此,所选择的典型单位一定应能反映调查对象的本质属性或特征。所谓典型单位是指在调查对象中具有代表性的调查单位。如为了调查物业管理行业的利润率水平,则可以选择几个能代表行业利润率水平的物业服务企业作为典型单位,进行深入细致的调查,收集数据资料。

典型调查具有一些与其他统计调查组织方式不同的特征,主要是:

(1)典型调查的调查单位较少、范围较小,因此可以设计较多的调查项目和指标,适合于研究某些较为复杂的专门问题。

(2)典型调查的目的在于通过典型单位来描述或揭示调查对象的本质特征与规律。因此,所选择的典型单位应该具有典型性和代表性,具备调查单位的本质特征和属性。

由于典型调查具有一些其他统计调查组织方式所不具备的特点,因此,它在实践中发挥着极其重要的作用,表现在:

(1)典型调查可以弥补其他统计调查组织方式的不足和缺陷。典型调查可以收集其他调查组织方式无法收集的数据资料,也可以验证全面调查所获数据资料的准确性。

(2)在某些情况下,可以利用典型调查所获取的数据资料来推断总体指标。在调查对象内各单位之间的差异比较大,且无法采用其他统计调查方法收集数据资料时,则可以利用典型调查获得数据资料来推断总体指标。

(3)可以利用典型调查来研究新生事物。新生事物虽然数量较少,但是代表了事物发展的方向与趋势。此时,便可以利用典型调查来研究、探索以及预测事物发展的方向与规律。

2. 如何选择典型单位

选择典型单位是进行典型调查的关键所在。根据不同的调查目的和任务,有如下三种选择典型单位的方法。

(1)选择中等典型作为典型单位

这种方法适用于调查对象内各单位差别不太大的情形。因为中等典型往往代表调查对象的一般水平,选择其作为典型单位,可以研究调查对象的一般情况。

(2)划类选择典型单位

此方法适用于调查对象内各单位的差别比较大的场合。此时可以按特定标志对总体进行分组,使各组内部各单位的差别较小,然后再按一定比例在各组中选出若干典型单位。

(3)选择先进、后进、新生事物作为典型单位

从先进单位、后进单位以及新生事物中选择典型单位,则分别可以总结成功的经验、失败的教训以及预测事物的发展方向。

典型调查、重点调查以及抽样调查虽然都属于非全面调查方式,但是三者各自具有自身的特征、优缺点以及使用对象。在统计工作中,我们应综合考虑统计调查的目的、任务以及调查对象本身的特点,在人力、物力、财力及时间的预算约束下,选择合适的统计组织方式。现把上述三种调查方式的比较以表格的形式列出,以便加深理解与认识(表2-2-1)。

表2-2-1 典型调查、重点调查与抽样调查三者之间的比较

比较角度		抽样调查	重点调查	典型调查
相同点	调查单位的选择	按随机原则抽取,避免了人为因素影响	取决于在总体数据中所占的比重,具有客观性	取决于调查者的主观判断,带有主观性
区别	所获数据的代表性	可以根据所获数据推断总体指标	无法根据所获数据资料推断总体指标	在特定情况下,可通过所获数据推断总体指标

【观念运用2-2-7】试说明在以下各种情况下,分别应采取何种统计调查方式比较合适,并简要说明理由:

1. 为加强某住宅小区的绿化管理,某物业服务企业的绿化管理部门要推断一批植物种子的发芽率;

2. “麻雀虽小,五脏俱全”这一成语说明了何种统计调查方式的可行性。

解:1. 适合于采取抽样调查的组织方式。因为调查对象中包含的调查单位非常多,不适合进行全面调查。而且要从样本数据推断总体指标,只能采用抽样调查。

2. 说明了典型调查的可行性。因为麻雀具备鸟类的本质特征,具有代表性。

任务三 如何从其他途径获取数据资料

【任务导入】

假设您是一名物业管理专业的在校学生,统计学任课老师给您布置了课外实训项目,让您收集全国知名房地产开发企业2008年营业收入、净资产、净利润等方面的有关数据,以便在课堂上与同学交流。问您可以从哪些渠道去收集您所需要的数据呢?

【任务分析】

我们应该综合考虑调查的目的、任务以及自身的人力、物力、财力和时间预算等方面的因素来决定采取何种方式收集数据。在本任务中，主要考虑的问题有以下几点。

(1)本任务是要收集房地产开发企业的有关数据，而您作为一名在校学生，要在全国范围进行全面调查是不可行的，不仅在时间上不允许，而且在经费以及人员安排上也不允许，因为全面调查的成本对于一名在校学生而言无疑是高昂的；

(2)即使您有足够的时间、经费开支以及人员安排进行全面调查，您也可能收集不到有关房地产开发企业营业收入、净资产等方面的数据资料，因为这方面的数据对企业而言相当重要，有些属于商业机密。

因此，为了收集到以上数据，我们必须通过其他一些渠道来间接获得或整理。

【相关知识链接】

由于主观或客观方面的原因，在大多数统计实践中，要获得直接的统计数据往往是不可能的、困难的。这时，为满足分析的需要，我们就必须通过其他一些渠道获取间接的统计数据，也称为第二手资料。间接数据主要有以下来源。

一、公开的统计出版物

公开的统计出版物是第二手数据的主要来源，这些出版物多数是官方的。各国中央和地方政府的统计部门都会通过某种媒体定期地向社会公布有关社会发展和国民经济的基本统计数据。

由公开的统计出版物获取的数据资料主要有以下几种。

(1)国家社会发展与经济数据。如由中国统计出版社公开出版的《中国统计年鉴》、《中国统计摘要》、《中国社会统计年鉴》、《中国人口统计年鉴》以及《中国市场统计年鉴》等。

(2)各省、自治区、直辖市等社会与经济数据。

(3)各部委与行业发布的统计数据。如中国财政杂志社出版的《中国财政年鉴》等。

(4)世界各国社会与经济数据。提供世界各国社会与经济数据的出版物很多，按语言来分，可以分为两大类，即中文类与外文类。

1)中文类。如中国社会科学出版社出版的《世界统计年鉴》以及中国财政经济出版社出版的《国外经济统计资料》等。

2)外文类。提供世界各国社会与经济数据的外文类出版物就更加繁多、丰富多样。如世界银行各年度发布的《世界发展报告》、联合国的《联合国统计年鉴》、国际货币基金组织的《国际金融统计月报》以及亚太经合组织的《亚太统计数字》等。

【思维拓展 2-3-1】试通过网络或图书馆查找一些其他公开的统计出版物，列出名称，在课堂上与同学一起交流讨论。

二、其他渠道

除了通过公开的出版物获取第二手数据资料以外，我们还可以通过其他一些渠道获取尚未公开发表的统计数据。这些渠道主要包括以下几种。

(1)通过各种报刊、杂志、图书、广播以及电视传媒等收集与整理统计数据。

(2)从一些民间团体(如民意测验机构、统计事务所以及咨询机构等)发布的数据整理出所需的统计资料。

(3)通过各种搜索引擎，从政府部门或企事业单位的网站上获取各种数据信息。此种方法不仅节省时间，而且省去了录入的麻烦。

使用第二手数据资料的最大优点便是方便快捷、成本低廉。但是也应该特别注意以下几个问题，以免造成误用或滥用，导致错误的分析结果：首先，甄别数据的真伪和精确度；其次，注意领会各种指标的含义、计算口径以及计算方法；此外，还应注明数据的来源，以体现对他人劳动成果的尊重。

【观念运用 2-3-1】为了了解广大市民对房地产的需求状况，珠海市统计局委托吉林大学珠海分校的在校大学生进行问卷调查，此次调查共发放调查问卷 430 份，回收有效问卷 400 份。调查结果显示，有购房打算的占 40.8%，目前还没有确定的占 25.5%，没有打算的占 33.7%，其中计划在 1 年内购房的占 13.2%，2～3 年的占 17%，3 年以后的占 10.6%，从对房地产的需求数据分析，比上年略有上升，在 3 年以内有购房意向的比例明显上升。很多市民的观点倾向一致，他们认为：珠海的房地产市场是一个特殊的市场，主要表现为外地购房者占据半壁江山，这部分市场需求由基础设施建设重大利好、股市大幅反弹及放松银行信贷政策等所决定，珠海的房价主要是由外地人需求刺激导致房价节节攀升的，这是大家有目共睹不争的事实。

(资料来源：珠海统计信息网：http://www.stats-zh.gov.cn/)

根据以上资料，试回答以下问题：

1. 上述调查方式属于全面调查还是非全面调查；

2. 上述数据资料是官方数据还是非官方数据，对于珠海市统计局而言是直接数据还是间接数据，对广大阅读者而言是直接数据还是间接数据；

3. 以上调查数据显示的结果能否代表整个珠海市民对房地产的需求状况。

解：1. 显然是属于非全面调查；

2. 属于官方数据，对于珠海市统计而言是直接数据，对阅读者而言是间接数据；

3. 可以，因为该调查属于抽样调查，因此能由调查数据推断总体指标。

本模块小结

本模块的主要知识点包括以下内容。

1. 在进行统计调查以及收集数据之前,一项重要的工作就是对客观事物进行计量或者测度。按照精确程度的不同,计量尺度可以分为四种,即定类尺度、定序尺度、定距尺度以及定比尺度。相应的,由定类尺度和定距尺度计量的数据为定性数据,主要反映客观事物的品质特征;由定距尺度和定比尺度计量的数据为定量数据,主要反映客观事物的数量特征。

2. 一般而言,获取数据资料的来源主要有两个:一个是直接来源,主要包括统计调查和科学实验两种,其中,作为收集社会经济数据的主要方式,统计调查在实践中运用得相当广泛;另一个是间接来源,如公开的统计出版物等。

3. 统计调查是指根据统计工作的目的和任务,借助科学的调查方法与手段,有组织、有计划地从客观实际中收集统计数据的过程。为了确保统计调查工作的顺利进行,必须制定详细的调查方案。其一般包括以下内容:确定调查目的和调查任务,确定调查对象和调查单位,确定调查项目,设计调查表,确定调查时间与调查时限及制定调查工作的组织实施计划等。

4. 为收集到符合统计分析要求的数据资料,就必须根据调查目的、任务以及人力、物力、财力与时间方面的约束,从统计报表、普查、抽样调查、重点调查和典型调查等几种方式中选择最合适的调查组织方法。

5. 在有些情况下,我们不可能获得直接的数据,此时就必须通过一些途径来获得间接的数据,也就是第二手数据。获取第二手数据的途径主要包括公开的统计出版物以及报刊、杂志等其他渠道。需要指出的是,随着网络技术的发展,从互联网获取数据不仅快速,而且成本低廉,在将来必将得到广泛的运用。

关键概念

定类尺度 Nominal scale　定序尺度 Ordinal scale

定距尺度 Interval scale　定比尺度 Ratio scale

定性数据 Qualitative data　定量数据 Quantitative data

变量 Variable　普查 General investigation

统计报表 Statistics report　抽样调查 Sampling survey

典型调查 Typical survey　重点调查 Key survey

复习思考题

一、填空题

1.(　　)是指在调查对象中选择(　　)重点单位所进行的非全面调查。

2.(　　)是指要求调查对象中的(　　)报告单位都必须填报的一种全面调查方式。

3. 按照报送周期长短的不同,分为(　　)、(　　)、(　　)、(　　)、半年报以及年报。

4. 所谓调查表,也称为(　　),是指将调查项目按照一定的顺序排列而成的表格,是统计工作中(　　)的基本工具。

5. 统计调查方案是指(　　),对统计调查工作的全面、有序开展起(　　)作用的工作计划书。

二、判断题

1. 调查时间是指调查的数据资料所属的时间。(　　)

2. 由于普查的涉及面广、调查单位众多,往往需要耗费大量的人力、物力和财力,成本较高,因此,一般需要间隔较长时间进行一次。(　　)

3. 抽样调查是实际中运用最为广泛的一种统计调查方法。(　　)

4. 实施重点调查必须满足的是在总体中有重点单位。(　　)

5. 按照填报单位的不同,可以分为基层统计报表和高层统计报表。(　　)

三、简答题

1. 拟定调查项目时应该注意哪几点?

2. 统计调查的基本要求是什么?

3. 统计调查所收集的数据中的原始资料是指什么?

4. 什么是定类尺度?

5. 何谓一次性调查?

四、计算题

1. 某物业服务企业在某住宅小区组织了一次民意调查,共抽样调查了250名业主:"您对目前本小区物业服务状况的满意程度如何?"回答时有四种答案可供选择:非常满意、满意、一般和不满意。试回答以下问题:

(1)该次抽样调查的样本容量是多少?

(2)该调查所得的结果是定性数据还是定量数据?

(3)对于该项调查而言,使用这些数据的平均数还是百分比更加具有意义?

(4)如果有15%的被访业主表示对该小区的物业管理服务现状不满意,则有多少人是这样回答的?

2. 某物业服务企业把其所有员工分为三种类型：专业人员、白领人员和蓝领人员。在所记录的数据中，用“1”表示专业人员；“2”表示白领人员；“3”表示蓝领人员。若数据为员工的职业，则该数据是定类数据还是定序数据？是定性数据还是定量数据？

五、实训题

将班级同学分成若干小组，每组成员5～8名。深入自己所在学校周边各住宅小区，开展一次“物业服务满意度”调查。要求如下：

1. 自行设计好调查指标；

2. 根据实际情况，自行确定最为合适的统计调查方式；

3. 被调查人数不得少于300人；

4. 将统计调查所收集到的原始数据完整地提交给任课老师，以作为成绩考核依据。

学习模块三　如何整理数据资料

开篇导读

CCTV2006 经济生活大调查分析结果

一、“CCTV2006 经济生活大调查”问卷回收率及调查结果数据显示

到截止日为止，“CCTV2006 经济生活大调查”发放的 10 万张调查问卷，共收回 8 万零二百多张，收回率高达 80.2%。数据的处理工作在辽宁省统计局全面展开。

二、“CCTV2006 经济生活大调查”具体调查分析结果如下所示

1. 2006 年给您印象最深的政策是(　　)。

A. 构建和谐社会(46.44%)　　B. 取消农业税(41.75%)

C. 抑制房价高涨(32.78%)　　D. 建设社会主义新农村(19.86%)

E. 新医改方案的制定(17.87%)　　F. 维护农民工的权益(13.08%)

2. 2007 年您认为最期待改善的方面是(　　)。

A. 医疗(57.76%)　　B. 房价(52.18%)　　C. 环境(36.24%)

D. 食品安全(35.6%)　　E. 就业(33.21%)　　F. 教育(33.01%)

G. 养老(25.91%)　　H. 油价(15.26%)

3. 2006 年您最关注的财经事件是(　　)。

A. 人民币升值(53.93%)　　B. 出重拳打击商业贿赂(40.81%)

C. 沪指突破 2200 点(26.92%)　　D. 外汇储备超过万亿美元(14.51%)

E. 人民币业务开放(13.54%)　　F. 工商银行上市(5.09%)

4. 您认为 2006 年最具有战略意义的事件是(　　)。

A. “十一五”规划的通过(53.93%)　　B. 青藏铁路的通车(33.68%)

C. 中国加入世界贸易组织五周年(25.39%)

D. 中非合作论坛的召开(17.79%)　　E. 天津滨海新区的启动(8.96%)

5. 2007 年您的收入预计比 2006 年(　　)。

A. 增加(46.13%)　　B. 持平(38.49%)　　C. 降低(15.38%)

6. 2007 年您计划的三项主要支出是(　　)。

A. 基本生活(78.71%) B. 教育(40.25%) C. 储蓄(36.02%)
D. 买房(31.85%) E. 创业(27.21%) F. 证券(25.93%)
G. 医疗(20.72%) H. 旅游(16.99%) I. 买车(12.14%)
J. 保险(10.17%)

7. 您对2007年房价的预测是( )。

A. 小幅上涨(55.88%) B. 大幅上涨(19.97%)
C. 持平(12.45%) D. 下跌(11.7%)

8. 您对目前的生活感觉是( )。

A. 一般(47.07%) B. 比较幸福(26.04%)
C. 不太幸福(23.36%) D. 很幸福(3.54%)

我们不禁要问:上述"CCTV2006经济生活大调查"的具体调查分析结果是怎样得来的?要回答这个问题,就需要学习如何将统计调查收集到的原始数据资料进行整理,以便得到有规律性的数据,并进行分析。而这正是本学习模块所要讲述的主要内容。

知识目标

通过本学习模块知识的学习,主要应掌握以下一些主要知识点:

1. 了解统计分组的概念、内容及其在统计工作中的作用;

2. 理解统计分组的含义、种类以及统计分组的体系;

3. 掌握分配数列的概念、种类以及编制分配数列的步骤,理解次数分布的含义以及次数分布的三种类型;

4. 掌握并理解统计表的概念、作用、构成要素以及编制时的注意事项,统计图的含义以及集中最常用、最重要的统计图。

能力目标

1. 能针对不同的数据,按照不同的标志进行适当的分组,以初步认识总体数据的分布规律;

2. 能在统计分组的基础上,根据给定数据编制分配数列,并通过观测数据在分配数列各组内的次数分布判断数据属于何种分布;

3. 能根据给定数据独立编制一份完整的统计表;

4. 能根据研究目的以及数据的不同类型,选择合适的统计图,以直观反映总体数据的分布特征。

预备知识

统计整理的一般认知

通过统计调查以及其他途径获得的统计数据，往往是零散的、杂乱的、不系统的，只能表现被研究对象的个体情况，反映事物的表面现象或侧面，而不能展现事物的本质和总体特征。因此，为了认识客观事物的本质和总体特征，就有必要对所收集到的数据进行加工整理。

统计整理中最基本的方法便是统计分组。通过统计分组，统计数据便可以通过统计表格的形式表现出来，这就形成了分配数列。通过各种统计软件，还可以生成许多直观形象的统计图。统计表和统计图是描述统计数据最基本的方法。

一、什么是统计整理

统计整理有广义和狭义之分。

广义上的统计整理包含两个方面的含义：一是根据统计研究的目的和任务，对统计调查所收集到的第一手数据进行科学的分类和汇总，使其系统化、条理化，成为反映事物本质和总体特征数据资料的过程；二是对第二手数据资料进行再整理。狭义的统计整理是就第一层意义而言的。本书所说的统计整理是狭义的统计整理。

二、统计整理有什么作用

就统计工作整个阶段的地位来看，统计整理具有承前启后的过渡作用。因为统计数据的整理，既是统计调查的继续，也是统计分析的基础和前提。同时，统计整理也是人们对事物从感性认识上升到理性认识的重要环节和连接点。因此，统计整理在整个统计工作过程中具有相当重要的作用。

三、统计整理的程序

一般来说，统计数据的整理往往包括以下几个步骤。

(一)设计数据整理方案

整理方案设计得是否科学合理，事关统计整理工作能否有计划、有组织地进行，对统计整理乃至统计分析的质量是至关重要的。制定统计整理方案应包括以下工作：选择整理组织形式，确定分组和分类目录，确定统计资料审核办法，制定整理表式等。

(二)对数据资料进行审核、检查与纠正

在统计整理时，需要对数据进行审核，确定它们是否准确、及时、完整、有效。在数据审核时，审核的内容和方法因数据来源的渠道和类型的不同而有所差别。

对于通过调查取得的第一手数据资料，主要审核数据的完整性和准确性。完整性审核主要检查调查单位或个体是否发生遗漏，所有的调查项目是否都已填写齐全等；准确性审核主要是检查数据是否正确，是否存在异常值等。

对于获取的第二手数据，则应主要审核数据的适用性与时效性。适用性审核是指弄清数据的来源、口径等，以判断其是否符合自身研究的需要；时效性审核对于有些时效性很强的问题，就显得相当重要。

（三）统计分组

根据一定的组织形式和方法，按分组标志对经过审核的数据进行科学的分组。统计分组是统计整理的前提和基础，也是统计整理中最为关键的一步。

（四）统计汇总

按照事先确定的汇总组织形式和具体方法，将数据按所分的组进行汇总，分别计算各组单位数和总体单位总数，计算各组的指标数值和总体的指标总量。按组进行计算和汇总是统计整理过程中计算量最大的一步。

（五）制作统计图表

通过统计整理的数据，可以借助统计表和统计图简明扼要、系统有序地描述显示出来。通过制作统计表和统计图，可以清晰地反映事物的变化规律。

（六）数据的存储与保管

从长远来看，为了便于数据的横向和纵向对比，统计整理往往还包括对数据的存储和保管这一项工作。

任务一　如何对数据进行分组

【任务导入】

某物业服务企业 2009 年承接的物业项目类型、面积以及营业收入等情况的初始数据如表 3-1-1 所示。

表 3-1-1　某物业服务企业 2009 年承接物业项目初始数据

物业编号	物业类型	物业建筑面积（万平方米）	营业收入（万元）
01	住宅小区	12.4	86
02	学校	20.4	124
03	写字楼	2.4	53
04	学校	17.8	102
05	学校	16.9	98
06	别墅	5.9	87
07	学校	14.7	96
08	住宅小区	11.2	79
09	写字楼	3.8	64
10	别墅	9.4	105

试对该原始数据进行分组，并汇总各组中物业服务企业承接物业的数量、物业建筑面积以及营业收入。

【任务分析】

要对给定的数据进行科学、合理的分组，首先应该做好如下几个方面的准备工作。

(1)选择恰当的分组标志，并根据分组标志的特征确定是按品质变量分组还是按数值变量分组。如是按品质变量分组，则必须选择能体现客观现象属性差异的品质标志来进行分组；若是按数值变量来进行分组，则应注意客观事物由量变到质变的界限。

(2)在按数值变量分组时，应根据数据本身的特点决定是单项式分组还是组距式分组。在组距式分组中，应能够确定组限和组数，并进一步计算组距和组中值。还应注意到不同的组，组中值的计算公式也会不同。

【相关知识链接】

一、统计分组概述

(一)什么是统计分组

统计分组是指根据统计研究的目的和客观事物的内在特征，将被研究的总体数据按照选定的某一个或几个标志划分成若干性质不同的部分或组的工作。如将某一物业服务企业员工按其学历层次可以分为专科及以下、本科、硕士、博士四个组，也可以按照性别分为男和女两个组。

通过统计分组，应使所分的各组之间有明显的差异；同时，同一组内的数据又有同质性。统计分组可以这样来理解：一方面，对总体而言，统计分组是“分”，是将总体分为若干性质不同的部分或组；另一方面，对总体单位而言，统计分组是“合”，是将性质相同或相似的总体单位放在同一组内。

(二)统计分组有什么作用

统计分组是进行统计分析的前提和基础，在整个统计整理过程中具有非常重要的作用。

1. 划分现象的类型

这是统计分组最基本的作用。通过统计分组，可以将复杂的客观现象划分为性质不同的类型，以体现现象之间质和量方面的差异。如通过对表3-1-1所示的数据资料进行分组，可以将该物业服务企业承接的物业类型划分为住宅小区、学校、写字楼和别墅四种。

2. 反映客观现象的内部结构

将总体数据按照特定的标志分成若干不同的组之后，计算各组的数值占总体数值的比重，便可以揭示总体的内部结构，反映部分与总体之间的数量关系。同时，将各组的数值进行比较，还可以反映部分与部分之间的数量关系。

【观念运用 3-1-1】 通过对表 3-1-1 中的原始数据按照物业项目的类型进行分组，并计算各组的建筑面积和营业收入，我们可以发现：在该物业服务企业所承接的四种物业类型中，住宅小区、学校、写字楼和别墅的建筑面积分别为 23.6 万平方米、69.8 万平方米、6.2 万平方米以及 15.3 万平方米，分别占总建筑面积的 20.54%、60.75%、5.40%以及 13.31%。

3. 揭示现象之间的依存关系

客观现象之间并不是孤立的，而是相互依存和影响的。通过统计分组，能够更为全面、深刻地认识事物之间的联系。例如，为了研究某物业服务企业员工工资与工作年限之间的关系，我们可以收集若干员工的工资与工作年限数据，然后将员工按工作年限分组，再计算各组内员工工资的平均数，就可以清晰地反映出员工工资与工作年限之间的依存关系。

4. 反映事物的数量特征和变化规律

将原始数据通过统计整理，便可以发现其内在的特征与规律。例如，通过收集物业统计期末考试成绩数据，并按照成绩进行分组，若大部分学生的考试成绩处于 70～80 分之间，则说明学生物业统计科目考试成绩符合正态分布。

（三）影响统计分组的关键

1. 统计分组的关键

统计分组的关键在于正确地选择分组标志和划分各组界限。分组标志是指对总体数据进行分组时所采用的标志。选择分组标志是统计分组的核心问题，因为分组标志与研究目的是有直接关系的。对于同一数据，采用的分组标志不同，其分组的结果和由此得出的结论也不同。在选定了分组标志以后，还要进一步在分组标志变异的范围内划分各个相邻组之间的性质界限和数值界限。如果划不清各组的界限，则会失去分组的意义。

2. 如何选择分组标志

要正确选择分组标志，则必须考虑以下几个方面。

(1)根据统计研究的目的选择分组标志

对同一统计数据，由于研究目的不同，所选择的分组标志也不相同。在统计分组中，我们应该选择与研究目的相适应的标志作为分组标志，这样，通过统计分组形成的资料才符合我们的要求。

【观念运用 3-1-2】 如果我们要研究某物业服务企业员工的学历、性别、年龄以及工资水平构成，则我们必须分别选择学历层次、性别、年龄及工资水平为标志来对统计数据进行分组。

(2)选择反映现象本质特征的标志作为分组标志

有时与特定研究目的相适应的分组标志不止一个，这时我们就应该选择能够反映现象本质特征的标志作为分组标志。例如在研究某市物业服务企业的规模时，反映物管企业规模的标志有很多，包括职工人数、企业的固定资产、承接物业的建筑面积以及年营业收入等。但是只有年营业收入才能揭示企业规模的本质特征。因此，在对物管企业按照规模进行分组时，就应该选择年营业收入作为分组标志。

【思维拓展 3-1-1】如果对某住宅小区内业主生活质量的高低进行调查研究，选择家庭人均收入还是家庭人均支出作为分组标志更加合适？为什么？

(3)考虑现象所处的历史条件及经济条件

客观现象会随着时间、地点、条件等的不同而发生相应的变化。因此，在选择分组标志时，应该充分考虑到现象所处的具体历史条件和经济条件。如在对某物业服务企业员工按照年收入水平进行分组时，就应考虑该物管公司所处的地理位置和历史时期。在某些贫困地区年收入 5000 元以上就为高收入者；而在南方发达省份，年收入 5000 元就属于低收入者了。同理，在 15 年前，年收入 10000 元属于高收入者；而现在就不属于了。

二、统计分组的方法

根据分组标志性质和特征的不同，统计分组有按品质变量(品质标志)分组和按数量变量(数量标志)分组两种方法。

(一)按品质变量分组

按品质变量分组是指选择反映客观现象属性差异的品质标志作为分组标志，将总体数据分为性质不同的组的统计分组方法。例如，对物业服务企业员工可以按性别、学历层次、民族等品质标志分组；物管企业的服务可以按等级分组等。一般情况下，按品质变量分组比较简单，分组标志一经确定，组数和组限也就确定了；在特殊情况下，如对物业服务企业按规模进行分组时，组数和组限不容易确定，此时，就应该参照国民经济部门分类目录和有关分类标准进行分组。

(二)按数量变量分组

按数量变量分组在统计分组中非常普遍，是指选择反映客观现象数量差异的数量标志作为分组标志，将总体数据划分为性质不同的组的统计分组方法。例如，将物业管理专业学生按成绩分组；将物业服务企业员工按工资水平分组等。

按数量变量分组能准确反映客观现象在数量上的差异，但有时却难以反映其性质上的差异。因此，在按数量变量分组时，必须找到客观事物从量变到质变的数量界限，然后按照这些数量界限分组，才能反映事物的本质特征。

【观念运用 3-1-3】在对某物业管理专业学生参加物业统计课程期末考试的成绩进行分组时，从量变到质变的数量界限是什么？

根据数量变量特征的不同，按数量变量分组有单项式分组和组距式分组两种方式。

1. 单项式分组

单项式分组是指按每一个变量值对总体数据所做的分组。在单项式分组中，每组只有一个变量值。如表 3-1-2 所示的某住宅小区住户按家庭人口数分组的统计数据就属于单项式分组。

表 3-1-2　某住宅小区住户按家庭人口数分组的统计数据

家庭人口数	户数
1	25
2	232
3	794
4	502
5	436
6	110
合计	2099

单项式分组适用于离散型变量，且在变量值较少、变动范围较小的场合中使用。若在变量值很多、变量值变动范围很大的情况下采用单项式分组，则会使所分的组数过多，各组的频数过于分散，也不能反映总体数据各部分的性质和差异。

至于连续型变量，由于无法一一列举其变量值，因此一般不采取单项式分组，而应采取组距式分组。

【思维拓展 3-1-2】在对物业管理专业学生按年龄进行分组时，虽然年龄是连续型变量，却可以当成离散型变量来处理。此时也可以用单项式分组。如把学生分为 18 岁、19 岁、20 岁、21 岁等组。

2. 组距式分组

组距式分组是指按一定范围的变量值对总体数据所作的分组。与单项式分组不同，在组距式分组中，各组的变量值不是一个具体的数字，而是一个区间。在总体数据的变动范围内，组距式分组将其划分为若干个不同的区间，在同一区间内的所有变量值性质相同，如表 3-1-3 所示的对某住宅小区住户按月人均收入所作的分组以及表 3-1-4 所示的对某物业管理专业学生按物业统计考试成绩所作的分组。

表 3-1-3　某住宅小区住户按月人均收入分组数据

月人均收入(元)	住户数
2000～3000	25
3000～4000	43
4000～5000	204
5000～6000	548
6000～7000	492

续表 3-1-3

月人均收入(元)	住户数
7000～8000	198
8000～9000	38
9000～10000	5
合计	1553

表 3-1-4 某物业管理专业学生按考试成绩分组数据

考试成绩(分)	学生数
60 以下	5
60～70	14
70～80	28
80～90	9
90 以上	4
合计	60

组距式分组适用于连续型变量，或者是变量值非常多、变动范围非常大的离散型变量。

在组距式分组中，主要需掌握组限、组距、组数以及组中值等几个重要的概念。

(1)组限

组限是指用于表示各组之间界限的变量值。在所分的各组中，每组的最小变量值称为下限；最大变量值称为上限。如表 3-1-3 及表 3-1-4 的左栏数据都是组限，表 3-1-3 中第一组的下限是 2000 元；上限是 3000 元。

既有下限也有上限的组被称为闭口组，如表 3-1-3 所示的分组；缺少下限或缺少上限的组被称为开口组，如表 3-1-4 中的第一组和第五组。

组限的表达形式与作为分组标志的变量的特点有关。

若分组标志是连续型变量，为避免遗漏，则需采用重合式组限，即本组的下限与前一组的上限是同一数值，如表 3-1-3 和表 3-1-4 所示的分组均为重合式组限。在重合式组限中，当某变量值恰好与组限相等时，该变量值应归属于哪一组呢？统计学中一般按照“上限不在内”原则来处理，也就是说，作为上限的变量值应归属于下一组。如当某位物业管理专业学生的考试成绩为 80 分时，其应归属于第四组。

若分组标志是离散型变量，则既可以采用重合式组限，也可以采用不重合式组限(本组的下限与前一组的上限是两个相邻的数值)。但一般采用不重合式组限，如表 3-1-5 所示某物业服务企业员工按年龄分组数据。

表 3-1-5 某物管公司员工按年龄分组数据

按年龄分组(岁)	员工人数(人)	所占比重(%)
20 以下	21	7.81
21～30	67	24.91
31～40	85	31.60
41～50	53	19.70
51～60	34	12.64
61 以上	9	3.34
合计	269	100

(2)组距

组距是指每一组的上限与下限之间的距离。计算公式为：

$$组距=上限-下限 \tag{3-1}$$

如表 3-1-3 中第一组的组距＝3000－2000＝1000 元。根据所分各组的组距是否相等,可以将组距式分组分为等距分组和异距分组。各组组距都相等的组距式分组称为等距分组;各组组距不完全相等的组距式分组则称为异距分组。如表 3-1-3 所示的某小区住户按月人均收入分组即为等距分组。究竟应采用等距分组还是异距分组,需根据统计研究的目的和客观现象的特点来决定。

采用等距分组,各组的组距相等,各组频数的分布不受组距大小的影响,便于比较,一般适用于变量值变动均匀的情况;采用异距分组,各组频数的分布受组距大小的影响,不便于比较,一般适合于有极端值的数据。

(3)组数

组数是指分组的个数。对同一数据而言,组数的多少与组距的大小成反比例关系:组距越大,组数越少;组距越小,则组数越多。在确定组距和组数时,应确保各组都有足够的单位数,组数不应该过多,也不应该过少,以能全面、准确地体现总体数据的分布特征为宜。在等距分组中,组数等于全距除以组距。

(4)组中值

组中值是指每组下限与上限之间的中点数值,是各组变量值的一般水平。组中值的计算公式如下。

$$重合式组的组中值=\frac{下限+上限}{2} \tag{3-2}$$

$$非重合式组的组中值=\frac{本组下限+后一组下限}{2} \tag{3-3}$$

$$缺下限的开口组的组中值=上限-\frac{邻组组距}{2} \tag{3-4}$$

$$缺上限的开口组的组中值=下限+\frac{邻组组距}{2} \tag{3-5}$$

必须指出:以组中值作为各组变量值的代表值,是以假定各组数值在组内均匀分布为前提的。因此,以上公式只能得到各组变量值实际一般水平的近似值。

【观念运用 3-1-4】试计算表 3-1-4 中所示某物业管理专业学生按考试成绩分组数据中各组的组中值。

解:表 3-1-4 中数据共分为 5 组,其中第一组为缺下限的开口组;第 2、3、4 组为重合式组;第 5 组为缺上限的开口组。因此其组中值分别为:

$$第1组的组中值=上限-\frac{邻组组距}{2}=60-\frac{10}{2}=55$$

$$第2组的组中值=\frac{下限+上限}{2}=\frac{60+70}{2}=65$$

$$第3组的组中值=\frac{下限+上限}{2}=\frac{70+80}{2}=75$$

$$第4组的组中值=\frac{下限+上限}{2}=\frac{80+90}{2}=85$$

$$第5组的组中值=下限+\frac{邻组组距}{2}=90+\frac{10}{2}=95$$

三、统计分组体系

按照分组标志的多少及其交叉状况,统计分组可以分为简单分组和复合分组两大体系。

(一)简单分组

简单分组是指对被研究的现象总体只按一个标志所进行的分组,其只能说明被研究现象在某一方面的差异。如表 3-1-3 中按“月人均收入”对某小区住户所进行的分组就属于简单分组。

(二)复合分组

复合分组是指按照两个或两个以上的标志结合起来对被研究的现象总体所进行的分组。复合分组的实质是先按一个标志对总体分组,然后再按另一个标志对已分好的各组再分组。复合分组可以对被研究现象作深入的分析,但是也不宜采取过多的标志进行分组,以免组数过多,反而无法反映现象的本质特征。复合分组的排列方式既可以是层叠式的,也可以是交叉式的,分别如表 3-1-6 及表 3-1-7 所示的某物业服务企业按工资分组的员工数。

表 3-1-6 采用层叠式对某物业服务企业按工资分组的员工数

指标	员工人数(人)
总计	639
男	301
女	338

续表 3-1-6

指标	员工人数(人)
1000 以下	87
男	31
女	56
1000～2000	126
男	54
女	72
2000～3000	179
男	101
女	78
3000～4000	118
男	82
女	36
…	…
…	…

表 3-1-7　采用交叉式对某物业服务企业员工按工资分组的员工数

	总计	1000 以下	1000～2000	2000～3000	3000～4000	…
合计	639	87	126	179	118	…
男	301	31	54	101	82	…
女	338	56	72	78	36	…

任务二　分配数列的编制

【任务导入】

为了解某物业服务企业员工工资的分布情况，现随机抽取其中 60 名员工，取得其月工资数据如下：

1012　1820　1208　1755　1564　1331　1187　1461　1506
1546　1925　2017　1685　2000　1702　1850　1973　1640
1554　2105　2300　2084　2465　2118　2489　2355　2180
2482　2358　2340　3489　2018　2409　2400　2334　2251
2285　2204　2463　2081　2038　2566　2186　2501　2009

2450 2379 2209 2145 2687 2749 3485 2864 3188
2958 2915 2983 2550 2894 3397

试根据以上数据编制分配数列，并根据各组中的次数分布确定该数据服从何种分布。

【任务分析】

(1)分配数列由两个因素构成：一是分组变量以及各组名称；二是各组中分配的次数或频率。要编制分配数列，首先应该要有合理、科学的统计分组作为基础，然后按照一定的程序来进行。

(2)根据编制好的分配数列，便可以统计出所分各组的频数，得到次数分布。有了次数分布的相关信息，便可以判断数据是符合钟形分布、U形分布还是J形分布。

【相关知识链接】

一、分配数列的概念与种类

(一)什么是分配数列

分配数列，又称为次数分布数列或频数分布数列，是指将分组标志确定的组别依次排列，同时列出各组的次数或频率所形成的数列。分配数列在统计实践中具有重要的意义，它不仅可以反映总体中所有数值在各组间的分布状态、分布特征以及结构状态，还可以据此研究总体中某一标志的平均水平及其变化规律。

在分配数列中，总体中所有数值在各组的分配状况有两种表现形式，即次数和频率。

次数，又称为频数，是指分布在各组中的总体单位数。在分配数列中，次数的大小反映了该组变量值在整个数列中所起的作用；频率，又称为比率，是指各组的次数与总体单位数的比值，它是次数的相对数形式，反映了该组变量值在总体中所占的比重。

分配数列由两个要素构成，一是分组变量以及各组名称；二是各组中分配的次数或频率。如表3-2-1中所示的某物业服务企业员工按性别分组数据就是一个分配数列。

表3-2-1 某物业服务企业员工按性别分组数据

按性别分组	员工人数(人)	所占比例(%)
男	254	40.90
女	367	59.10
合计	621	100.00

(二)分配数列的种类

依据分组标志的不同,分配数列可以分为品质数列和变量数列两种。

1. 品质数列

按品质标志对总体数据进行分组所形成的分配数列称为品质分配数列,简称为品质数列。品质数列反映了不同属性的变量值在总体数量中所占的比重情况。如表3-2-1所示的数据就是品质数列。

2. 变量数列

按数量标志对总体数据进行分组所形成的分配数列称为变量分配数列,简称为变量数列。变量数列反映了各组的变量值在总体数量中所占的比重和地位。如表3-1-2、表3-1-3以及表3-1-4都是变量数列。

(1)按分组方式的不同,变量数列可以分为单项式数列和组距式数列

由于按数量标志分组有单项式分组和组距式分组之分,变量数列也可以分为单项式数列和组距式数列两种类型。

单项式变量数列是在单项式分组的基础上所形成的变量数列,表3-1-2所示数据就是一单项式数列;组距式变量数列是在组距式分组的基础上所形成的变量数列,表3-1-3和表3-1-4所示数据都为组距式数列。

(2)按数列中变量值的类型不同,变量数列分为连续变量数列和离散变量数列

连续变量数列是指数列中的变量值是连续不断的,或者说相邻的两个变量值间可作无限分割。如以营业收入、工资水平等为标志变量编制的变量数列均为连续变量数列。连续变量数列一般都为组距式变量数列。如表3-1-3所示的数据即为连续变量数据。

离散变量数列是指数列中的变量值之间是断开的,或者说相邻的两个变量值间不可作无限分割。如以员工人数、年龄等为标志变量所编制的变量数列均为离散变量数列。离散变量数列可视其变量值变动范围的大小而分别编制成单项式变量数列(如表3-1-2所示)或者组距式变量数列(如表3-1-5所示)。

二、如何编制分配数列

在编制分配数列时,一般应遵循以下几个步骤。

第一步:将原始数据按照从小到大的顺序排列,并确定全距。计算公式为:

$$全距=最大变量值-最小变量值$$

第二步:依据数据的类型确定分组方法(即单项式分组或组距式分组)。

第三步:确定组数和组距。最优组数和组距的确定并不是机械的,而是在对总体数据的基本情况进行定性分析之后,视具体情况确定。一般而言,组数的多少与组距的大小是成反比例关系的。我们在确定组数和组距时主要考虑以下两点:一是要能明显地反映出总体数据的分布特征;二是要尽量体现出组与组之间在性质上的差异,

一般分 5～8 组为宜。在等距数列中:组距＝全距÷组数。

第四步:确定组限。在确定完组数和组距后,还应该确定组限,才能编制组距式变量数列。在确定组限时,应该注意以下几个问题:一是第一组的下限应小于或等于最小变量值,最后一组的上限应大于或等于最大变量值;二是组限最好取 5 或 10 的整数倍;三是当用连续型变量分组时,应该采用重合式组限。

第五步:汇总各组的单位数,计算频率并编制好分配数列。

【观念运用 3-2-1】根据任务导入中得到的 60 名物业服务企业员工的工资数据,试编制分配数列,以反映员工工资的分布特征。

解:可以按照以上介绍的步骤来编制分配数列。

第一步:将原始数据按照从小到大的顺序排列,并得到全距。

全距＝最大变量值－最小变量值＝3489－1012＝2477(元)。

第二步:因为工资水平为连续变量,因此对以上数据应该编制组距式变量数列,且变量值的变动比较均匀,可以编制等距式变量数列。

第三步:我们考虑将数据分为 5 组,因此有组距＝全距÷组数＝2477÷5＝495.4(元),取整数,可以将组距选择为 500 元。

第四步:第一组的下限应该小于或等于最小变量值,我们取 1000 元;最后一组的上限应大于或等于最大变量值,我们取 3500 元。

第五步:经过汇总各组的单位数,我们可以得到如表 3-2-2 所示的分配数列。

表 3-2-2　某物业服务企业员工工资分配数列

员工工资(元)	员工人数(人)	频率(%)
1000～1500	5	8.33
1500～2000	12	20.00
2000～2500	29	48.33
2500～3000	10	16.67
3000～3500	4	6.67
合计	60	100

由表 3-2-2 可以看出,选择 500 元为组距编制分配数列是非常合适的,完全展现了不同员工工资的分布特征。月工资在 2000～2500 元之间的员工人数最多,占全体员工的 48.33%;3000～3500 元之间的员工人数最少,占全体员工人数的 6.67%。

三、次数分布

将统计数据按标志变量进行分组的过程,实际上也就是统计变量值在各组中出现的次数的过程。次数分布是指变量值分布在各组内的次数。

(一)次数分布的主要类型

分布特征不同的数据往往也呈现出不同的次数分布,概括起来,大致有三种类型。

1. 钟形分布

钟形分布又称为丘形分布，是指总体中较大变量值和较小变量值出现的次数较少，而中间的变量值出现的次数较多的次数分布。该分部的形状像一口钟或一座山丘，是最常见的一种次数分布。其特点是“中间大，两头小”。

以两侧的次数分布是否对称为标准，钟形分布可以区分为对称分布和非对称分布两种。

对称分布也称为正态分布，它以变量值的均值为对称轴，均值两侧变量值的分布次数随着与均值距离的增大而逐渐减小，且减小的次数基本相等。如某物业服务企业员工的工资分布就属于正态分布。正态分布图形如图 3-2-1 所示。

非对称分布也称为偏态分布。根据偏斜的方向和程度的不同，又可以分为向左偏斜的左偏分布和向右偏斜的右偏分布，分别如图 3-2-2 和图 3-2-3 所示。

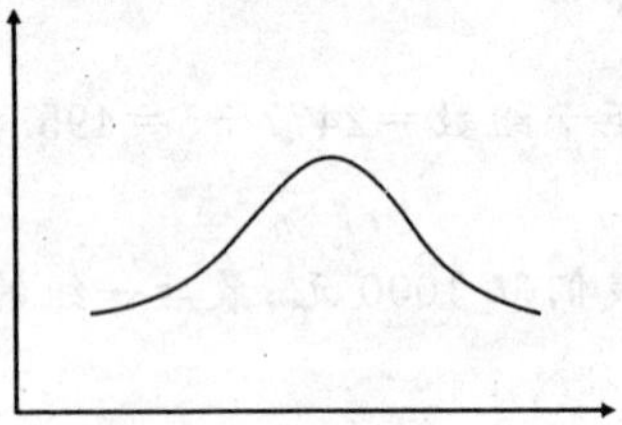

图 3-2-1　对称分布

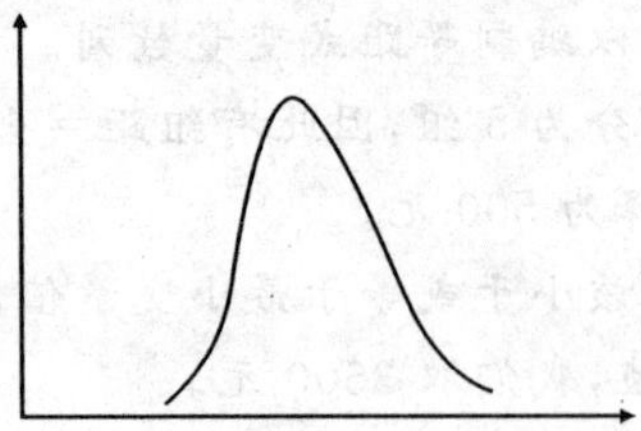

图 3-2-2　左偏分布

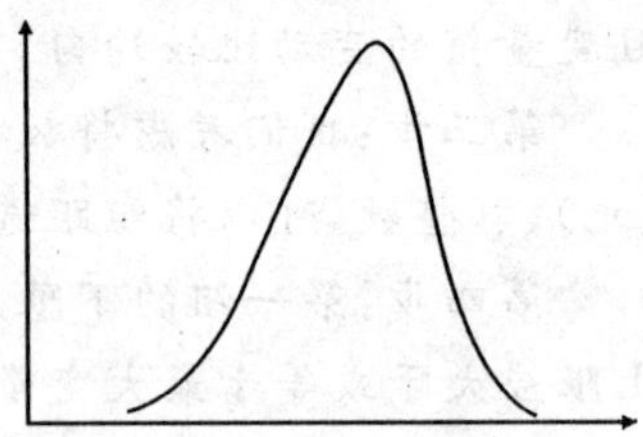

图 3-2-3　右偏分布

【思维拓展 3-2-1】与身边的同学讨论，试列举出一些符合正态分布特征的社会经济现象。

2. U 形分布

U 形分布是指总体中较大的变量值和较小的变量值出现的次数都较多，而中间的变量值出现的次数较少的次数分布。该分布的次数分布曲线形状像大写英文字母 U，故称为 U 形分布。它的特点是“两头大，中间小”，如图 3-2-4 所示。

【思维拓展 3-2-2】与身边的同学或朋友讨论，试列举其他一些符合 U 形分布特征的社会经济现象的例子。

3. J 形分布

J 形分布是指总体中变量值的分布次数随着其变化而大多数集中在某一侧的分布。其分布次数曲线的形状像大写英文字母 J，故称为 J 形分布。其特点是“一边大，一边小”。

根据其分布次数是集中在左侧还是右侧，J 形分布又可以分为正 J 形分布和反 J 形分布两种类型。

正 J 形分布是指总体中变量值的分布次数随着其增大而增多的次数分布，表现为大多数变量值都集中分布在右侧，如图 3-2-5 所示。

反J形分布是指总体中变量值的分布次数随着其增大而减少的次数分布，表现为大多数变量值都集中分布在左侧，如图 3-2-6 所示。

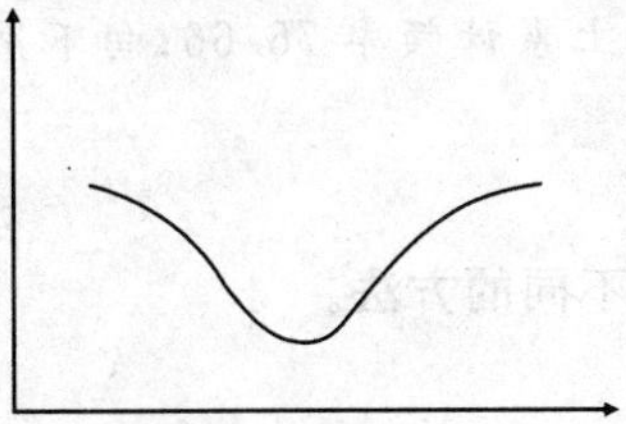

图 3-2-4 U形分布

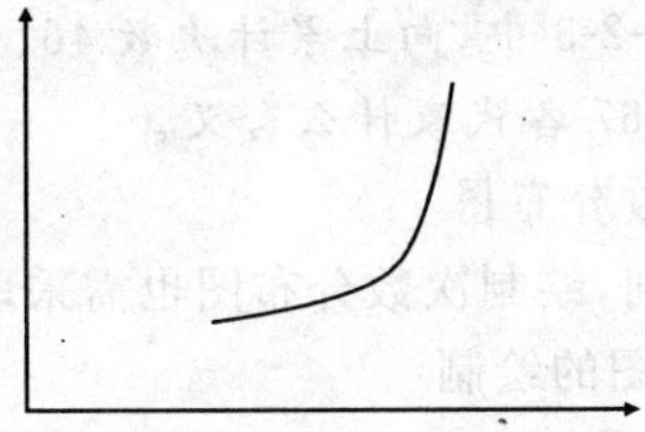

图 3-2-5 正J形分布

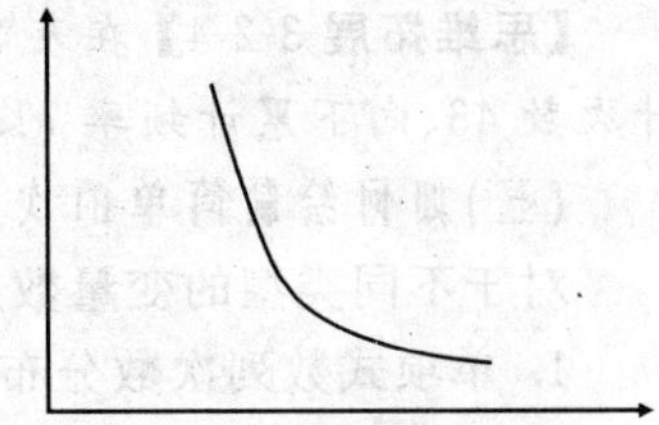

图 3-2-6 反J形分布

【思维拓展 3-2-3】与身边同学讨论，试列举出一些符合J形分布特征的社会经济现象。

(二)累计次数和频率

在编制变量数列的基础上，我们还可以计算次数和频率，以进一步反映总体中各数值的分布特征。累计次数和频率的计算方法有向上累计和向下累计两种。

1. 向上累计

它是指从变量值低的组向变量值高的组逐组依次累计变量值出现的次数和频率。在组距式数列中，它说明了小于某组上限的变量值出现的次数和频率。

2. 向下累计

它是指从变量值高的组向变量值低的组逐组依次累计变量值出现的次数和频率。在组距式数列中，它说明了大于某组下限的变量值出现的次数和频率。

通过累计次数和频率可以方便地反映总体中各单位的分布特征，因此，在统计实践中得到广泛的运用。

【观念运用 3-2-2】运用任务导入以及表 3-2-2 中的统计结果，试计算各组的向上累计以及向下累计次数和频率。

解：通过简单的汇总，很容易得到如表 3-2-3 所示的 60 名物业服务企业员工工资分组数列累计次数、频率计算表。

表 3-2-3 60 名物业服务企业员工工资分组数列累计次数、频率计算表

按收入分组(元)	员工人数(人)	频率(%)	向上累计		向下累计	
			次数	频率(%)	次数	频率(%)
1000～1500	5	8.33	5	8.33	60	100
1500～2000	12	20.00	17	28.33	55	91.67
2000～2500	29	48.33	46	76.66	43	71.67
2500～3000	10	16.67	56	93.33	14	23.34
3000～3500	4	6.67	60	100	4	6.67
合计	60	100	—	—	—	—

累计次数和频率的最大特点是:同一数值的向上累计次数与向下累计次数之和等于总体单位数;向上累计频率与向下累计频率之和等于100%。

【思维拓展3-2-4】 在表3-2-3中,向上累计次数46、向上累计频率76.66;向下累计次数43、向下累计频率71.67各代表什么含义。

(三)如何绘制简单的次数分布图

对于不同类型的变量数列,绘制次数分布图也需采取不同的方法。

1. 单项式数列次数分布图的绘制

对于单项式数列,在编制次数分布图时,以变量值为横轴,次数为纵轴,在坐标系中找出变量值及其相应的分配次数所对应的点,并用折线连接起来,便得到了次数分布曲线图。

2. 组距式数列次数分布图的绘制

主要又可以分两种情况。

(1)等距数列次数分布图

对于等距式数列,编制次数分布图时可以遵循以下步骤。

第一步:建立平面直角坐标系,以 x 轴表示变量值,以 y 轴表示次数,并在 x 轴上标出各组的组限。

第二步:以各组的组距为宽,以各组的次数为高作矩形,由各组矩形一起构成的图形即为柱形图或直方图。为了让图形更加美观,一般将组距设置得小一些,但是应确保所分各组的组距都相等。

在平面直角坐标系中描出各组组中值与次数所确定的点,并用直线将各点连接起来所形成的图形就是折线图或曲线图。

(2)异距数列次数分布图

在异距数列中,由于各组组距不完全相等,因此应首先消除组距大小不相等所造成的影响。通常的做法是将不等组距次数换算成标准组距次数。而且通常是选择异距数列中的最小组距作为标准组距。换算公式如下:

某组的标准组距次数=该组单位组距次数×标准组距

=(该组次数/该组组距)×标准组距

=该组次数密度×标准组距 (3-6)

所谓次数密度,也称为频数密度,是指单位组距内数据分布的次数。

任务三 统计表与统计图的编制

【任务导入】

根据任务二中任务导入所展示的60名物业服务企业员工工资的数据,绘制出统计图,并说明该组数据符合何种分布。

【任务分析】

统计表和统计图是反映总体数据分布特征的两种重要形式，具有形象直观、一目了然、具体等特点。

(1)统计表在内容上包括主词和宾词两大部分；在形式上则包括总标题、横标目、纵标目以及统计数字四大要素。在编制具体的统计表时，应注意一些规范。

(2)统计实践中，最常见和最重要的统计图包括条形图、直方图、折线图和圆形图。我们应该根据研究的目的以及总体数据自身的特点来选择合适的统计图，以便正确反映数据资料的分布特征及变化规律。

【相关知识链接】

当一组统计数据包含的观测值很多时，就应该制作表格或绘制图形来展示它们，以使数据的分布特征能从表格或图形中表现出来，这样便可以提高统计分析的效率。

一、统计表

(一)统计表概述

1. 什么是统计表

统计表是指将经过统计整理得出的系统化统计资料按照一定的顺序填列在一定的表格内所形成的表格。

2. 统计表有什么作用

通过编制统计表，可以直观地显示统计资料，避免了冗长的文字叙述。统计表的作用主要体现在以下几个方面：

(1)能省略过多的文字表述，使数据资料系统化、条理化，更清晰地呈现数据之间的相互关系；

(2)以表格的形式显示数据，使其便于理解和阅读；

(3)便于比较和分析表内的各项统计指标；

(4)易于检查数据的完整性和准确性。

(二)统计表的构成

从内容上来看，统计表由主词和宾词两部分构成。其中，主词是统计表所要说明的总体以及总体的分组，一般位于表的左端，列于横栏；宾词是指统计指标的名称和数值，一般位于表的右端，列于纵栏。

从形式上来看，统计表由四个基本要素构成，分别是总标题、横标目、纵标目和统计数字。

总标题就是统计表的名称，它简明扼要地说明了统计表的主要内容，一般位于统计表的上方，并居中排列。

横标目也称为横行标题、主词，是横行内容的名称，通常是总体各组的名称，一般位于统计表的左端，每一横行的开始处。

纵标目也称为纵行标题、宾词，是指统计指标的名称，说明纵栏所列各项数据资料的内容，一般位于统计表上方，每一栏的开始处。

统计数字又称为指标数值，是各项指标的具体数值，每一个统计数字都是由横标目和纵标目唯一确定的。其数字可以是平均数、相对数和绝对数。

此外，为了对统计表中未说明的问题进行补充，统计表还往往在其下端添加注释，以说明数据资料的来源、某些指标数值的计算方法、填表单位、填表人、填表日期以及其他需要说明的问题。

统计表的具体结构如图 3-3-1 所示。

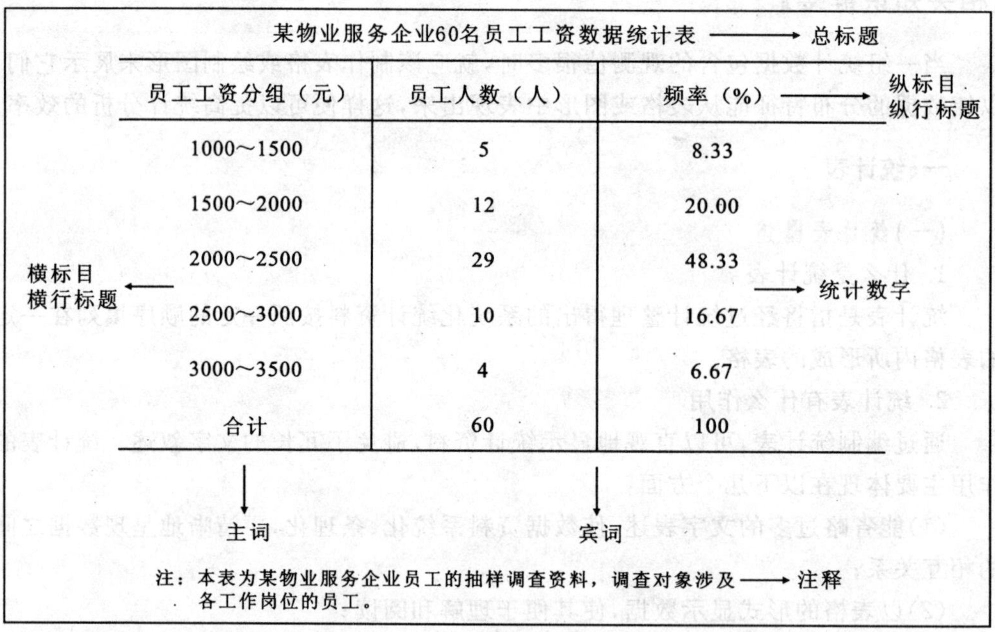

图 3-3-1 统计表的具体结构

（三）统计表的分类

统计表有以下两种分类方式。

1. 根据统计表的用途不同，可以分为调查表、整理表和分析表

调查表是指在统计调查阶段用于登记、记录原始数据资料的表格；

整理表，也称为汇总表，是指在统计整理过程中所使用的表格和用于表现统计整理结果的表格；

分析表是指在统计分析阶段，用于对统计整理所获得的数据资料进行定量分析的表格，往往与整理表结合在一起使用。

2. 按总体分组情况的不同，可以分为简单表、简单分组表和复合分组表

(1)简单表

简单表是指主词未经任何分组所形成的统计表。简单表一般有两种情形:一种是按时间先后顺序排列的统计表,其可以用于分析现象的发展趋势与发展规律;另一种是按总体各单位的名称排列的统计表,其可以用于比较各单位的经济活动情况。表 3-3-1 所示即为一简单表。

表 3-3-1 2004—2009 年间某学校物业管理专业学生人数统计表

年 份	物管专业学生人数(人)	年 份	物管专业学生人数(人)
2004	94	2007	131
2005	69	2008	254
2006	101	2009	324

(2)简单分组表

简单分组表是指主词只按一个标志进行分组所形成的统计表。它可以用于分析总体数据的分布特征,如表 3-2-2 所示。

(3)复合分组表

复合分组表是指主词按两个或两个以上的标志进行复合分组所形成的统计表。运用复合分组表可以对总体数据做更为深入、细致的分析。表 3-1-6 所示即为复合分组表。

(四)编制统计表的注意事项

为了使编制完成的统计表能更好地反映被研究总体数据的分布特征,便于统计分析,一般而言,统计表的编制应该符合科学、实用、简练、明确和美观的要求。具体来说,编制统计表时应注意以下几个问题。

1. 总标题

总标题应能简明扼要、准确地说明统计表所要说明的内容、数据所属的时间和地点,使人一目了然。

2. 计量单位

若统计表中所有统计数字的计量单位相同,则可以在表的右上角标明;若各统计数字的计量单位不相同,则可以将计量单位放在每个指标后或单列一列说明。

3. 横标目和纵标目

横标目和纵标目一般按照时间或自然顺序排序。若纵标目比较多,可以用(甲)、(乙)、(丙)等文字进行说明;若横标目比较多,则可以用(1)、(2)、(3)等数字进行相应的说明。

4. 表格线条

一般而言,表的上下端用粗线,中间的其他线用细线。表的左右两端采用开口式,一般不封口。纵标目之间一般用细线隔开,而横标目之间通常不需用横线隔开。

5. 统计数字

表中的统计数字一般是右对齐的，有小数时则以小数点对齐，且所有统计数值小数点后的有效数字应该相同。数字为零时应标示“0”，不用填写数字时应标示“—”，某数据缺失时应标示“…”。统计表一般不留空白，若某项数字与邻项数字相同，则仍需填写数字，而不能用“同上”、“同左”等代替。

6. 合计栏

纵栏需要合计时，一般将合计栏设置在统计表的最后一行；横栏需要合计时，则将其设置在最前一栏或最后一栏。

7. 注释

对于统计资料的来源及其他需要说明的问题，可在统计表的下方以注释的形式注明，既表示对他人劳动成果的尊重，也方便读者查阅核实。

二、统计图

(一)什么是统计图

统计图是指借助点、线、面积、形状等几何图形或具体形象来显示、描述统计数据的一种形式。利用统计图来显示数据资料具有形象直观、具体生动、便于理解、一目了然等优点，可以反映总体数据的规模、水平、结构、对比关系、发展趋势以及分布特征等。但是需注意的是，统计图往往需要与统计表结合起来使用。

此外，在编制统计图时，还要注意以下几个方面的要求：

(1)在统计图的下方，一般要有标题，以说明资料的内容；

(2)条形图、散点图、折线图以及直方图等都要有纵轴和横轴，并标示有图例和单位；

(3)应根据具体情况合理选用图的种类。

(二)几种常见的统计图

统计图的种类非常多，但是常见的统计图有以下几种。

1. 条形图

条形图是指利用宽度相等的条形的长短或高矮来显示统计数据大小的统计图，常用来反映客观现象随着时间推移的变化趋势。其具体的形状，可以是线条，也可以是圆柱、方柱或者是圆锥。

【观念运用 3-3-1】试运用表 3-3-1 所示的 2004—2009 年间某学校物业管理专业学生人数的统计数据编制一条形图，以反映该校该专业学生人数的变化趋势。

解：根据该表所示的数据，运用相关的统计软件很容易得到如图 3-3-2 所示的条形图。

2. 直方图和折线图

直方图适用于显示连续变量的分布特征，其图形与条形图非常相似，但二者有本

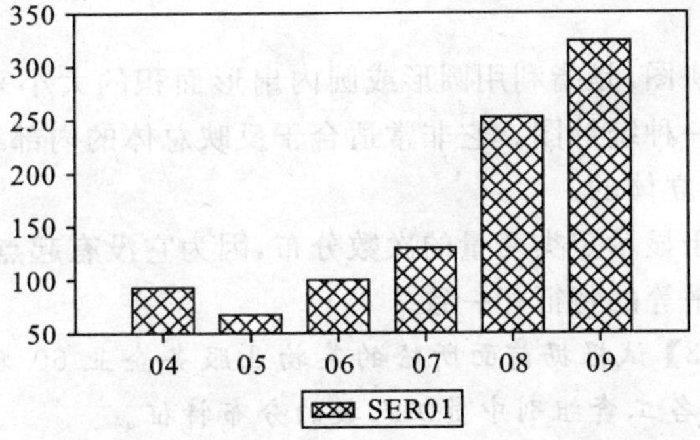

图 3-3-2　某学校物管专业学生人数条形图

质的区别。即直方图的各个条形之间是紧密相连的，因为连续变量组距式数列的组限是重合的，前一组的上限就是下一组的下限。若某一组中频数为零，虽然该组的条形不存在，但是也必须保留其位置，而不能将其他组的条形移过来。

在绘制直方图时，将所研究的变量作为横轴，频数作为纵轴。这样，各组的频数在直方图中就表现为一个长方形，该长方形的底在横轴上，其宽就是组距，高就是该组对应的频数。

所谓折线图是指利用折线的升降变化来反映客观现象发展变化趋势的一种统计图。其特点是能直观地显示某客观事物的发展变化趋势。我们可以通过直方图来得到折线图，只要将直方图的各个条形的中点用线连接起来即可。在实际中，连线通常会延伸到高于和低于数据两端各一级的中点与横轴相交，这样，折线图与横轴就围成了一个多边形，因此，折线图也被称为次数多边形图。

【观念运用 3-3-2】试根据前面所给的某物业服务企业 60 名员工的工资数据绘制出折线图，以反映工资的分布特征。

解：很显然，该数据为连续变量数据，因此只要运用相关统计软件，便可以得到折线图，如图 3-3-3 所示。

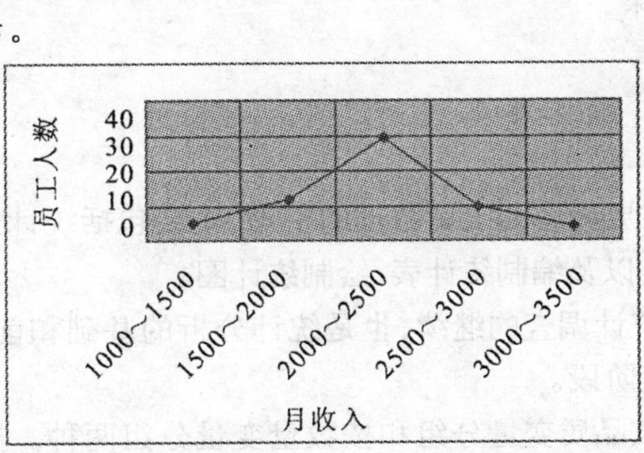

图 3-3-3　某物管企业 60 名员工工资分布折线图

【思维拓展 3-3-1】通过简单的分析可以知道，当组距越来越小，所分的组数越来越多时，所得到的折线图就会变得越来越光滑，最后便可以得到一条平滑的曲线。

3. 圆形图

圆形图也称为饼图，是指利用圆形或圆内扇形面积的大小来反映统计资料的分组以及构成情况的一种统计图。它非常适合于反映总体的内部结构。圆形图既可以是平面的，也可以是立体的。

圆形图主要用于显示定类变量的次数分布，因为它没有起点和终点，这与定类变量中各类别之间是平等的特征相一致。

【观念运用 3-3-3】试根据前面所给的某物业服务企业 60 名员工的工资数据绘制出圆形图，以反映各工资组别中员工人数的分布特征。

解：根据所给数据，并结合统计软件，可得到如图 3-3-4 所示的圆形图。

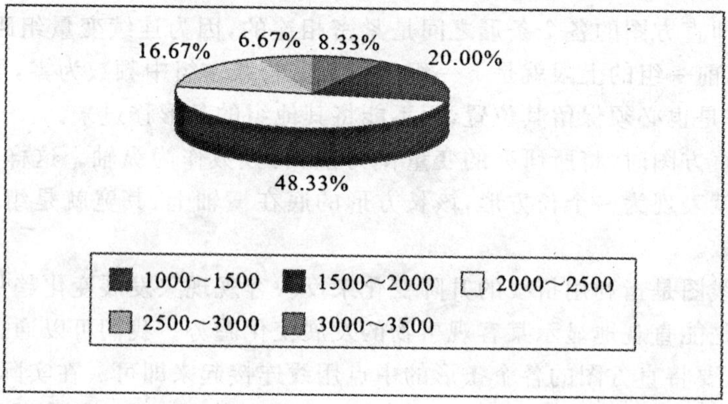

图 3-3-4　某物管企业 60 名员工工资分布圆形图

以上介绍的条形图、直方图和折线图与圆形图只是最主要和常用的三种统计图类型。除此之外，还有其他一些类型的统计图，如蜡烛图、箱形图等，这些在本书中不做讨论。在统计实践中，我们需要根据研究的目的和数据的类型来选择合适的统计图，以达到分析的效果。

本模块小结

本学习模块的主要内容为统计数据的整理，主要包括统计分组、编制变量数列、判断次数分布的种类以及编制统计表、绘制统计图。

1. 统计整理是统计调查的继续，也是统计分析的基础和前提，是由感性认识上升到理性认识的过渡阶段。

2. 统计分组有按品质变量分组和按数量变量分组两种。按品质变量分组的关键是找到反映客观现象差异的品质标志；而按数量变量分组的关键是计算组限、组数和组距。

3. 按数量变量分组又可以分为单项式分组和组距式分组两种。组距式分组又有离散型变量分组与连续型变量分组、开口分组与闭口分组、等距分组与异距分组之分。根据分组标志的多少及其交叉状况，统计分组有简单分组及复合分组两大体系。

4. 分配数列，又称为次数分布数列或频数分布数列，是指将分组标志确定的组别依次排列，同时列出各组的次数或频率所形成的数列。分配数列由两个要素构成，一是分组变量以及各组名称；二是各组中分配的次数或频率。

5. 不同现象的次数分布主要呈现出三种类型，即钟形分布、U 形分布和 J 形分布。

6. 统计表和统计图也是反映总体数据分布特征的两种重要形式。统计表在形式上包括总标题、横标目、纵标目以及统计数字四个要素；在内容上是由主词和宾词两部分组成。在统计实践中，最重要和常用的统计图主要有条形图、直方图、折线图以及圆形图等。

关键概念

统计整理 Statistical arrangement　统计分组 Statistical group

变量数列 Variable series　次数分布 Frequency distribution

组距式分组 Classing by interval　组限 Group limit

组距 Class interval　组中值 Middle value of the group

统计表 Statistical table　条形图 Bar　直方图 Histogram

折线图 Line chart　圆形图 Pie chart

复习思考题

一、填空题

1. 就在统计工作整个阶段的地位来看，统计整理具有(　　)的过渡作用。

2. 统计分组是进行统计分析的(　　)和(　　)，在整个统计整理过程中具有非常重要的作用。

3. 客观现象之间并不是孤立的，而是(　　)。

4. 统计分组的关键在于正确地选择(　　)和划分各组界限。

5. 所谓次数，又称为频数，是指分布在各组中的(　　)。

二、判断题

1. 统计表是指将经过统计整理得出的系统化统计资料按照一定的顺序填列在一定的表格内所形成的表格。(　　)

2. 简单分组表是指主词按几个标志进行分组所形成的统计表。(　　)

3. 整理表，也称为汇总表，是指在统计整理过程中所使用的表格和用于表现统

计整理结果的表格。( )

4. 按数量标志对总体数据进行分组所形成的分配数列称为变量分配数列，简称为数量数列。( )

5. 组距是指每一组的下限与上限之间的距离。( )

三、简答题

1. 在编制分配数列时，一般应遵循哪几个步骤？

2. 统计表有什么作用？

3. 对于等距式数列，编制次数分布图时可以遵循哪几个步骤？

4. 试简述何谓对称分布。

5. 试简单叙述累计次数和频率的两种计算方法。

四、计算题

1. 某年级物业管理专业40名学生参加物业统计课程期末考试的成绩如下：

82 62 90 56 72 78 82 85 69 88 91 81 78 85 77 75 58
79 81 86 73 84 88 62 80 76 61 71 70 88 84 76 89 82
75 68 93 81 80 73

试根据以上40名学生的考试成绩数据编制一统计分配数列，并利用相应的统计软件绘制统计图。

2. 某小区会所8月份每天售出的游泳票张数的数据如下所示：

65 48 52 56 49 44 68 71 66 62 58 54 44 57 59 53 64
62 60 70 55 64 68 63 57 59 60 69 64 61

试根据以上该小区会所游泳票销售量数据进行适当的统计分组，编制统计分配数列，并运用相关统计软件绘制出统计图。

五、实训题

根据“学习模块二”中在所在学校周边住宅小区进行的“物业服务满意度”调查所得到的原始数据，完成以下各项任务：

1. 对该原始数据进行整理，并用相关统计软件编制统计表或绘制统计图来显示该数据；

2. 根据统计表或统计图显示的结果，试对该次调查所得结果进行简要的分析；

3. 提交一份完整的调查分析报告，作为平时考核的依据。

学习模块四　描述数据的分布特征

开 篇 导 读

如何确定总经理的合理年薪

根据 2005 年 1 月 10 日聚焦房地产网(www. house. focus. cn)的新闻资料可知，目前，我国房地产企业总经理的年薪范围在 10 万～100 万元人民币之间。假设以下数据是 30 家房地产开发企业总经理的年薪数据(单位：万元人民币)。如果您所在的房地产企业拟招聘总经理一名，该如何给该总经理确定一个合理的年薪呢？

34.7　46.4　43.0　48.5　60.5　44.1　37.0　44.1　48.5　54.6　38.5
43.0　51.3　36.6　41.8　50.2　46.4　89.2　55.8　62.8　32.5　46.2
47.8　56.8　48.7　31.6　51.7　44.6　56.9　54.2

在这个问题中，其实就是描述数据分布特征的两大指标——平均数指标与变异指标在具体商务和经济中的实际运用。为了回答以上所提出的问题，我们可以按照以下步骤来分析。

(1)计算所有 30 名房地产企业总经理的平均年薪及其标准差

根据以上数据，很容易计算其平均值：$\bar{x}=\frac{\sum x}{n}=\frac{1448}{30}=48.3$(万元)

标准差：$s=\sqrt{\frac{\sum(x_i-\bar{x})^2}{n}}=\sqrt{\frac{3566.66}{30}}=10.9$(万元)

(2)根据正态分布理论可知，大约有 68.27％的数据会落在以平均值为中心的±1个标准差范围以内；大约有 95.45％的数据会落在以平均值为中心的±2 个标准差范围以内；大约有 100％的数据会落在以平均值为中心的±3 个标准差范围以内。因此，具体在本例中，大约有 68.27％的房地产开发企业的总经理的年薪在 37.4 万～59.2 万元之间的范围内；大约有 95.45％的总经理的年薪在 26.5 万～70.1 万元的范围内；将近有 100％的总经理的年薪在 15.6 万～81.0 万元的范围内。

(3)确定年薪时，既不能过于增加企业的成本，又要能吸引到优秀的人才前来应聘。在此类问题中，我们只要通过计算所抽取样本的平均值与标准差，然后根据自身的经济实力选择一个合适的数值就可以了。

对于物业管理专业的学生而言，这种方法的运用主要是在毕业时如何给自己定位一个合理的工资水平，以使自己的价值能得到充分的体现，又能增加自己成功就业的机会。

通过本学习模块的学习，我们就能掌握以上分析技巧和方法，并能够在实践中灵活加以运用。

知识目标

通过本学习模块内容的学习，主要应该掌握以下知识点：

1. 描述数据分布集中趋势的统计量，即平均数、中位数以及众数的概念、种类以及计算方法；

2. 描述数据分布离散趋势的统计量，包括极差、平均差、方差、标准差以及离散系数的概念、计算方法以及各自的适用对象；

3. 描述数据分布偏态和峰态的统计量，即偏态系数和峰态系数的概念及计算方法。

能力目标

通过本学习模块知识的学习，应获得以下基本的素质与能力：

1. 能够针对不同类型的数据资料，运用适当的计算方法求得相应的测度指标，以判别给定数据的集中趋势、离散趋势、偏态以及峰态；

2. 能够通过平均数、中位数与众数之间的比较，判断数据偏态的方向，并结合偏态系数与峰态系数，判断数据分布偏态的大小及其扁平程度。

任务一　测定数据分布的集中趋势

【任务导入】

为了对本住宅小区内业主的月消费支出情况有所了解，以便提供多元化、全方位的物业管理服务，某物业服务企业对该住宅小区内的业主进行了抽样调查，得到了300户业主的月消费支出数据，如表4-1-1所示。

表4-1-1　业主人均月消费支出数据

业主人均月消费支出(元)	户数	所占比重(%)
400以下	3	1

续表 4-1-1

业主人均月消费支出(元)	户数	所占比重(%)
400～600	18	6
600～800	45	15
800～1000	60	20
1000～1200	105	35
1200～1400	30	10
1400～1600	18	6
1600～1800	12	4
1800～2000	6	2
2000 以上	3	1
合计	300	100

试计算：

(1)业主每月总平均消费支出；

(2)业主每月消费支出的中位数和众数。

【任务分析】

平均数、中位数和众数是描述数据集中趋势的三个指标。要计算给定数据的平均数、中位数和众数，应：

(1)明确平均数、中位数和众数的概念、优缺点及其适用的数据类型；

(2)针对不同类型的数据资料，能运用相应的计算方法来分别计算平均数、中位数和众数；

(3)在获得了数据的平均数、中位数以及众数的数值大小以后，便可以将三者进行比较，以判断其分布是否对称。

【相关知识链接】

描述数据分布集中趋势的指标有均值、中位数和众数三种。现分别对其进行介绍。

一、均值

均值(Mean)，也称为平均数，是统计学中描述数据集中趋势的一个非常重要的指标。其主要包括以下几种。

(一)算术平均数

算术平均数也称为平均值，是将一组数据中的所有数值之和除以该组数据的个数所得到的数值。根据所掌握资料的不同，算术平均数又可以分为简单算术平均数和加权算术平均数两种。

1. 简单算术平均数

简单算术平均数是指将一组数据的所有数值简单加总再除以该组数据的个数所得的平均数，又有样本平均数和总体平均数之分。

在统计学中，通常用英文字母表示样本或样本统计量(Sample Statistic)；而用希腊字母表示总体或总体参数(Population Parameter)。因此，在数学表达上，我们用符号 $\overline{X}$ 表示样本平均数，而用希腊字母 μ 表示总体平均数。

(1)样本平均数

样本平均数的计算公式为：

$$\overline{X}=\frac{X_1+X_2+\cdots+X_n}{n}=\frac{\sum_{i=1}^{n}X_i}{n} \tag{4-1}$$

式中 $\overline{X}$——样本平均数；

X_1、X_2、…、X_n——待研究变量的样本观测值；

n——样本容量。

【观念运用 4-1-1】 某物业管理专业有 47 名学生参加了物业统计科目考试，为了解学生考试结果的平均情况，先随机抽取了 10 名学生，其考试成绩如下：68、72、54、93、88、64、76、82、84、90。则抽中的 10 个物业统计考试平均成绩为：

$$\overline{X}=\frac{\sum_{i=1}^{n}X_i}{n}=\frac{68+72+54+93+88+64+76+82+84+90}{10}=77.1$$

(2)总体平均数

总体平均数的计算公式为：

$$\mu=\frac{X_1+X_2+\cdots+X_N}{N}=\frac{\sum_{i=1}^{N}X_i}{N} \tag{4-2}$$

式中 μ——总体平均数；

X_1、X_2、…、X_N——待研究变量的总体观测值；

N——总体中数据的个数。

【观念运用 4-1-2】 某物业管理专业有 47 名学生参加了物业统计科目的期末考试，所有学生考试成绩的总和为 3624，则学生成绩的总体平均数为：

$$\mu = \frac{\sum_{i=1}^{N} X_i}{N} = \frac{3624}{47} = 77.11(分)$$

现实统计工作中，我们通常得到的数据为样本数据，所求的平均值也多为样本平均值。

2. 加权算术平均数

加权算术平均数也称为加权平均数，是指对每个数据都根据其在全组数据中的重要程度而赋予一定的权重后计算得到的算术平均数。根据数据分组情况的不同，可以分为单项式变量数列加权平均数和组距式变量数列加权平均数两种类型。

(1)单项式变量数列加权平均数

在单项式变量数列中，总体与样本加权算术平均数的计算公式是一样的，即：

$$\mu_X \text{ 或 } \overline{X}_\omega = \frac{\omega_1 X_1 + \omega_2 X_2 + \cdots + \omega_n X_n}{\omega_1 + \omega_2 + \cdots + \omega_n} = \frac{\sum_{i=1}^{n}(\omega_i X_i)}{\sum_{i=1}^{n}\omega_i} \tag{4-3}$$

式中 ω_i——各组标志总量，而非各组变量出现的次数；

X_i——待研究变量的总体(或样本)观测值。

【观念运用 4-1-3】为了研究某市房地产行业的平均利润率为多少，现随机抽取了 5 家房地产开发企业的数据，其利润率和年销售额的数据如表 4-1-2 所示。

表 4-1-2　5 家房地产开发企业的利润率与年销售额数据

企业编号	利润率 X(%)	销售额 ω(万元)	利润额 ωX(万元)
1	5.25	3000	157.5
2	8.40	2500	210
3	6.75	500	33.75
4	11.20	4500	504
5	9.85	3800	374.3
合计	—	14300	1279.55

试求 5 家房地产开发企业利润率的加权算术平均值。

解：由单项式变量数列的加权平均数计算公式有：

$$\overline{X}_\omega = \frac{\sum_{i=1}^{n}(\omega_i X_i)}{\sum_{i=1}^{n}\omega_i} = \frac{1279.55}{14300} = 0.0895 = 8.95\%$$

【思维拓展 4-1-1】5 家房地产开发企业利润率的简单算术平均值为：

$$\overline{X}=\frac{\sum_{i=1}^{n}X_i}{n}=\frac{5.25\%+8.40\%+6.75\%+11.20\%+9.85\%}{5}=8.29\%$$

显然，其与加权平均值是不同的。原因就在于各个房地产开发企业的年销售额各不相同。若年销售额相同，则利润率的简单算术平均值与加权平均值应该是相同的。

(2)组距式变量数列加权平均数

在组距式变量数列中，假设原始数据被分成组，则总体与样本加权平均数的计算公式相同，即：

$$\mu\text{ 或 }\overline{X}=\frac{M_1f_1+M_2f_2+\cdots+M_kf_k}{f_1+f_2+\cdots+f_k}=\frac{\sum_{i=1}^{k}(M_if_i)}{N}=\sum_{i=1}^{k}\left(M_i\frac{f_i}{N}\right) \tag{4-4}$$

式中 M_1、M_2、…、M_k——各组的组中值；

f_1、f_2、…、f_k——各组中变量值出现的频数；

N—— 总体(或样本)中数据的个数，$N=\sum f_i$。

由公式(4-4)可以看出：在组距式变量中，加权平均值的大小主要受到两个因素的影响。一是各组组中值 M_i；另一个是各组中变量值出现的频数与数据总个数的比值 $\frac{f_i}{N}$，这一比值在统计学中被称为频率或权重。权重在计算加权平均值时具有举足轻重的作用。

在采用公式(4-4)计算组距式数列的加权平均值时，使用各组的组中值代替各组的实际数据，使用这一代替方法是假定各组数据在组内的分布是均匀的。因此，若实际数据与这一假定越吻合，则计算结果的精确度就越高，否则误差比较大。

【观念运用 4-1-4】某物业服务企业 30 名员工工资的分组数据如表 4-1-3 所示，试计算这 30 名员工的平均工资。

表 4-1-3 某物业服务企业员工工资的分组数据

组编号	月工资分组(元)	组中值 M_i(元)	频数 f_i	每组总工资 M_if_i(元)
1	1320～1360	1340	3	4020
2	1360～1400	1380	7	9660
3	1400～1440	1420	13	18460
4	1440～1480	1460	5	7300
5	1480～1520	1500	2	3000
	合计	—	30	42440

解：根据组距式数列加权平均值的计算公式(4-4)有，物业服务企业员工的平均

工资为：

$$\overline{X}=\frac{\sum_{i=1}^{k}(M_i f_i)}{N}=\frac{4020+9660+18460+7300+3000}{30}=1414.67(\text{元})$$

算术平均数的计算简单，在实践中得到广泛的运用，但是由于存在以下两点缺陷，使得其计算结果可靠性不强：

第一，算术平均值容易受到极端值的影响；

第二，在选取样本时，容易受到偶然性的影响。

(二)调和平均数

调和平均数是指各个变量值倒数的算术平均数的倒数，因此，也称为倒数平均数，通常用符号 $\overline{X}_h$ 表示。根据所获数据的具体内容不同，调和平均数也有简单调和平均数与加权调和平均数之分。

1. 简单调和平均数

简单调和平均数是指各个变量值倒数的简单算术平均数的倒数。其计算公式如下：

$$\overline{X}_h=\frac{1}{\frac{\frac{1}{X_1}+\frac{1}{X_2}+\cdots+\frac{1}{X_n}}{n}}=\frac{1}{\frac{\sum_{i=1}^{n}\frac{1}{X_i}}{n}} \tag{4-5}$$

式中 $\overline{X}_h$——调和平均数；

n——总体(或样本)中数据的个数。

【观念运用 4-1-5】运用观念运用 4-1-1 中 10 名物业管理专业学生物业统计考试成绩数据，计算其调和平均数。

解：根据调和平均数的计算公式(4-5)有：

$$\overline{X}_h=\frac{1}{\frac{\sum_{i=1}^{n}\frac{1}{X_i}}{n}}=\frac{1}{\frac{\frac{1}{68}+\frac{1}{72}+\frac{1}{54}+\frac{1}{93}+\frac{1}{88}+\frac{1}{64}+\frac{1}{76}+\frac{1}{82}+\frac{1}{84}+\frac{1}{90}}{10}}=74.998(\text{分})$$

2. 加权调和平均数

加权调和平均数是指各个变量值倒数的加权算术平均数的倒数。计算公式为：

$$\overline{X}_h=\frac{\sum_{i=1}^{n}\omega_i}{\sum_{i=1}^{n}\frac{\omega_i}{X_i}}=\frac{\sum_{i=1}^{n}(X_i f_i)}{\sum_{i=1}^{n}f_i}=\frac{\sum_{i=1}^{n}(X_i f_i)}{\sum_{i=1}^{n}\frac{X_i f_i}{X_i}} \tag{4-6}$$

式中 ω_i——一种特定权数，表示分组数据中各组的标志总量；

X_i——分组数据中各组的标志值；

f_i——$f_i=\frac{\omega_i}{X_i}$。

【观念运用 4-1-6】某物业服务企业因业务发展的需要，计划在珠海、广州、上海、深圳、北京五个城市租赁写字楼用于办公。各个城市写字楼价格与物管公司资金投入的数据如表 4-1-4 所示。

表 4-1-4　写字楼价格与物管公司资金投入数据

城市	价格 X（万元/平方米）	资金投入 ω（万元）	购买面积 $\frac{\omega}{X}$（平方米）
珠海	1.2	120	100
广州	2.2	330	150
深圳	2.8	504	180
上海	3.5	420	120
北京	3.2	640	200
合计	—	2014	750

试运用加权调和平均数来计算该物业服务企业在五个城市购买写字楼所支付的平均价格。

解：根据表 4-1-4 可知，$\sum_{i=1}^{n}\omega_i=2014$，$\sum_{i=1}^{n}\frac{\omega_i}{X_i}=750$。将其代入加权调和平均数的计算公式（4-6）中有：

$$\overline{X}_h=\frac{\sum_{i=1}^{n}\omega_i}{\sum_{i=1}^{n}\frac{\omega_i}{X_i}}=\frac{2014}{750}=2.685(\text{万元})$$

由上可知，调和平均数具有以下特点：

（1）若各个变量值中有一个为 0，则无法计算调和平均数 $\overline{X}_h$；

（2）与算术平均数一样，调和平均数也受到极端值的影响，但影响较小，且其受极小值的影响要大于受极大值的影响。

（三）几何平均数

几何平均数是 n 个变量值连乘积的 n 次方根，也称为对称平均数（Geometric Mean），用符号 $\overline{X}_g$ 表示。

几何平均数是一种适用于特殊数据的平均数，主要适用于平均发展速度或平均比率的计算。因为它的特征与社会经济现象发展的平均发展速度或平均比率的客观过程相一致。

根据掌握的数据资料的差异，几何平均数也可以划分为简单几何平均数和加权几何平均数两种。

1. 简单几何平均数

简单几何平均数的计算公式是：

$$\overline{X}_g = \sqrt[n]{X_1 \times X_2 \times \cdots \times X_n} = \sqrt[n]{\prod_{i=1}^{n} X_i} \tag{4-7}$$

式中 $\overline{X}_g$——几何平均数；

X_i——各观测值；

n——总体(样本)观测值的个数；

Π——连乘符号。

在实际工作中，若总体(样本)容量很大，则通常运用对数来进行计算，即：

$$\lg\overline{X}_g = \frac{1}{n}(\lg X_1 + \lg X_2 + \cdots + \lg X_n) = \frac{1}{n}\sum_{i=1}^{n}\lg X_i\text{，则}$$

$$\overline{X}_g = \text{arc}(\lg\overline{X}_g) \tag{4-8}$$

【观念运用 4-1-7】某物业服务企业由于管理服务到位，承接的项目总数稳定提高，自 2005 年开始至 2009 年，年利润总额实现逐年增长。年增长率(环比)分别为：2005 年：7.6%，2006 年：2.2%，2007 年：2.5%，2008 年：0.6%，2009 年：2.7%。试计算该物业服务企业在此期间年利润总额的年均增长速度。

解：根据题目所给数据，我们可以制作如表 4-1-5 所示的年利润总额年均增长速度计算表。

表 4-1-5 某物业服务企业年利润总额平均增长速度计算表

年份	逐年发展速度(X)(%)	逐年发展速度的对数($\lg X$)
2005	107.6	2.0319
2006	102.2	2.0094
2007	102.5	2.0107
2008	100.6	2.0025
2009	102.7	2.0116
合计	—	10.0661

由几何平均数的计算公式(4-7)可知，该物业服务企业年利润总额的平均增长速度为：

$$\overline{X}_g = \sqrt[n]{\prod_{i=1}^{n} X_i} = \sqrt[5]{107.6\% \times 102.2\% \times 102.5\% \times 100.6\% \times 102.7\%}$$

$$= \sqrt[5]{1.16454} = 103.1\%$$

若应用对数计算公式(4-8)进行计算，也可以得到相同的结果。由表 4-1-5

可得：

$$\lg\overline{X}_g = \frac{1}{n}\sum_{i=1}^{n}\lg X_i = \frac{1}{5}\times 10.0661 = 2.0133$$

因此，平均增长速度 $\overline{X}_g = \mathrm{arc}(\lg\overline{X}_g) = \mathrm{arc}2.0133 = 103.1\%$。

由此可知，2005—2009 年间，该物业服务企业年利润总额的平均逐年发展速度为 103.1%，即每年平均增长 3.1%。

2. 加权几何平均数

加权几何平均数的计算公式为：

$$\overline{X}_g = \sqrt[(f_1+f_2+\cdots+f_n)]{X_1^{f_1}\times X_2^{f_2}\times\cdots\times X_n^{f_n}} = \sqrt[\sum_{i=1}^{n}f_i]{\prod_{i=1}^{n}X_i^{f_i}} \quad (4\text{-}9)$$

式中 f_i——权数；

X_i——变量的观测值。

【观念运用 4-1-8】某物业服务企业进行了某项目的投资，项目的寿命预计为 25 年，25 年的年利率分配为：1 年为 5%，3 年为 7%，9 年为 9%，10 年为 10%，2 年为 16%。试求这 25 年间的平均年利率。

解：根据题意有：

$$\overline{X}_g = \sqrt[\sum_{i=1}^{n}f_i]{\prod_{i=1}^{n}X_i^{f_i}} = \sqrt[25]{1.05\times 1.07^3\times 1.09^9\times 1.10^{10}\times 1.16^2} = 109.537\%$$

因此，平均年利率为 109.537%−100%=9.537%。

二、中位数

（一）什么是中位数

中位数(Median)是指将一组数据按照其大小升序或降序排列，位于中间位置的那个数值，用符号 M_e 表示。

中位数是一个位置代表值，主要适用于测度数据的集中趋势。中位数把全部数据分成两个部分，一半数据比它大，另一半数据比它小，而且比它大的数据的个数与比它小的数据的个数相等。

（二）确定中位数的方法

根据所掌握数据资料的不同，确定中位数的方法也不同，主要有以下几种。

1. 根据未分组数据计算中位数

根据未分组数据确定中位数时，首先需将数据按大小升序或降序排列，然后再确定中位数。具体而言：

设有一组数据为 x_1、x_2、…、x_n，将其按照从小到大的顺序排列为 $x_{(1)}$、$x_{(2)}$、…、$x_{(n)}$，则中位数为：

$$M_e=\begin{cases} x_{(\frac{n+1}{2})} & n\text{为奇数} \\ \frac{1}{2}\left(x_{(\frac{n}{2})}+x_{(\frac{n+2}{2})}\right) & n\text{为偶数} \end{cases} \tag{4-10}$$

【观念运用 4-1-9】某小区物业管理处 8 名员工的年龄分别为 30、21、27、29、33、23、26、24。试求这 8 名员工年龄的中位数。

解：首先将 8 名员工的年龄按从小到大的顺序排列如下：21、23、24、26、27、29、30、33。因为偶数，所以中位数为：

$$M_e=\frac{1}{2}\left(x_{(\frac{n}{2})}+x_{(\frac{n+2}{2})}\right)=\frac{1}{2}\times\left(x_{(\frac{8}{2})}+x_{(\frac{8+2}{2})}\right)=\frac{1}{2}\times(26+27)=26.5(\text{岁})$$

2. 根据单项式数列计算中位数

在单项式数列中，中位数的位置是总体（或样本）观测值个数的一半，即中位数的位置 $=\frac{1}{2}\sum_{i=1}^{n}f_i$。其中 f_i 为相应数值的频率。因此，在计算单项式数列的中位数时，首先应计算各个数值的累积频率（向上累计频率或向下累积频率）；然后根据频率值计算中位数的位置；最后确定中位数。

【观念运用 4-1-10】某物业管理专业 50 名学生年龄的分组资料如表 4-1-6 所示，试确定学生年龄的中位数。

表 4-1-6　某物业管理专业 50 名学生年龄分组数据

学生年龄	学生数	向上累计频率	向下累计频率
18	19	19	50
19	17	36	31
20	4	40	14
21	8	48	10
22	2	50	2
合计	50	—	—

解：中位数的位置 $=\frac{1}{2}\sum_{i=1}^{n}f_i=\frac{1}{2}\times 50=25$，也就是说中位数位于累计频率为 25 的那一组内。从向上累计频率或向下累计频率均可以得出 $M_e=19$。

3. 根据组距式数列计算中位数

若数据资料为组距式数列，则应通过公式计算中位数。计算公式有上限和下限公式之分，分别为：

下限公式：

$$M_e=L+\frac{1}{f_m}\left(\frac{\sum f}{2}-F_{m-1}\right)\times h \tag{4-11}$$

上限公式：

$$M_e = U - \frac{1}{f_m}\left(\frac{\sum f}{2} - F_{m+1}\right) \times h \tag{4-12}$$

式中 M_e——中位数；

U——中位数所在组的上限；

L——中位数所在组的下限；

f_m——中位数所在组的频数；

F_{m-1}——中位数所在组的前一组的累计频数；

F_{m+1}——中位数所在组的后一组的累计频数；

h——中位数所在组的组距。

因此，在实践中，通常按照以下步骤来计算组距式数列的中位数：

(1)确定中位数的位置。通过计算 $\frac{\sum f}{2}$ 来确定中位数的位置。

(2)计算各组的累计频数(向上累计或向下累计均可)，找出中位数所在的组。

(3)按照上限公式或下限公式计算中位数。

【观念运用 4-1-11】为调查物业管理专业毕业学生的就业情况，某学校就业指导中心收集了 56 名物管专业毕业生的就业反馈信息，整理出如表 4-1-7 所示的物管专业毕业生就业工资分组数据表。

表 4-1-7　56 名物管专业毕业生就业工资分组数据表

按工资分组(元)	毕业生人数	向上累计频数	向下累计频数
1300 以下	3	3	56
1300～1500	5	8	53
1500～1700	8	16	48
1700～1900	20	36	40
1900～2100	12	48	20
2100～2300	6	54	8
2300 以上	2	56	2
合计	56	—	—

解：按照计算中位数的步骤：

(1) 确定中位数的位置。因为 $\frac{\sum f}{2} = \frac{56}{2} = 28$，因此，第 28 名毕业生的就业工资即为中位数。

(2)计算各组累计频数。从表 4-1-7 的计算结果可以看出，第 28 名毕业生的就业工资在1700～1900之间，也就是说中位数所在的组为1700～1900。

(3)计算中位数。

下限公式：$M_e = L + \frac{1}{f_m}\left(\frac{\sum f}{2} - F_{m-1}\right) \times h = 1700 + \frac{1}{20} \times (28 - 20) \times 200 =$ 1780(元)

上限公式：$M_e = U - \frac{1}{f_m}\left(\frac{\sum f}{2} - F_{m+1}\right) \times h = 1900 - \frac{1}{20} \times (28 - 16) \times 200 =$ 1780(元)

根据上述计算结果表明，由下限公式和上限公式计算所得结果是一样的，就业工资的中位数都为1780元。

与均值相比，中位数具有以下特点：

(1)中位数是数列中间一项或两项的平均数，不会受到极端值的影响。

(2)对于分布不对称的数据，中位数比均值更能反映数据的集中趋势。

(3)对某些不具有数字特征或不能用数字测定的现象，可用中位数表示其一般水平。例如，在房地产买卖中，我们可以分别考察消费者对物业价格、位置、品质、物业管理情况等的重视程度排序，以便发现购房者在乎的中位数因素。

三、众数

(一)什么是众数

众数(Mode)是指在一组数据中出现次数最多的那个数值，一般用M_o表示。

因为众数在一组数据中出现的次数最多，说明该数值普遍存在，因此，可以把它作为一组数据一般水平的代表值。

若数据中只有一个出现次数最多的数值，称这种数据为单众数的(Unimodal)；对于不存在重复数值的数据，则不存在众数；若一组数据中存在两个不同的数值，其出现频率相同且为最大频率时，这种数据称为双众数的(Bimodal)；存在多个众数的数据则称为多众数的(Multimodal)。

【观念运用4-1-12】试判断以下数据是属于单众数、无众数、双众数还是多众数的。

数据1:4、6、12、15、7、9、13、10、3；

数据2:5、8、4、15、5、21、3、17、14；

数据3:3、9、14、9、5、21、14、18、10；

数据4:8、15、7、3、7、18、15、2、8。

显然有：数据1属于无众数；数据2属于单众数；数据3属于双众数；数据4属于多众数。

(二)众数的计算方法

根据数据资料的不同,众数的计算方法也有所差别。

1. 单项式数列众数的计算

如果数据资料是单项式的,则确定众数的方法很简单,即出现次数最多的数值为该组数据的众数。

【观念运用 4-1-13】根据表 4-1-6 中 50 名物业管理专业学生年龄分布的数据,试确定其众数。

解:由表 4-1-6 可知,年龄为 18 岁的学生最多,因此,18 岁即为该组数据的众数,学生年龄的众数为 18 岁。

2. 组距式数列众数的计算

相对于单项式数列,组距式数列众数的确定要复杂一些,要通过公式进行计算。众数的计算公式为:

下限公式:

$$M_o = L + \frac{f_o - f_{o-1}}{(f_o - f_{o-1}) + (f_o - f_{o+1})} \times h \tag{4-13}$$

上限公式:

$$M_o = U - \frac{f_o - f_{o+1}}{(f_o - f_{o-1}) + (f_o - f_{o+1})} \times h \tag{4-14}$$

式中 M_o——该组数据的众数;

U——众数所在组的上限;

L——众数所在组的下限;

f_o——众数所在组的频数;

f_{o-1}——众数所在组的前一组的频数;

f_{o+1}——众数所在组的后一组的频数;

h——众数所在组的组距。

在实际运用中,通常按照以下步骤来计算组距式数列的众数:

(1)确定众数所在的组。由众数的概念可知,在组距式数列中,众数应该在频数最大的组内。

(2)根据下限公式或上限公式计算众数的值。

【观念运用 4-1-14】根据表 4-1-7 所示的物业管理专业 56 名毕业生就业工资的分组数据资料,试确定毕业生工资的众数。

解:(1)确定众数所在的组。根据表 4-1-7 的结果显示,就业工资为 1700～1900 的毕业生人数最多,因此,众数所在的组即为 1700～1900。

(2)根据公式计算众数。

下限公式:

$$M_o = L + \frac{f_o - f_{o-1}}{(f_o - f_{o-1}) + (f_o - f_{o+1})} \times h$$
$$= 1700 + \frac{20-8}{(20-8)+(20-12)} \times 200 = 1820(\text{元})$$

上限公式：

$$M_o = U - \frac{f_o - f_{o+1}}{(f_o - f_{o-1}) + (f_o - f_{o+1})} \times h$$
$$= 1900 - \frac{20-12}{(20-8)+(20-12)} \times 200 = 1820(\text{元})$$

由以上计算结果可以看出，根据上限公式和下限公式得到的结果是一样的，物管专业毕业生就业工资的众数为 1820 元。

四、均值、中位数、众数之间的比较

均值、中位数和众数是三个描述数据集中趋势的测度指标，但是它们具有不同的特点和各自的适用对象。

(一)均值、中位数与众数三者之间的关系

从各自的定义可以看出：均值是全部数据的算术平均；中位数是一组数据中处于中间位置的值；而众数则始终处于一组数据分布的最高峰。因此，对于具有单峰分布的数据而言，均值、中位数与众数具有以下关系：

(1)当数据呈对称分布时，三者合一，如图 4-1-1(a)所示，此时有 $\overline{X}=M_e=M_o$；

(2)当数据呈左偏分布时，此时数据中存在极小值，会拉动均值向极小值一方偏移，由于中位数和众数都是位置代表值，因此有 $\overline{X}<M_e<M_o$，如图 4-1-1(b)所示；

(3)当数据呈右偏分布时，此时数据中存在极大值，会拉动均值向极大值一方偏移，因此有 $\overline{X}>M_e>M_o$，如图 4-1-1(c)所示。

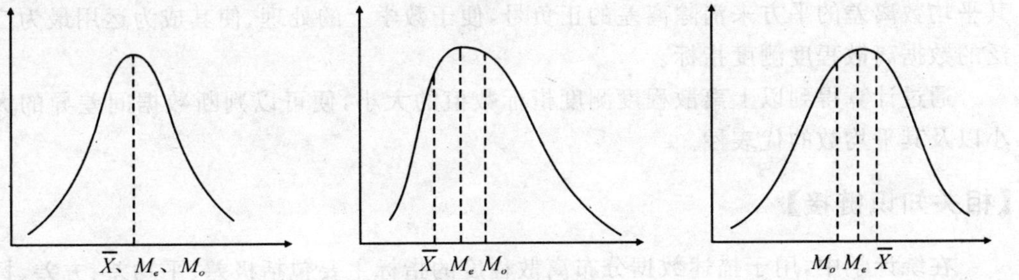

图 4-1-1 均值、中位数与众数的关系

(a)对称分布；(b)左偏分布；(c)右偏分布

(二)均值、中位数与众数的特点与适用对象

均值、中位数和众数具有不同的特点和各自适用的对象。在实际运用中，应该根

据情况的不同选择合理的测度值来描述数据的集中趋势。

(1)均值利用了全部的数据信息，具有良好的数学性质，是运用最为广泛的数据集中趋势测度值。调和平均数和几何平均数都是算数平均数的变形。其中，调和平均数主要适用于不能直接计算均值的数据；而几何平均数主要适用于计算平均比率和平均速度。虽然均值、中位数和众数都可以作为数值型数据集中趋势的测度值，但是均值运用得最为普遍。均值的最大缺点是容易受到极端值的影响。

(2)中位数是一组数据中处于中间位置的数值，主要适用于测度顺序数据的集中趋势，优点是不容易受到极端值的影响。虽然众数也适用于顺序数据，但中位数运用得更为普遍。

(3)众数是一组数据中出现次数最多的数值，也是一种位置代表值。其优点是不受极端值的影响；缺点是不唯一。虽然众数适用于顺序数据和数值型数据，但其主要适用于作为分类数据集中趋势的测度值。

任务二　测定数据分布的离散程度

【任务导入】

根据表 4-1-1 中所示的数据资料，试计算确定该住宅小区 300 名业主家庭人均月消费支出数据的极差、平均差、方差、标准差与离散系数，以判断该数据的离散趋势。

【任务分析】

数据的离散趋势主要用于描述一组数据数值之间的差异，其主要测度指标包括极差、平均差、方差、标准差以及离散系数。其中，方差与标准差通过计算各个数值与其平均数离差的平方来消除离差的正负号，便于数学上的处理，使其成为运用最为广泛的数据离散程度测度指标。

通过计算得到以上离散程度测度指标数值的大小，便可以判断数据间差异的大小以及其平均数的代表性。

【相关知识链接】

在统计学中，用于描述数据分布离散程度的指标主要包括极差、平均差、方差、标准差以及离散系数等。现简单予以介绍。

一、极差

(一)什么是极差

极差(Range)又称为全距，是指一组数据中最大值与最小值的差，通常用符号 R

表示。

极差是离散趋势的测度指标，其计算非常简便，又能反映一组数据中数值的差异程度。R 越大，表明一组数据中各个数值变动的范围越大，数值之间的差异越大；反之，R 越小，表明一组数据中各个数值变动的范围越小，数值之间的差异越小。

(二)如何计算极差

根据数据资料类型的不同，计算极差时应采取不同的方法。

1. 未分组数据的极差

未分组数据极差的计算公式为：

$$R = 最大值 - 最小值 = x_{\max} - x_{\min} \quad (4\text{-}15)$$

式中 $x_{\max}$——一组数据中的最大值；

$x_{\min}$——一组数据中的最小值。

【观念运用 4-2-1】现有两个小组参加物业统计课程期末考试的成绩如下。

第一小组：55、60、65、70、75、80、85、90；

第二小组：65.5、67.5、69.5、71.5、73.5、75.5、77.5、79.5。

试比较这两个小组物业统计期末考试成绩的差异程度。

解：显然，这两组数据的平均值相同，都为 72.5。因此，有必要通过计算极差来比较二者差异程度的大小。由于这两组数据都是未分组数据，可采用式(4-15)计算。

$R_1 = x_{\max} - x_{\min} = 90 - 55 = 35.0$

$R_2 = x_{\max} - x_{\min} = 79.5 - 65.5 = 14.00$

因为 $R_1 > R_2$，说明第一组学生的期末考试成绩的变异程度大于第二组，第二组学生的考试成绩比较集中。

【思维拓展 4-2-1】为便于进行比较，在计算极差时，一般比原始数据多保留一位有效数字。

2. 组距式数据的极差

组距式数据极差的计算公式如下：

$$R = 最大组的上限 - 最小组的下限 \quad (4\text{-}16)$$

其中，最大组的上限＝前一组的上限＋组距；最小组的下限＝后一组的下限－组距。

【观念运用 4-2-2】试计算表 4-1-7 所示的物业管理专业毕业生就业工资分组数据的极差。

解：由表 4-1-7 可以看出组距为 200 元，因此：

最大组的上限＝2300＋200＝2500(元)；

最小组的下限＝1300－200＝1100(元)。

则极差 R＝最大组的上限－最小组的下限＝2500－1100＝1400.00(元)。

用极差来测度数据的变异程度虽然简便，但其运用也受到限制，原因是极差只考虑了一组数据中的最大值与最小值,没有考虑所有数值的具体变动情况。因此,又发展了修正极差这一工具。

(三)修正极差

修正极差(Modified),也称为四分位差或四分位全距(Inter Quantile Range, IQR),是将数据分布两端的一些极端值去掉之后所得到的极差。它是数据分布中第25个与第75个百分位数的间距,即第1个和第3个四分位数之间的间距。修正极差的计算公式为:

$$IQR = Q_3 - Q_1 \tag{4-17}$$

式中 Q_3——第3个四分位数,也即第75个百分位数,$Q_3 = X_{[(75N/100)+1/2]}$;

Q_1——第1个四分位数,也即第25个百分位数,$Q_1 = X_{[(25N/100)+1/2]}$。

【观念运用4-2-3】试求观念运用4-2-1中第一组学生物业统计科目期末考试成绩的修正极差。

解:该组数据的观测值个数为8,代入修正极差的计算公式(4-17)有:

$$IQR = Q_3 - Q_1 = X_{[(75N/100)+1/2]} - X_{[(25N/100)+1/2]} = X_{[(75\times 8/100)+1/2]} - X_{[(25\times 8/100)+1/2]}$$
$$= X_{6.5} - X_{2.5} = 82.5 - 62.5 = 20$$

即学生物业统计期末考试成绩的修正极差为20分。

二、平均差

(一)什么是平均差

平均差(Mean Absolute Deviation)是一组数据中各个数值对其平均数的离差的绝对值的算术平均数,通常用 MAD 表示。

由于各个数值与其平均数的离差有正有负,会发生相互抵消,因此,在计算平均差时,采用离差的绝对值。平均差能综合反映一组数据中各数值的离散趋势。平均差越大,表示数据的差异程度越大,平均数的代表性也越差;平均差越小,表示数据的差异程度越小,平均数的代表性也越高。一般而言,总体的离差用$(X_i - \mu)$表示,而样本离差用$(X_i - \overline{X})$表示,这里主要介绍样本平均差的计算。

(二)如何计算平均差

根据数据资料的不同,平均差的计算方法也有所差别,主要有简单平均法和加权平均法两种。

1. 简单平均法

如果数据为未分组数据,则计算平均差的公式为:

$$MAD = \frac{\sum_{i=1}^{n} | X_i - \overline{X} |}{n} \tag{4-18}$$

式中 MAD——平均差;

X_i——数据的样本观测值；

$\overline{X}$——样本观测值的平均数；

n——样本容量。

【观念运用 4-2-4】某物业服务企业 9 名工作人员的年龄分别为 21、45、35、26、32、53、42、23、47。试计算这 9 名员工年龄的平均差。

解：此为未分组数据，因此可以采取简单平均法来计算平均差。

根据数据资料容易得知员工年龄的平均数 $\overline{X}$ 岁。可以得出如表 4-2-1 所示的员工年龄数据平均差计算表。

表 4-2-1 物管公司员工年龄数据平均差计算表($\overline{X}=36$)

X_i	$X_i-\overline{X}$	$\lvert X_i-\overline{X}\rvert$
21	−15	15
45	9	9
35	−1	1
26	−10	10
32	−4	4
53	17	17
42	6	6
23	−13	13
47	11	11
合计	—	86

将上述表格结果代入未分组数据平均差的计算公式，得到：

$$MAD=\frac{\sum_{i=1}^{n}\lvert X_i-\overline{X}\rvert}{n}=\frac{86}{9}=9.56(\text{岁})$$

因此，平均来说，该物管公司员工年龄与其平均数的差异为 9.56 岁。

2. 加权平均法

如果数据资料为分组数据，则需采用加权平均法来计算平均差，其计算公式为：

$$MAD=\frac{\sum_{i=1}^{n}\lvert M_i-\overline{X}\rvert f_i}{\sum_{i=1}^{n}f_i} \tag{4-19}$$

式中 MAD——平均差；

M_i——各组的组中值；

f_i——各组中数据出现的频数。

【观念运用 4-2-5】根据表 4-1-3 中所示的某物业服务企业 30 名员工工资的统计数据资料，试计算其平均差。

解：根据表 4-1-3，可以重新整理出如表 4-2-2 所示的平均差计算表。

表 4-2-2　某物业服务企业 30 名员工工资平均差计算表

月工资分组(元)	组中值 M_i	频数 f_i	每组总工资 $M_i f_i$(元)	$\|M_i-\overline{X}\|$	$\|M_i-\overline{X}\| f_i$
1320～1360	1340	3	4020	74.67	224.01
1360～1400	1380	7	9660	34.67	242.69
1400～1440	1420	13	18460	5.33	69.29
1440～1480	1460	5	7300	45.33	226.65
1480～1520	1500	2	3000	85.33	170.66
合计	—	30	42440	—	933.3

根据表 4-2-2 的统计结果，容易得出：

$$平均数\ \overline{X}=\frac{\sum_{i=1}^{n}M_i f_i}{\sum_{i=1}^{n}f_i}=\frac{42440}{30}=1414.67(元)$$

$$平均差\ MAD=\frac{\sum_{i=1}^{n}\mid M_i-\overline{X}\mid f_i}{\sum_{i=1}^{n}f_i}=\frac{933.3}{30}=31.11(元)$$

由计算结果显示，各组员工的工资与员工平均工资之间的平均差为 31.11 元。

平均差以平均值为中心，能全面准确地反映一组数据的离散趋势。但是平均差在计算时所采用的取离差绝对值以避免正负离差抵消的做法，使其不适合于代数方法的演算，其运用也受到限制。

三、方差和标准差

(一)什么是方差与标准差

方差(Variance)是指一组数据中各个数值与其平均数离差的平方的平均数；而标准差(Standard Deviation)是指方差的算术平方根，所以又称为均方差。其计量单位与平均数相同。

与平均差一样，方差和标准差也是根据各个数值对其平均数求得离差后进行计算的。但是与平均差不同的是，方差和标准差是通过求离差的平方来消除离差的正负的，在数学处理上比平均差更为合理。因此，方差和标准差被看做是测度数值型数据离散程度最主要、最常用的方法。

(二)如何计算方差和标准差

在统计学中，计算总体数据和样本数据的方差和标准差方法略有不同。

1. 如何计算总体方差和标准差

总体方差(Population Variance)和总体标准差一般用希腊字母σ^2和σ表示，总体平均数用μ表示，因此，总体离差为$(X_i-\mu)$。

根据所掌握的数据资料的不同，计算总体方差和标准差有简单平均法和加权平均法。

(1)简单平均法

如果所获得总体数据是未分组的，则采取简单平均法计算总体方差和标准差，公式为：

$$\sigma^2=\frac{\sum_{i=1}^{N}(X_i-\mu)^2}{N} \tag{4-20}$$

$$\sigma=\sqrt{\frac{\sum_{i=1}^{N}(X_i-\mu)^2}{N}} \tag{4-21}$$

式中 σ、σ^2——总体标准差和方差；

X_i——变量的总体观测值；

N——总体观测值的个数。

【观念运用4-2-6】若表4-2-1中所示的9名物业服务企业员工年龄的数据为总体数据，试计算总体的方差和标准差。

解：根据表4-2-1所列数据可知，9名员工年龄的平均数为：$\mu=\frac{\sum_{i=1}^{N}X_i}{N}=\frac{324}{9}=36$，由此可得如表4-2-3所示的物管员工年龄数据的方差和标准差计算表。

表4-2-3 物管员工年龄数据的方差和标准差计算表

X_i	$X_i-\mu$	$\lvert X_i-\mu\rvert$	$(X_i-\mu)^2$
21	−15	15	225
45	9	9	81
35	−1	1	1
26	−10	10	100
32	−4	4	16
53	17	17	289
42	6	6	36
23	−13	13	169
47	11	11	121
合计	—	86	1038

由于数据是未分组的，因此应运用式(4-20)、式(4-21)来分别计算总体方差和标准差，代入数据有：

$$\sigma^2=\frac{\sum_{i=1}^{N}(X_i-\mu)^2}{N}=\frac{1038}{9}=115.33;$$

$$\sigma=\sqrt{\frac{\sum_{i=1}^{N}(X_i-\mu)^2}{N}}=\sqrt{115.33}=10.74$$

(2)加权平均法

若所获得数据资料为分组数据，则必须运用加权平均法来计算方差和标准差，具体公式为：

$$\sigma^2=\frac{\sum_{i=1}^{k}(M_i-\mu)^2 f_i}{\sum_{i=1}^{k} f_i} \tag{4-22}$$

$$\sigma=\sqrt{\frac{\sum_{i=1}^{k}(M_i-\mu)^2 f_i}{\sum_{i=1}^{k} f_i}} \tag{4-23}$$

式中 M_i——各组的组中值；

f_i——各组中数值出现的频数；

k——数据被分成的组数。

【观念运用 4-2-7】若表 4-1-3 所示的某物业服务企业 30 名员工的工资数据资料为总体数据，试计算该数据的总体方差和标准差。

解：由表 4-1-3 所示的数据可得，30 名员工工资的平均数为：

$\mu=\frac{\sum_{i=1}^{n}M_i f_i}{\sum_{i=1}^{n} f_i}=\frac{42440}{30}=1414.67$，由此可得到如表 4-2-4 所示的物管公司员工工资方差和标准差计算表。

表 4-2-4 30 名物管公司员工工资方差和标准差计算表

月工资分组(元)	组中值 M_i(元)	频数 f_i	$\lvert M_i-\mu\rvert$	$(M_i-\mu)^2 f_i$
1320～1360	1340	3	74.67	16726.8267
1360～1400	1380	7	34.67	8414.0623
1400～1440	1420	13	5.33	369.3157
1440～1480	1460	5	45.33	10274.0445
1480～1520	1500	2	85.33	14562.4178
合计	—	30	—	50346.667

由于数据是分组数据，因此，需采用式(4-22)、式(4-23)来计算总体方差和标准差。代入相关数据有：

$$\sigma^2=\frac{\sum_{i=1}^{k}(M_i-\mu)^2 f_i}{\sum_{i=1}^{k}f_i}=\frac{50346.667}{30}=1678.22$$

$$\sigma=\sqrt{\frac{\sum_{i=1}^{k}(M_i-\mu)^2 f_i}{\sum_{i=1}^{k}f_i}}=\sqrt{1678.22}=40.97$$

2. 如何计算样本方差和标准差

在大多数统计实践中，我们得到的是样本数据。我们通常用样本方差和标准差来估计总体方差和标准差。在数学上可以证明，当样本观测值对其平均数离差的平方和除以$(n-1)$，而不是n时，样本方差和标准差就是总体方差和标准差的无偏估计，其中n为样本容量。一般用s^2和s分别表示样本方差和标准差；用$\overline{X}$表示样本平均数；则样本离差为$(X_i-\overline{X})$。

根据所获得数据资料的不同，计算样本方差和标准差的方法可以区分为简单平均法和加权平均法两种。

(1)简单平均法

对于未分组的原始数据，我们应用简单平均法计算样本方差和标准差，具体公式为：

$$s^2=\frac{\sum_{i=1}^{n}(X_i-\overline{X})^2}{n-1} \tag{4-24}$$

$$s=\sqrt{\frac{\sum_{i=1}^{n}(X_i-\overline{X})^2}{n-1}} \tag{4-25}$$

式中 X_i——样本观测值；

$\overline{X}$——样本均值；

n——样本容量。

【观念运用4-2-8】若表4-2-1中所示的9名物业服务企业员工年龄的数据为样本数据，试计算样本的方差和标准差。

解：根据表4-2-1中的计算结果，将数值分别代入式(4-24)和式(4-25)中得：

$$s^2=\frac{\sum_{i=1}^{n}(X_i-\overline{X})^2}{n-1}=\frac{1038}{9-1}=129.75$$

$$s=\sqrt{\frac{\sum_{i=1}^{n}(X_i-\overline{X})^2}{n-1}}=\sqrt{\frac{1038}{9-1}}=\sqrt{129.75}=11.39$$

(2)加权平均法

对于分组数据样本方差和标准差的计算，则应该采用加权平均法，计算公式如下：

$$s^2=\frac{\sum_{i=1}^{k}(M_i-\overline{X})^2 f_i}{\sum_{i=1}^{n} f_i-1} \tag{4-26}$$

$$s=\sqrt{\frac{\sum_{i=1}^{k}(M_i-\overline{X})^2 f_i}{\sum_{i=1}^{k} f_i-1}} \tag{4-27}$$

式中 M_i——所分各组的组中值；

f_i——各组中数值出现的频数；

k——样本数据被分成的组数。

其他符号的意义与前面相同。

【观念运用 4-2-9】 若表 4-1-3 所示的某物业服务企业 30 名员工的工资数据资料为样本数据，试计算该数据的样本方差和标准差。

解：该数据为分组数据，所以应采用加权平均法来计算样本方差和标准差。将表 4-2-4 中的计算结果代入式(4-26)和式(4-27)中，便可以得到：

$$s^2=\frac{\sum_{i=1}^{k}(M_i-\overline{X})^2 f_i}{\sum_{i=1}^{k} f_i-1}=\frac{50346.667}{30-1}=1736.09$$

$$s=\sqrt{\frac{\sum_{i=1}^{k}(M_i-\overline{X})^2 f_i}{\sum_{i=1}^{k} f_i-1}}=\sqrt{\frac{50346.667}{30-1}}=\sqrt{1736.09}=41.67$$

方差和标准差作为数据离散程度的测度指标，能准确地反映数据的离散程度。但与平均差相比，方差和标准差通过平方的方式消去离差的正负号，更加方便数学上的处理。方差和标准差也成为统计实践中运用最为广泛的离散程度测度指标。

四、离散系数

作为反映数据离散程度的指标，极差、平均差、方差和标准差的大小受到以下两个因素的影响：

第一，受到原数据本身大小的影响。一般而言，数据本身较大的，离散程度的测度值也较大；数据本身较小的，离散程度的测度值也较小。如果两组数据的平均数相差甚远，则不能用上述测度值比较其离散程度。

第二，受到数据计量单位的影响。极差、平均差、标准差与原始数据的计量单位是相同的，因此对于不同计量单位的数据，上述离散程度测度值也是不相同的。

因此，对于平均水平和计量单位不同的几组数据，就不能运用极差、平均差、方差以及标准差等指标来反映数据的离散程度。此时为比较数据离散程度的大小，就必须有一个能消除数据本身大小和计量单位对离散程度测定值影响的指标，而这个指标就是离散系数。

(一)什么是离散系数

离散系数(Coefficient of Variation)，也称为变异系数，是指一组数据的变异测度指标与其算术平均数之比。变异测度指标包括极差、平均差和标准差，相应的，离散系数也包括极差系数、平均差系数和标准差系数。其中标准差系数在统计实践中被广泛地运用。

离散系数的主要作用是对不同平均水平或计量单位的数据的离散程度进行比较。一般而言，离散系数大，说明数据的离散程度大；离散系数小，则说明数据的离散程度也小。

(二)如何计算离散系数

如上所述，离散系数通常是就标准差来计算的，也即标准差系数。其计算公式为：

$$\upsilon_{\sigma}=\frac{\sigma}{\mu}\text{或}\upsilon_{s}=\frac{s}{\overline{X}} \tag{4-28}$$

式中 υ_{σ}——总体离散系数；

υ_{s}——样本离散系数。

【观念运用 4-2-10】某高校物业管理专业 09 级有两个班级，其中(1)班学生的平均身高为 168.13 厘米，标准差为 6.54 厘米；(2)班学生身高的分组数据资料如表 4-2-5 所示。试比较两个班级学生平均身高的代表性。

表 4-2-5 物业管理专业学生身高分组数据以及离散系数计算表

身高分组（厘米）	学生数（人）	组中值	每组总身高（厘米）	离差的绝对值	离差的平方	离差的平方乘以学生数
155～160	7	157.5	1102.5	11.47	131.5609	920.9263
160～165	14	162.5	2275	6.47	41.8609	586.0526
165～170	17	167.5	2847.5	1.47	2.1609	36.7353
170～175	26	172.5	4485	3.53	12.4609	323.9834
175～180	9	177.5	1597.5	8.53	72.7609	654.8481
180～185	2	182.5	365	13.53	183.0609	366.1218
合计	75	—	12672.5	—	—	2888.6675

解：已知该数据为分组数据，根据表 4-2-5 中所示的计算结果，有：

(2)班学生的平均身高：$\mu=\dfrac{\sum\limits_{i=1}^{k}M_i f_i}{\sum\limits_{i=1}^{k}f_i}=\dfrac{12672.5}{75}=168.97$(厘米)

(2)班学生身高的标准差：$\sigma=\sqrt{\dfrac{\sum\limits_{i=1}^{k}(M_i-\mu)^2 f_i}{\sum\limits_{i=1}^{k}f_i}}=\sqrt{\dfrac{2888.6675}{75}}=6.21$(厘米)

因此有：(1)班学生身高的标准差系数：$\upsilon_1=\dfrac{\sigma}{\mu}=\dfrac{6.54}{168.13}=0.0389$

(2)班学生身高的标准差系数：$\upsilon_2=\dfrac{\sigma}{\mu}=\dfrac{6.21}{168.97}=0.0368$

计算结果 $\upsilon_1>\upsilon_2$，表明(1)班学生身高的离散程度大于(2)班学生身高的离散程度，(2)班学生身高的平均值更具有代表性。

五、几种离散程度测度指标适用对象的比较

反映数据离散程度的各个测度值具有不同的适用对象，具体而言：

(1)对于顺序数据，主要运用四分位差来测度其离散程度；

(2)对于数值型数据，虽然可以运用极差和平均差，但主要还是运用方差和标准差来测度其离散系数；

(3)对于不同平均水平或计量单位的数据，则运用离散系数来测度其离散程度。

因此，我们应该根据所获数据资料的类型以及研究目的来选择合适的测度指标，以便正确反映数据的离散程度。

任务三　测定数据分布的偏态和峰态

【任务导入】

根据表 4-1-1 所示的调研数据资料，试确定该住宅小区 300 名业主家庭人均月消费支出数据的分布。

(1)是否正态分布？如不是，是属于左偏分布还是右偏分布？

(2)试判断其扁平程度如何。

【任务分析】

要判断一组数据是否属于正态、左偏或者右偏分布以及分布的扁平程度，就需要知道描述数据分布形状的测度指标。前面学习过统计指标都只能测度一组数据的集中趋势和离散程度，而不能测定其分布形状。因此，必须要有其他的指标来衡量。在统计学中，往往用数据的偏态和峰态来测度数据的分布形状。

【相关知识链接】

要全面了解数据分布的整体特征，仅仅测度了数据的集中趋势和离散程度是远远不够的。我们往往还需要知道数据分布的形状，如扁平程度、是否对称，如不对称，倾斜的程度多大等。本节介绍的偏态和峰态就是描述数据分布形状的测度指标。

一、偏态及其计算

偏态是测度数据分布是否对称的指标，这一概念最先由统计学家 Pearson 于 1985 年提出来。

所谓偏态，是指数据分布的不对称性，其度量值则称为偏态系数。

在介绍数据集中趋势的测度指标时，我们知道，通过均值、中位数和众数三者之间的关系可以大致判断出数据分布是对称、左偏还是右偏。也就是说，要判断数据分布偏态的方向并不难，但要是测度偏态的程度，则需要计算其偏态系数(SK)。

偏态系数的计算方法因数据资料的不同而有所差别。

(一)未分组数据偏态系数的计算

未分组数据偏态系数的计算公式为：

$$SK=\frac{n\sum_{i=1}^{n}(X_i-\overline{X})^3}{(n-1)(n-2)s^3} \tag{4-29}$$

式中　$\overline{X}$——样本均值；

X_i——样本观测值；

n——样本容量；

s——样本标准差。

偏态系数是测度数据分布对称性的指标。若偏态系数 $SK=0$，说明数据分布是对称的；若偏态系数 $SK\neq 0$，则说明数据分布是非对称的。

【观念运用 4-3-1】试计算表 4-2-1 中所示 9 名物业服务企业员工年龄数据分布的偏态系数，判断其分布是对称、左偏还是右偏。

解：根据已有的计算结果可知，这 9 名物管公司员工年龄的平均数为 $\overline{X}=36$ 岁，标准差 $s=11.39$。因此，很容易得到如表 4-3-1 所示的员工年龄数据分布的偏态系数计算表。

表 4-3-1　9 名物管公司员工年龄数据分布偏态系数计算表

X_i	$X_i-\overline{X}$	$\lvert X_i-\overline{X}\rvert$	$(X_i-\overline{X})^3$
21	−15	15	3375
45	9	9	729
35	−1	1	1
26	−10	10	1000
32	−4	4	64
53	17	17	4913
42	6	6	216
23	−13	13	2197
47	11	11	1331
合计	—	86	552

因数据并未分组，因此，应该采用公式(4-29)进行计算，将已知数据代入得：

$$SK=\frac{n\sum_{i=1}^{n}(X_i-\overline{X})^3}{(n-1)(n-2)s^3}=\frac{9\times 552}{(9-1)\times(9-2)\times 11.39^3}=0.06$$

由计算结果可以看出，工资数据带有略微的右偏，但是偏态系数的值非常小，可认为数据的分布近似为对称的。

(二)分组数据偏态系数的计算

分组数据偏态系数的计算公式如下：

$$SK=\frac{\sum_{i=1}^{k}(M_i-\overline{X})^3 f_i}{\sum_{i=1}^{k}f_i s^3} \tag{4-30}$$

式中　$\overline{X}$——样本均值；

M_i——所分各组的组中值；

f_i——各组中数据出现的频数；

k——所分的组数；

s——样本标准差。

由公式(4-30)可以看出，分组数据的偏态系数是离差三次方的平均数再除以标准差的三次方。因此：

(1)若数据分布是对称的，则离差的三次方后正负可以相互抵消，因此有 $SK=0$。

(2)若数据的分布是非对称的，则离差的三次方后正负不能完全抵消，又有两种情况：

1)若离差三次方的平均数为正，则 SK 为正，表示正偏离差值较大，数据表现为正偏或右偏；

2)若离差三次方的平均数为负，则 SK 为负，表示负偏离差值较大，数据表现为负偏或左偏。

总之，SK 的数值越大，代表数据偏斜的程度越明显。

【观念运用 4-3-2】试计算表 4-1-3 中所示的 30 名物业服务企业员工工资数据分布的偏态系数。

解：根据表 4-1-3 所列数据，容易得到如表 4-3-2 所示的员工工资偏态系数计算表。

表 4-3-2　30 名物管公司员工工资数据分布偏态系数计算表

月工资分组(元)	组中值 M_i(元)	频数 f_i	$M_i-\overline{X}$	$(M_i-\overline{X})^3 f_i$
1320～1360	1340	3	−74.67	−1248992.14968
1360～1400	1380	7	−34.67	−291715.539941
1400～1440	1420	13	5.33	1968.452681
1440～1480	1460	5	45.33	465722.437185
1480～1520	1500	2	85.33	1242611.11087
合计	—	30	—	169594.311109

根据前面的计算结果有，员工工资的平均数 $\overline{X}=1414.67$，标准差 $s=41.67$。代入分组数据偏态系数的计算公式(4-30)中有：

$$SK=\frac{\sum_{i=1}^{k}(M_i-\overline{X})^3 f_i}{\sum_{i=1}^{k} f_i s^3}=\frac{169594.311109}{30\times 41.67^3}=0.078$$

由计算结果 $SK=0.078$ 可知，偏态系数非常小，接近于 0，可以认为这 30 名物管公司员工工资数据的分布是对称的。

二、峰态及其计算

峰态这一概念最早也是由统计学家 Pearson 于 1905 年首次提出的，它是数据分布尖峰和扁平程度的测度指标。

所谓峰态(Kurtosis)是指数据分布的尖峰或扁平程度，其度量值为峰态系数，通常用符号 K 表示。

峰态通常是与正态分布相比较而言的。根据峰态判断数据分布扁平程度的依据如下：

(1)若峰态系数的值 $K=0$，则数据的分布服从标准正态分布；

(2)若峰态系数的值 $K<0$，则数据分布为平峰分布；

(3)若峰态系数的值 $K>0$，则数据分布为尖峰分布。

对峰态系数我们只做概念性的了解，其具体计算方法在本书中将不予以介绍，有兴趣的读者可以参考其他教材中的相关内容。

本模块小结

本学习模块的主要内容为如何测定数据分布的集中趋势、离散趋势、偏态与峰态。

1. 描述一组数据集中趋势的测度指标主要有平均数、中位数和众数三种。其中，平均数有算术平均数、调和平均数与几何平均数之分。通过对平均数、中位数与众数之间的比较，可以判断出数据偏态的方向。

2. 描述一组数据离散趋势的测度指标主要包括极差、平均差、方差、标准差和离散系数。其中，方差和标准差因为采取对离差求平方的方式消除正负号的影响，便于数学上的处理，因此，成为现实中运用最为广泛的离散程度测度指标。

3. 描述数据分布形状的测度指标主要是偏态系数和峰态系数。偏态系数主要测度数据分布是否对称；而峰态系数测度数据分布的扁平程度。

4. 所获数据资料不同，计算上述测度指标的方法也有所不同。在统计实践中，应具体问题具体分析。

5. 上述测度指标都有各自的适用对象，在实践中，我们应根据所获得的数据类型以及分析的目的来合理选择合适的测度指标来反映数据的集中趋势、离散趋势、偏态和峰态。

关键概念

算术平均数　Arithmetic mean　　调和平均数　Harmonic mean

几何平均数 Geometric mean 中位数 Median 众数 Mode

极差 Range 平均差 Mean absolute deviation 方差 Variance

标准差 Standard deviation 离散系数 Coefficient of variation

偏态 Skewness 峰态 Kurtosis

复习思考题

一、填空题

1. 算术平均数也称为平均值，是将一组数据中的（ ）除以该组数据的个数所得到的数值。

2. 描述数据分布的集中趋势有（ ）、（ ）和众数三种。

3. 调和平均数是指各个（ ）的算术平均数的倒数，因此，也称为倒数平均数，通常用符号（ ）表示。

4. 中位数是一个（ ）代表值，主要适用于测度数据的（ ）。

5. 众数是指在一组数据中（ ）那个数值，一般用（ ）表示。

二、判断题

1. 均值利用了全部的数据信息，具有良好的数学性质，是运用最为广泛的数据集中趋势测度值。（ ）

2. 极差(Range)又称为全距，是指一组数据中最大值与最小值的差，通常用符号 R 表示。（ ）

3. 方差(Variance)是指一组数据中一个数值与其平均数离差的平方的平均数。（ ）

4. 所谓偏态，是指数据分布的不对称性，其度量值则称为偏态系数。（ ）

5. 峰态这一概念最早也是由统计学家 Pearson 于 1905 年首次提出的，它是数据分布尖峰和扁平程度的测度指标。（ ）

三、简答题

1. 极差、平均差、方差和标准差的大小受到哪两个因素的影响？

2. 简述什么是简单算术平均数。

3. 简述离散系数的主要作用。

4. 试简述各个离散程度测度指标的适用对象。

5. 试简单叙述简单算术平均数在实际运用中的缺陷。

四、计算题

1. 某物业服务企业在珠海市承接了 10 个物业项目，各物业项目管理处 2009 年的营业收入与利润额的数据如下表所示。

附表1　某物业服务企业10个物业管理处2009年营业收入与利润数据　单位:万元

管理处编号	营业收入	利润	管理处编号	营业收入	利润
01	362.1	35.4	06	564.2	54.9
02	894.4	87.5	07	753.8	76.5
03	186.3	20.2	08	681.7	62.5
04	289.5	25.8	09	485.3	47.8
05	1008.6	90.6	10	984.2	78.5

根据以上数据资料,试比较以上营业收入与利润额的离散程度大小。

2. 某物业服务企业2009年12月份员工所发奖金的分组数据资料如下表所示。

附表2　某物业服务企业员工奖金分组数据

按奖金数额分组(元)	员工人数	按奖金数额分组(元)	员工人数
200以下	60	350～400	210
200～250	120	400～450	170
250～300	190	450～500	150
300～350	240	500以上	140

试根据以上数据资料,计算该物业服务企业所有员工所发奖金的平均数、众数和中位数,并绘制分布曲线图,观察平均数、众数和中位数的位置,判断该分布属于对称分布、左偏分布还是右偏分布。

3. 某物业管理专业学生参加物业统计科目期末考试成绩的优秀率和及格率分别为18%和93%,试分别计算优秀率和及格率分布的方差和标准差。

五、实训题

由学生自愿组成小组,每小组成员控制在5～8人,在自己所在学校开展"学生月消费支出情况"调查。要求:

(1)自行设计统计调查的组织方法;

(2)至少收集不少于200名学生的月消费支出数据;

(3)根据所收集的原始数据,计算其平均数、众数和中位数,绘制其分布曲线,判断其属于对称分布、左偏分布还是右偏分布;

(4)计算所获得数据的极差、平均差、方差、标准差和离散系数,判断其离散程度;

(5)提交一份统计调查报告,对您所在学校学生的月平均消费支出的分布情况进行说明。

学习模块五　时间序列分析

开篇导读

以下案例节选自国家统计局于 2010 年 1 月 19 日在官方网站上发表的我国 2009 年房地产市场运行情况的报告。通过该报告，我们对 2009 年全国房地产市场能有大致的了解。

2009 年全国房地产市场运行情况

一、房地产开发完成情况

2009 年，全国完成房地产开发投资 36232 亿元，比上年增长 16.1%。其中，商品住宅完成投资 25619 亿元，增长 14.2%，占房地产开发投资的比重为 70.7%。

2009 年，全国房地产开发企业房屋施工面积 31.96 亿平方米，比上年增长 12.8%；房屋新开工面积 11.54 亿平方米，增长 12.5%；房屋竣工面积 7.02 亿平方米，增长 5.5%。其中，住宅竣工面积 5.77 亿平方米，增长 6.2%。

2009 年，全国房地产开发企业完成土地购置面积 31906 万平方米，比上年下降 18.9%；完成土地开发面积 23006 万平方米，下降 19.9%。

二、商品房销售情况

2009 年，全国商品房销售面积 93713 万平方米，比上年增长 42.1%。其中，商品住宅销售面积增长 43.9%；办公楼销售面积增长 30.8%；商业营业用房销售面积增长 24.2%。2009 年，商品房销售额 43995 亿元，比上年增长 75.5%。其中，商品住宅销售额增长 80.0%，办公楼和商业营业用房销售额分别增长 66.9%和 45.5%。

三、房地产开发企业资金来源情况

2009 年，房地产开发企业本年资金来源 57128 亿元，比上年增长 44.2%。其中，国内贷款 11293 亿元，增长 48.5%；利用外资 470 亿元，下降 35.5%；企业自筹资金 17906 亿元，增长 16.9%；其他资金 27459 亿元，增长 71.9%。在其他资金中，定金及预收款 15914 亿元，增长 63.1%；个人按揭贷款 8403 亿元，增长 116.2%。

四、70 个大中城市房屋销售价格指数

12 月份，全国 70 个大中城市房屋销售价格同比上涨 7.8%，涨幅比 11 月份扩大

2.1个百分点;环比上涨1.5%,涨幅比11月份扩大0.3个百分点。

新建住宅销售价格同比上涨9.1%,涨幅比11月份扩大2.9个百分点;环比上涨1.9%,涨幅比11月份扩大0.4个百分点。

分类型看,与上年同月相比,经济适用房销售价格上涨0.8%;商品住宅销售价格上涨10.1%,其中普通商品住宅销售价格上涨11.0%,高档住宅销售价格上涨7.2%。与上月相比,经济适用房销售价格上涨0.1%;商品住宅销售价格上涨2.2%,其中普通商品住宅销售价格上涨2.4%,高档住宅销售价格上涨1.3%。

分套型看,90平方米及以下的新建住宅销售价格同比上涨11.6%,环比上涨2.0%。

分地区看,与上年同月相比,新建住宅销售价格上涨的城市有69个,其中涨幅最大的5个城市是:广州19.9%、金华14.9%、深圳14.3%、海口13.4%、北京13.2%;价格下降的城市有1个:唐山下降2.0%。

与上月相比,新建住宅销售价格上涨的城市有66个,其中涨幅最大的5个城市是:三亚5.1%、北京4.5%、温州4.1%、海口3.3%、蚌埠3.1%;价格下降的城市有1个:锦州微降0.1%。

二手住宅销售价格同比上涨6.8%,涨幅比11月份扩大1.3个百分点;环比上涨1.0%,涨幅比11月份扩大0.4个百分点。

分地区看,与上年同月相比,二手住宅销售价格上涨的城市有69个,其中涨幅最大的5个城市是:深圳23.9%、温州19.2%、杭州13.9%、厦门13.2%、金华12.1%;价格下降的城市有1个:唐山下降1.8%。

与上月相比,二手住宅销售价格上涨的城市有60个,其中涨幅最大的5个城市是:三亚3.3%、惠州2.6%、吉林2.4%、海口2.3%、厦门2.0%;价格下降的城市有1个:昆明微降0.1%。

新建非住宅销售价格同比上涨4.3%,涨幅比11月份扩大0.3个百分点;环比上涨0.6%,涨幅比11月份缩小0.3个百分点。

与上年同月相比,办公楼销售价格上涨6.4%,商业营业用房销售价格上涨2.7%,其他用房销售价格上涨4.1%。与上月相比,办公楼销售价格上涨0.6%,商业营业用房销售价格上涨0.6%,其他用房销售价格上涨0.3%。

四季度,全国70个大中城市房屋销售价格同比上涨5.8%,其中新建住宅销售价格上涨6.4%,二手住宅销售价格上涨5.6%;房屋租赁价格与上年同期价格持平;物业管理价格同比上涨0.4%;土地交易价格同比上涨13.8%,其中住宅用地交易价格同比上涨19.4%。

以上统计报告中,哪些属于动态分析指标?以上各种指标值是如何计算得到的?其经济含义又是什么?要回答所有这些问题,就必须学习本模块的知识。本学习模块主要讲述时间序列的有关问题。

知识目标

通过本学习模块的学习，主要应该掌握以下一些主要知识点：

1. 了解时间序列的概念、构成要素、作用、种类及其编制时应遵循的原则；
2. 掌握对时间序列进行水平分析的各种主要指标的概念、计算方法及其相互之间的关系与换算；
3. 掌握对时间序列进行速度分析的四个主要指标的概念、计算方法及其相互之间的关系与换算；
4. 了解时间序列的四大影响因素以及影响因素作用的加法模型和乘法模型；
5. 掌握时间序列长期趋势分析的三种方法以及季节变动的测定方法。

能力目标

通过本学习模块的学习，主要应培养以下几项基本技能：

1. 根据统计调查数据资料，能够编制出符合要求的时间序列；
2. 对于给定的时间序列，能够计算各个水平分析指标的数值，对其进行水平分析；
3. 对于给定的时间序列，能够运用适当的方法，计算各个速度测度指标的数值，进行速度分析；
4. 能够根据乘法模型，对给定的时间序列，采取适当的方法测定其长期趋势和对其进行季节变动分析与循环变动分析。

任务一　时间序列数据认知与编制

【任务导入】

利用课余时间，深入物业服务行业进行调研或利用相关的统计出版物或网络资源，搜集与物业管理有关的数据资料，并编制成时间序列，分析该时间序列的类型。

【任务分析】

时间序列是由特定变量在不同时间上的观测值按照时间先后顺序排列而成的数列。按照观测值表现形式的不同，时间序列可以分为绝对数时间序列、相对数时间序列以及平均数时间序列三种，而绝对数时间序列又有时期序列和时点序列之分。

在编制时间序列时，一定要注意保持序列中各观测值之间具有可比性。

【相关知识链接】

一、时间序列概述

(一)什么是时间序列

时间序列是指将特定变量在不同时间上的统计观察值按照时间先后顺序排列所形成的数列,又称为动态数列或时间数列。时间数列反映了特定变量随时间发展变化的过程和特点,是研究其发展趋势和规律性及科学决策的重要依据。表 5-1-1 所示的我国 1997—2007 年间房地产开发企业的个数数据就是一个典型的时间序列。

表 5-1-1　我国 1997—2007 年间房地产开发企业个数时间序列

年份	房地产开发企业个数	年份	房地产开发企业个数
1997	21286	2003	37123
1998	24378	2004	59242
1999	25762	2005	56290
2000	27303	2006	58710
2001	29552	2007	62518
2002	32618	—	—

(资料来源:中华人民共和国国家统计局网站,www.stats.gov.cn。)

由表 5-1-1 可以看出,时间序列由两个基本的要素构成,一是变量所属的时间,如表中的 1997、1998 等;二是变量在各个时间上所取得的统计观察值,如表中我国 1997—2007 年间房地产开发企业的个数。

(二)时间序列有何用途

在现实的统计工作中,时间序列是使用频率极高且极重要的一类数据,其广泛运用于以下领域:

(1)描述特定变量发展变化的过程和结果;

(2)通过动态分析,研究特定变量发展变化的趋势、速度及其规律性;

(3)运用已取得的统计数据,预测特定变量在未来的取值;

(4)对具有相互联系的时间序列进行对比分析和相关分析。

二、时间序列的划分

时间序列多种多样,依据不同的标准及研究目的,可以进行不同的划分。统计实践中最常见的做法是,依据统计观察值表现形式的不同,将其分为绝对数时间序列、相对数时间序列和平均数时间序列三种。其中,绝对数时间序列是最为基本的。

(一)绝对数时间序列

所谓绝对数时间序列,又称为总量指标时间序列,是指将特定变量的总量指标在不同时间上的统计观察值按照时间的先后顺序排列所形成的数列。它反映了被研究变量的水平或规模随时间变化的情况。它反映了被研究现象在各个时期(或时点)所达到的规模或水平。表 5-1-2 所示的 1990—2007 年间我国城镇居民家庭人均可支配收入数据就是绝对数时间序列。

表 5-1-2 我国 1990—2007 年间城镇居民家庭人均可支配收入与恩格尔系数

年份	可支配收入(元)	恩格尔系数	年份	可支配收入(元)	恩格尔系数
1990	1510.2	54.24	1999	5854.02	42.1
1991	1700.6	53.8	2000	6280.0	39.4
1992	2026.6	53.0	2001	6859.6	38.2
1993	2577.4	50.3	2002	7702.8	37.7
1994	3496.2	50.0	2003	8472.2	37.1
1995	4283.0	50.1	2004	9421.6	37.7
1996	4838.9	48.8	2005	10493.0	36.7
1997	5160.3	46.6	2006	11759.5	35.8
1998	5425.1	44.7	2007	13785.8	36.3

(资料来源:中华人民共和国国家统计局网站,www.stats.gov.cn。)

根据观察值所属时间状况的不同,可以将绝对数时间序列分为时期序列和时点序列两种。

1. 时期序列

时期序列是指反映被研究现象在一段时期内发展过程的总量的绝对数时间序列。它反映了被研究现象在某一段时期内发展变动的总量或绝对水平。如表 5-1-2 所示的居民家庭人均可支配收入数据即为时期序列。

时期序列一般具有如下几个主要特征:

(1)序列中各观测值可以相加,相加之和反映了被研究现象在一段时期内的累计总量。

(2)时期序列中各观测值的大小与其所对应的时期长短有直接的关系。一般而言,时期越长,观测值越大;时期越短,则观测值就越小。

(3)时期序列中的各观测值都是通过连续登记的方式取得的。

2. 时点序列

时点序列是指反映被研究现象在某一时点(瞬间)上的状况及其水平的绝对数时间序列。它反映的是被研究现象在某一时点达到的水平,如表 5-1-3 所示。

表 5-1-3　万科 A 2010 年 3 月 5 日至 2010 年 3 月 22 日收盘价数据　　单位:元

日期	收盘价	日期	收盘价	日期	收盘价
3 月 5 日	9.36	3 月 11 日	9.50	3 月 17 日	9.44
3 月 8 日	9.39	3 月 12 日	9.36	3 月 18 日	9.54
3 月 9 日	9.62	3 月 15 日	9.24	3 月 19 日	9.62
3 月 10 日	9.48	3 月 16 日	9.27	3 月 22 日	9.52

与时期序列相比,时点序列具有如下特征:

(1)序列中各观测值不具有可加性,即使相加也没有任何实际经济意义;

(2)时点序列中各观测值的大小与其所对应的时点没有直接关系;

(3)时点序列中的各观测值都是在某一时点或瞬间通过一次性登记取得的。

【观念运用 5-1-1】找出现实经济生活中存在的其他一些绝对数时间序列的例子,并判断其属于时期序列还是时点序列,在课堂上与任课老师或同学交流,加强认识。

(二)相对数时间序列

相对数时间序列,也称为相对指标序列,是指将同一相对指标在不同时间上的数值按照时间的先后顺利排列所形成的数列。它主要用于反映被研究现象总体内部的数量结构或对比关系的发展变化过程。如表 5-1-2 中所示的我国 1990—2007 年的恩格尔系数数据资料就是相对数时间序列。应该注意的是,相对数时间序列中的各观测值是不能相加的。

【观念运用 5-1-2】试列举出其他一些相对数时间序列的例子,看看其各观测值相加是否具有现实意义。

(三)平均数时间序列

平均数时间序列是指将同一系列的平均数在不同时间上的数值按照时间的先后顺序排列所形成的数列。它主要反映被研究现象在某一段时间内的一般水平的发展变化趋势。如表 5-1-4 所示的某物业服务企业 2001—2009 年员工月平均工资数据就是平均数时间序列。

表 5-1-4　某物业服务企业 2001—2009 年员工月平均工资数据　　单位:元

年份	月平均工资	年份	月平均工资	年份	月平均工资
2001	980.5	2004	1530.9	2007	2148.3
2002	1123.8	2005	1621.4	2008	2088.6
2003	1204.7	2006	1858.2	2009	2568.4

应该特别注意的是,平均数时间序列中的各观测值也是不能相加的,因为其相加没有任何实际经济意义。

【观念运用 5-1-3】试列举出其他一些平均数时间序列的例子，看看其各观测值相加是否具有现实意义。

三、编制时间序列时应遵循哪些原则

编制时间序列的目的在于进行数据的动态分析，通过不同时间上观测值的对比来研究客观现象的发展变化规律或趋势。因此，保证时间序列中各观测值之间的可比性是编制时间序列时应该遵循的最基本的原则。为实现可比性，则必须达到以下要求。

(一)数据所对应的时间长短应一致

这一要求是为了保证时间的可比性。在时期序列中，观测值的大小往往与其相应的时间长短有直接关系。因此，对同一时期序列而言，各观测值所对应的时间长短应保持一致。在时点序列中，各观测值所对应的时点之间的间隔应尽量相等，以便于对各观测值进行对比分析。

(二)数据说明的总体范围应该一致

这一要求是为了保证范围的可比性。观测值的大小与被研究现象所属的总体范围有直接的关系。随着时间的转移，被研究现象所属的空间范围有可能发生变化，从而造成时间序列的前后观测值之间不能直接进行对比。此时，就有必要适当地调整指标的口径，以使总体范围一致，并在此基础上观察现象在不同时间上的变化过程。

(三)数据所指的经济内容应该一致

这一要求是为了实现内容的可比性。随着时间的推移，时间序列中的指标会出现名称不变，但是其所指的经济内容或含义却发生变化的情况。此时如果不注意，就难免会得出错误的结果。因此，在编制时间序列时，我们不仅应注意指标的名称，更应该注意其经济内容或含义。

(四)数据的计算方法和计算口径应保持一致

这一要求是为了保证计算方式的可比性。在时间序列中，各项指标的计算方法、计算口径等必须前后一致、保持不变，以利于序列中前后观测值的纵向比较。

四、时间序列的分析方法

对时间序列的分析一般包括两个方面的内容，一个方面是对时间序列进行动态指标分析；另一方面是对时间序列进行趋势分析。

所谓时间序列的动态指标分析，是指利用时间序列的动态分析指标，来分析客观现象发展变化过程的数量特征的分析方法。这里所使用的动态指标又可以分为两类：一类是动态水平指标，主要是发展水平、平均发展水平、增长量以及平均增长量；另一类是动态速度指标，主要包括发展速度、增长速度、平均发展速度以及平均增长速度等。

时间序列的趋势分析是指通过研究客观现象的变化规律和发展趋势，预测客观现象的未来数量特征的分析方法。趋势分析主要有移动平均法、数学模型法、指数平滑法、季节变动分析法以及循环变动分析法等。

任务二 如何对时间序列数据进行水平分析

【任务导入】

某房地产开发企业为了研究2006—2009年间各个季度的员工人数及每年总产值的变化情况，收集了该段时间内的相关数据，如表5-2-1所示。

表5-2-1 某房地产开发企业2006—2009年各季度末员工人数 单位：人

年份	第一季度	第二季度	第三季度	第四季度
2006	306	308	310	314
2007	316	318	321	328
2008	324	324	328	334
2009	360	362	372	380

此外，根据以往的调查结果显示：2005年第四季度末的员工人数为300人，且2006—2009年每年的总产值分别为800万元、980万元、1980万元及2700万元。

试根据以上数据资料，完成以下问题：

(1)计算该房地产开发企业该段时间内的年平均员工人数；

(2)计算该房地产开发企业该段时间内的年平均劳动生产率；

(3)计算该房地产开发企业该段时间内总产值的增长情况，并说明其增长的原因。

【任务分析】

该问题显然属于时间序列的水平分析。进行水平分析的主要指标包括发展水平、平均发展水平、增长量及平均增长量四个。

平均发展水平也称为序时平均数或动态平均数，是指时间序列中各个时间上的发展水平的平均数，其具体计算方法因时间序列类型的不同而有所差别。根据前文介绍的知识可知，时间序列有三种：绝对数时间序列、相对数时间序列及平均数时间序列。在本任务中，第(1)及第(2)问分别是求绝对数时间序列及平均数时间序列的平均发展水平。对于绝对数时间序列而言，任务中所示的时间序列为等间隔时点序列，因此，可以采取“首末折半法”来计算其平均发展水平；对于相对数时间序列而言，只要求得分子及分母时间序列的平均发展水平，再将二者进行比较便可以得到结果。

增长量也称为增减量，是指时间序列在一定时期内增长的绝对数量。它又可以分为累计增长量与逐期增长量两种。累计增长量是报告期水平与基期水平之间的差值；而逐期增长量是报告期水平与其前一期发展水平之间的差值。累计增长量与逐期增长量两者之间是可以相互换算的。

【相关知识链接】

时间序列的水平分析是速度分析的基础和前提，其分析指标主要包括发展水平、平均发展水平、增长量和平均增长量四个。

一、发展水平

发展水平是指时间序列中各项指标的具体观测值，一般用字母 α 表示。发展水平是时间序列两个构成因素之一，也是计算其他时间序列动态分析指标的基础，反映了客观现象在不同时间上所达到的规模或水平。根据时间序列的概念，发展水平既可以用绝对数表示，也可以用相对数表示。如表 5-1-4 中各年份物业服务企业员工的月工资就是发展水平。

根据其在时间序列中所处的位置与分析中作用的不同，发展水平有最初水平、最末水平、中间水平、基期水平与报告期水平之分。在时间序列 $\alpha_0,\alpha_1,\alpha_2,\cdots,\alpha_{n-1},\alpha_n$ 中，α_0 即为最初水平，α_n 即为最末水平，其余各项 $\alpha_1,\alpha_2,\cdots,\alpha_{n-1}$ 即为中间水平。在动态分析中，通常将所研究时期的发展水平称为报告期水平或计算期水平，而将用于比较的基础时间的发展水平称为基期水平。

应该注意的是，上述各种水平的概念是相对的，会随着研究目的的不同而不同。

二、平均发展水平

(一)平均发展水平概述

1. 什么是平均发展水平

平均发展水平也称为序时平均数或动态平均数，是指时间序列中各个时间上发展水平的平均数，通常用字母 $\bar{\alpha}$ 表示。它能从动态上反映客观现象在某段时间内发展变化的一般水平。

2. 平均发展水平与均值的比较

平均发展水平与前面所学的描述静态数据集中趋势的指标——均值既有相同之处，又有明显的区别。

(1)两者的相同之处

两者的共同点是都将数据中个别观测值引起的差异抽象化，概括反映出客观现象所能达到的一般水平。

(2)两者的区别

两者之间的区别是非常明显的，主要表现在以下几个方面：

1)平均发展水平是时间序列中各个时期发展水平的平均；而静态数据中的均值

是总体中各单位在同一时期的标志值的平均值。

2)平均发展水平是从动态上反映被研究现象在某段时间内的一般水平；而静态数据中的均值是从静态上反映被研究现象在某一空间范围内的一般水平。

3)平均发展水平适用于时间序列；均值则适用于静态数据。

(二)各种时间序列平均发展水平的计算

由前一节的介绍可知，时间序列可以分为绝对数时间序列、相对数时间序列以及平均数时间序列三种。对于不同的时间序列，其平均发展水平的计算方法也是不同的。

1. 绝对数时间序列平均发展水平的计算

绝对数时间序列有时期序列与时点序列之分，且两者具有不同的特征，因此，其平均发展水平的计算方法也有所区别。

(1)时期序列的平均发展水平

因为时期序列中各发展水平具有可加性，因此，可以采用简单算术平均法计算其平均发展水平。其计算公式为：

$$\bar{\alpha}=\frac{\alpha_1+\alpha_2+\cdots+\alpha_n}{n}=\frac{\sum_{i=1}^{n}\alpha_i}{n} \tag{5-1}$$

式中 $\bar{\alpha}$——平均发展水平；

α_i——时期序列各时期的发展水平；

n——发展水平的个数。

【观念运用 5-2-1】试根据表 5-1-2 中所示的数据资料，计算我国 1990—2007 年间城镇居民家庭人均可支配收入的平均发展水平。

解：因为该数据资料为时期序列，因此可以采用式(5-1)计算平均发展水平，即：

$$\bar{\alpha}=\frac{\alpha_1+\alpha_2+\cdots+\alpha_n}{n}=\frac{\sum_{i=1}^{n}\alpha_i}{n}=\frac{111646.82}{18}=6202.1(\text{元})$$

(2)时点序列的平均发展水平

由于时点序列中各个发展水平之间不具有可加性，因此其平均发展水平的计算方法与时期序列有所区别。

根据发展水平的排列是否连续，时点序列有连续时点序列与间隔时点序列之分。不同类型的时点序列，其平均发展水平的计算方法也不同，现分别介绍如下。

1)连续时点序列

连续时点序列是指对各个时点上的发展水平逐个登记、连续排列所形成的时点序列。它又具有两种情形。

①各发展水平按时间顺序排列，未经任何分组

对于这种情形，可以采用简单算术平均法计算其平均发展水平。其计算公式为：

$$\bar{\alpha}=\frac{\alpha_1+\alpha_2+\cdots+\alpha_n}{n}=\frac{\sum_{i=1}^{n}\alpha_i}{n} \tag{5-2}$$

其中，各符号的含义与公式(5-1)相同。

【观念运用 5-2-2】招商地产(000024)在某一周的收盘价数据如表 5-2-2 所示。试根据该数据，计算招商地产在该周内收盘价的平均发展水平。

表 5-2-2 招商地产(000024)某周的收盘价数据 单位：元

星期	星期一	星期二	星期三	星期四	星期五	合计
收盘价	23.08	23.49	23.92	24.37	24.46	119.32

解：因为该数据属于未分组的时点序列，因此可以直接采用公式(5-2)进行计算，有：

$$\bar{\alpha}=\frac{\alpha_1+\alpha_2+\cdots+\alpha_n}{n}=\frac{\sum_{i=1}^{n}\alpha_i}{n}=\frac{119.32}{5}=23.864(\text{元})$$

②对各发展水平进行分组

若已经对时点序列采取分组形式进行了加工整理，则必须运用加权算术平均数法来计算其平均发展水平。其中的权重为各发展水平所持续的时间。具体计算公式如下：

$$\bar{\alpha}=\frac{\alpha_1 f_1+\alpha_2 f_2+\cdots+\alpha_n f_n}{f_1+f_2+\cdots+f_n}=\frac{\sum_{i=1}^{n}\alpha_i f_i}{\sum_{i=1}^{n}f_i} \tag{5-3}$$

式中 f_i——序列中各发展水平所持续的时间。

其他符号所代表的含义与前面相同。

【观念运用 5-2-3】假设某物业服务企业某年 6 月份员工的出勤人数如表 5-2-3 所示。试根据该数据，计算出勤人数的平均发展水平。

表 5-2-3 某物业服务企业 6 月份员工出勤数据

日期	每日出勤员工数 α(人)	天数 f	αf
1～6 日	1502	6	9012
7～11 日	1487	5	7435
12～19 日	1510	8	12080
20～28 日	1502	9	13518
29～30 日	1505	2	3010
合计	—	30	45055

解：因为该数据属于已经分组的时点数据，因此应该采用式(5-3)进行计算，具体为：

$$\bar{\alpha}=\frac{\alpha_1 f_1+\alpha_2 f_2+\cdots+\alpha_n f_n}{f_1+f_2+\cdots+f_n}=\frac{\sum_{i=1}^{n}\alpha_i f_i}{\sum_{i=1}^{n} f_i}=\frac{45055}{30}\approx 1502(\text{人})$$

2)间隔时点序列

间隔时点序列是指对各个时点上的发展水平不是逐个登记,而是有一定时间间隔的时点序列。它也包含两种情形:一种是序列中相邻两个发展水平之间的时间间隔相等,即等间隔时点序列;二是序列中相邻两个发展水平之间的时间间隔不相等,即异间隔时点序列。现分别介绍其平均发展水平的计算方法。

①等间隔时点序列

对于等间隔时点序列,我们可以采用简单算术平均法来分层计算其平均发展水平,具体步骤如下:

a. 对每期期初和期末的发展水平简单平均,并将结果作为该期的代表值。

假设等间隔时点序列各时点的发展水平分别为 $\alpha_1,\alpha_2,\cdots,\alpha_n$,则很容易求得各时期的代表值,分别为:$\frac{\alpha_1+\alpha_2}{2},\frac{\alpha_2+\alpha_3}{2},\frac{\alpha_3+\alpha_4}{2},\cdots,\frac{\alpha_{n-1}+\alpha_n}{2}$。

b. 再对各时期的代表值进行简单平均,便可以求得等间隔时点序列的平均发展水平,即:

$$\bar{\alpha}=\frac{\frac{\alpha_1+\alpha_2}{2}+\frac{\alpha_2+\alpha_3}{2}+\frac{\alpha_3+\alpha_4}{2}+\cdots+\frac{\alpha_{n-1}+\alpha_n}{2}}{n-1}$$

$$=\frac{\frac{\alpha_1}{2}+\alpha_2+\alpha_3+\alpha_4+\cdots+\alpha_{n-1}+\frac{\alpha_n}{2}}{n-1} \tag{5-4}$$

其中,各个符号所代表的含义与前面所描述的相同。

以上求取等间隔时点序列的方法也被称为“首末折半法”,该方法假设时点序列中相邻两个时点之间发展水平的变化是均匀的。但是应注意的是,该方法只适用于等间隔时点序列这一类型。

【观念运用 5-2-4】富力地产 2009 年上半年各月土地储备数量如表 5-2-4 所示。试根据该数据计算其土地储备量的平均发展水平。

表 5-2-4 富力地产 2009 年上半年各月土地储备量数据 单位:万平方米

月份	1月初	1月末	2月末	3月末	4月末	5月末	6月末
土地储备	2527	2530	2545	2537	2556	2549	2544

解:根据等间隔时点序列平均发展水平的计算公式(5-4)有:

$$\bar{\alpha}=\frac{\frac{\alpha_1}{2}+\alpha_2+\alpha_3+\alpha_4+\cdots+\alpha_{n-1}+\frac{\alpha_n}{2}}{n-1}$$

$$= \frac{\frac{2527}{2} + 2530 + 2545 + 2537 + 2556 + 2549 + \frac{2544}{2}}{7-1}$$

$$= \frac{15252.5}{6} = 2542.08(\text{万平方米})$$

②异间隔时点序列

对于异间隔时点序列，我们可以采用加权平均的方法来计算其平均发展水平。这里所选择的权重为各时点之间间隔的时间长度。具体计算公式如下：

$$\bar{\alpha} = \frac{\left(\frac{\alpha_1 + \alpha_2}{2}\right) f_1 + \left(\frac{\alpha_2 + \alpha_3}{2}\right) f_2 + \left(\frac{\alpha_3 + \alpha_4}{2}\right) f_3 + \cdots + \left(\frac{\alpha_{n-1} + \alpha_n}{2}\right) f_{n-1}}{\sum_{i=1}^{n-1} f_i} \quad (5\text{-}5)$$

其中，f_i 为相邻时点之间的时间间隔。容易理解，由上式计算的平均发展水平也是一个近似值。

【观念运用 5-2-5】现有招商地产(股票代码 000024)2010 年 2 月份的收盘价格如表 5-2-5 所示。试利用该数据计算其收盘价格的平均发展水平。

表 5-2-5 招商地产 2010 年 2 月份收盘价格 单位：元

日期	收盘价格	日期	收盘价格
2 月 1 日	23.39	2 月 22 日	22.40
2 月 5 日	21.94	2 月 26 日	23.03
2 月 8 日	22.05	2 月 28 日	23.05
2 月 12 日	22.81	—	—

解：由表 5-2-5 可以明显看出，该收盘价数据属于异间隔时点序列，因此必须采用公式(5-5)进行计算。代入有关数据有：

$$\bar{\alpha} = \frac{\left(\frac{\alpha_1 + \alpha_2}{2}\right) f_1 + \left(\frac{\alpha_2 + \alpha_3}{2}\right) f_2 + \left(\frac{\alpha_3 + \alpha_4}{2}\right) f_3 + \cdots + \left(\frac{\alpha_{n-1} + \alpha_n}{2}\right) f_{n-1}}{\sum_{i=1}^{n-1} f_i}$$

$$= \frac{\left(\frac{23.39 + 21.94}{2}\right) \times 5 + \left(\frac{21.94 + 22.05}{2}\right) \times 3 + \cdots + \left(\frac{23.03 + 23.05}{2}\right) \times 2}{5 + 3 + 4 + 10 + 4 + 2}$$

$$= \frac{632.02}{28} = 22.57(\text{元})$$

2. 相对数时间序列平均发展水平的计算

在相对数时间序列中，各个时间上的观测值不具有可加性，因此不能直接根据相对数时间序列中的各观测值计算其平均发展水平。由于相对数中的各观测值是两个有联系的绝对数的比值，因此，在计算相对数时间序列的平均发展水平时，应该首先分别计算分子序列与分母序列的平均发展水平，然后将分子序列与分母序列的平均发展水平进行对比，便可以得到相对数时间序列的平均发展水平。用公式表示即为：

$$\bar{c}=\frac{\bar{a}}{\bar{b}} \tag{5-6}$$

式中 $\bar{c}$——相对数时间序列的平均发展水平；

$\bar{a}$——分子序列的平均发展水平；

$\bar{b}$——分母序列的平均发展水平。

相对数时间序列平均发展水平的计算，关键在于计算 $\bar{a}$ 与 $\bar{b}$，而 $\bar{a}$ 与 $\bar{b}$ 的计算则取决于其所对应的时间序列是时期序列还是时点序列。对于不同的序列，分别采取不同的方法，分别计算分子及分母的平均发展水平，再根据公式(5-6)便可以方便地得出相对数时间序列的平均发展水平。

现就分子、分母均为时期序列或时点序列两种情况分别进行讨论。

(1)分子、分母均为时期序列

当分子与分母均为时期序列时，可以采取简单算术平均法分别计算分子与分母序列的平均发展水平，然后将二者的平均发展水平进行对比便可以求得相对数时间序列的平均发展水平。具体计算公式为：

$$\bar{c}=\frac{\bar{a}}{\bar{b}}=\frac{\dfrac{\sum_{i=1}^{n}a_i}{n}}{\dfrac{\sum_{i=1}^{n}b_i}{n}}=\frac{\sum_{i=1}^{n}a_i}{\sum_{i=1}^{n}b_i} \tag{5-7}$$

【观念运用 5-2-6】某物业服务企业 2009 年各月份的利润额等经营数据如表 5-2-6 所示。试根据所给数据，计算该物业服务企业月利润率的平均发展水平。

表 5-2-6 某物业服务企业 2009 年各月份的经营数据

月份	月实现利润额(万元)	月实现增加值(万元)	月实现利润率(%)
1月	25.6	128.1	19.98
2月	24.8	127.5	19.45
3月	27.9	135.0	20.67
4月	28.7	135.8	21.13
5月	26.1	130.8	19.95
6月	24.8	129.1	19.21
7月	28.4	134.5	21.16
8月	29.6	136.8	21.64
9月	24.0	136.0	17.65
10月	25.9	133.4	19.42
11月	25.5	135.6	18.81
12月	25.1	137.0	18.32
合计	316.4	1599.6	—

解：月实现利润率为相对数，它是月实现利润与月实现增加值之间的比值，因此，该问题属于求相对数时间序列的平均发展水平。且月实现利润与月实现增加值两者均为时期序列，因此可以采用式(5-7)计算得到。即：

$$\bar{c}=\frac{\bar{a}}{\bar{b}}=\frac{\frac{\sum_{i=1}^{n}a_i}{n}}{\frac{\sum_{i=1}^{n}b_i}{n}}=\frac{\sum_{i=1}^{n}a_i}{\sum_{i=1}^{n}b_i}=\frac{316.4}{1599.6}=19.78\%$$

(2)分子、分母均为时点序列

当分子、分母均为时点序列时，根据相邻时点观测值之间的间隔是否相等，又有等间隔与异间隔两种情况。

1)等间隔

当分子与分母均为时点序列，且间隔相等时，可以通过“首末折半法”分别求取分子与分母序列的平均发展水平，再将二者进行对比便可以求出平均数时间序列的平均发展水平。计算公式为：

$$\bar{c}=\frac{\bar{a}}{\bar{b}}=\frac{\sum_{i=1}^{n}a_i}{\sum_{i=1}^{n}b_i}=\frac{\frac{\frac{a_1}{2}+a_2+a_3+\cdots+\frac{a_n}{2}}{n-1}}{\frac{\frac{b_1}{2}+b_2+b_3+\cdots+\frac{b_n}{2}}{n-1}}=\frac{\frac{a_1}{2}+a_2+a_3+\cdots+\frac{a_n}{2}}{\frac{b_1}{2}+b_2+b_3+\cdots+\frac{b_n}{2}} \quad (5\text{-}8)$$

【观念运用 5-2-7】某物业服务企业 2009 年上半年全体员工人数以及性别构成数据如表 5-2-7 所示。试根据该数据计算各种性别员工所占比例的平均发展水平。

表 5-2-7 某物业服务企业 2009 年上半年员工构成数据资料

月份	男性员工(人)	女性员工(人)	总员工(人)	男员工比例(%)	女员工比例(%)
1月底	353	462	815	43.31	56.69
2月底	368	470	838	43.91	56.09
3月底	395	491	886	44.58	55.42
4月底	386	467	853	45.25	54.75
5月底	379	454	833	45.50	54.50
6月底	361	455	816	44.24	55.76

解：该数据属于相对数时间序列，且分子与分母均为等间隔的时点序列。因此，可以运用公式(5-8)进行计算，即有：

男性员工所占比例的平均发展水平为：

$$\bar{c}=\frac{\bar{a}}{\bar{b}}=\frac{\frac{a_1}{2}+a_2+a_3+\cdots+\frac{a_n}{2}}{\frac{b_1}{2}+b_2+b_3+\cdots+\frac{b_n}{2}}=\frac{\frac{353}{2}+368+395+386+379+\frac{361}{2}}{\frac{815}{2}+838+886+853+833+\frac{816}{2}}$$

$$=\frac{1885}{4225.5}=44.61\%$$

女性员工所占比例的平均发展水平为：

$$\bar{c}=\frac{\bar{a}}{\bar{b}}=\frac{\frac{a_1}{2}+a_2+a_3+\cdots+\frac{a_n}{2}}{\frac{b_1}{2}+b_2+b_3+\cdots+\frac{b_n}{2}}=\frac{\frac{462}{2}+470+491+467+454+\frac{455}{2}}{\frac{815}{2}+838+886+853+833+\frac{816}{2}}$$

$$=\frac{2340.5}{4225.5}=55.39\%$$

2)异间隔

若相对时间序列中分子与分母序列为异间隔时点序列，则必须以各发展水平之间的时间间隔为权数，运用加权平均法分别计算分子、分母的平均发展水平，再将二者进行对比，即可求得该种相对数时间序列的平均发展水平。计算公式如下：

$$\bar{c}=\frac{\bar{a}}{\bar{b}}=\frac{\dfrac{\left(\frac{a_1+a_2}{2}\right)f_1+\left(\frac{a_2+a_3}{2}\right)f_2+\left(\frac{a_3+a_4}{2}\right)f_3+\cdots+\left(\frac{a_{n-1}+a_n}{2}\right)f_{n-1}}{\sum_{i=1}^{n-1}f_i}}{\dfrac{\left(\frac{b_1+b_2}{2}\right)f_1+\left(\frac{b_2+b_3}{2}\right)f_2+\left(\frac{b_3+b_4}{2}\right)f_3+\cdots+\left(\frac{b_{n-1}+b_n}{2}\right)f_{n-1}}{\sum_{i=1}^{n-1}f_i}} \tag{5-9}$$

其中，f_i 为各发展水平间隔的时间长度。

【观念运用 5-2-8】某物业服务企业 2009 年全年度全体员工人数以及性别构成数据如表 5-2-8 所示。试根据该数据计算各种性别员工所占比例的平均发展水平。

表 5-2-8 某物业服务企业 2009 年全年度员工构成数据资料

月份	男性员工(人)	女性员工(人)	总员工(人)	男员工比例(%)	女员工比例(%)
1 月初	353	462	815	43.31	56.69
3 月底	368	470	838	43.91	56.09
6 月底	395	491	886	44.58	55.42
7 月底	386	467	853	45.25	54.75
12 月底	379	454	833	45.50	54.50

解：由该表格可以看出，该数据属于相对数时间序列，且分子与分母均为异间隔的时点序列。因此，可以运用公式(5-9)进行计算，即有：

$$\bar{a}_1=\frac{\left(\frac{a_1+a_2}{2}\right)f_1+\left(\frac{a_2+a_3}{2}\right)f_2+\left(\frac{a_3+a_4}{2}\right)f_3+\cdots+\left(\frac{a_{n-1}+a_n}{2}\right)f_{n-1}}{\sum_{i=1}^{n-1}f_i}$$

$$=\frac{\left(\frac{353+368}{2}\right)\times3+\left(\frac{368+395}{2}\right)\times3+\left(\frac{395+386}{2}\right)\times1+\left(\frac{386+379}{2}\right)\times5}{3+3+1+5}$$

$$=\frac{4529}{12}=377.42(\text{人})$$

$$\bar{a}_2=\frac{\left(\frac{462+470}{2}\right)\times3+\left(\frac{470+491}{2}\right)\times3+\left(\frac{491+467}{2}\right)\times1+\left(\frac{467+454}{2}\right)\times5}{3+3+1+5}$$

$$=\frac{5621}{12}=468.42(\text{人})$$

$$\bar{b}=\frac{\left(\frac{b_1+b_2}{2}\right)f_1+\left(\frac{b_2+b_3}{2}\right)f_2+\left(\frac{b_3+b_4}{2}\right)f_3+\cdots+\left(\frac{b_{n-1}+b_n}{2}\right)f_{n-1}}{\sum_{i=1}^{n-1}f_i}$$

$$=\frac{\left(\frac{815+838}{2}\right)\times3+\left(\frac{838+886}{2}\right)\times3+\left(\frac{886+853}{2}\right)\times1+\left(\frac{853+833}{2}\right)\times5}{3+3+1+5}$$

$$=\frac{12150}{12}=845.83(\text{人})$$

因此，男员工所占比重的平均发展水平为：$\bar{c}_1=\frac{\bar{a}_1}{\bar{b}}=\frac{377.42}{845.83}=44.62\%$；

女员工所占比重的平均发展水平为：$\bar{c}_2=\frac{\bar{a}_2}{\bar{b}}=\frac{468.42}{845.83}=55.38\%$。

3. 平均数时间序列平均发展水平的计算

平均数时间序列平均发展水平的计算方法与相对数时间序列相同，也是首先要计算构成平均数的分子序列与分母序列的平均发展水平，然后由两者进行对比便可以求得平均数序列的平均发展水平。其计算公式为：

$$\bar{c}=\frac{\bar{a}}{\bar{b}} \tag{5-10}$$

其中，各符号的含义与相对数时间序列平均发展水平计算公式中的符号相同。

需要注意的是，平均数时间序列平均发展水平计算的关键在于分子与分母序列平均发展水平的计算，而分子与分母序列平均发展水平的计算关键在于分子与分母序列的类型。对于不同类型，其计算方法也是不一样的。这与相对数平均发展水平的计算是一样的，故在此不再做详细介绍。

三、增长量

(一)什么是增长量

增长量也称为增减量,是指时间序列在一定时期内增长的绝对数量,它是报告期水平与基期水平之间的差值。增长量的计算公式为:

$$增长量 = 报告期水平 - 基期水平 \tag{5-11}$$

需要注意的是,增长量可以为正,也可以为负。当增长量为正时,表示的是报告期增加的绝对数量;当增长量为负时,则表示报告期减少的绝对数量。

(二)增长量的类型

根据计算时采用的基期的不同,增长量有累计增长量和逐期增长量之分。

1. 累计增长量

累计增长量是指报告期水平与某一固定时期(也称为基期)的发展水平之间的差值。它反映了客观现象报告期水平较某一固定时期发展水平增长的绝对数量。在实践中,一般选择时间序列的基期作为固定时期。若用 $\alpha_0,\alpha_1,\alpha_2,\cdots,\alpha_{n-1},\alpha_n$ 来分别表示时间序列各期的发展水平,则各时期的累计增长量可以用以下符号表示:

$$(\alpha_1-\alpha_0),(\alpha_2-\alpha_0),(\alpha_3-\alpha_0),\cdots,(\alpha_{n-1}-\alpha_0),(\alpha_n-\alpha_0)$$

2. 逐期增长量

逐期增长量是指报告期水平与其前一期发展水平之间的差值,用于反映客观现象报告期水平较其前一期发展水平增长的绝对数量。用符号表示即为:

$$(\alpha_1-\alpha_0),(\alpha_2-\alpha_1),(\alpha_3-\alpha_2),\cdots,(\alpha_n-\alpha_{n-1})$$

(三)累计增长量与逐期增长量的关系

累计增长量与逐期增长量之间的关系如下:

(1)某一期的累计增长量等于该期以及该期之前所有各期逐期增长量之和。用符号表示即为:$\alpha_n-\alpha_0=(\alpha_1-\alpha_0)+(\alpha_2-\alpha_1)+(\alpha_3-\alpha_2)+\cdots+(\alpha_n-\alpha_{n-1})$。

(2)某一期的累计增长量与其前一期累计增长量之差等于该期的逐期增长量。用符号表示即为:$(\alpha_n-\alpha_0)-(\alpha_{n-1}-\alpha_0)=\alpha_n-\alpha_{n-1}$。

【思维拓展 5-2-1】试列举出一实际的时间序列数据,进行计算并说明累计增长量与逐期增长量之间的关系。

【观念运用 5-2-9】设某房地产开发企业 2002—2009 年的年固定资产投资额的数据资料如表 5-2-9 所示,则可以通过该表分别计算各期的累计增长量与逐期增长量,并呈现二者之间的关系。

表 5-2-9 某房地产开发企业 2002—2009 年年固定资产投资额数据资料 单位:万元

年份	符号	固定资产投资额	逐期增长量	累计增长量
2002	a_0	4350.0	—	—
2003	a_1	5556.7	1206.7	1206.7
2004	a_2	7047.7	1491.0	2697.7
2005	a_3	8877.4	1829.7	4527.4
2006	a_4	10987.0	2109.6	6637.0
2007	a_5	13723.9	2736.9	9373.9
2008	a_6	11283.4	−2440.5	6933.4
2009	a_7	14957.4	3674.0	10607.4

上表所示的即为累计增长量与逐期增长量的计算及其关系。

需要注意的是,在统计实践中,我们常常需要计算年距增长量这一指标。所谓年距增长量是指报告期水平与上年同期发展水平之间的差值。其主要用于消除季节变动因素的影响,说明了现象报告期水平较上年同期发展水平增长的绝对数量。计算公式为:

$$年距增长量 = 报告期发展水平 - 上年同期发展水平 \tag{5-12}$$

【观念运用 5-2-10】某房地产开发企业 2008 年与 2009 年连续参加了某市举办的"五一"黄金周房展。假设 2008 年房展时接待的客户数为 5012 人次,而 2009 年房展时该开发企业接待的客户人数为 7809 人次。试计算该房地产开发企业房展时接待客户人数的年距增长量是多少。

解:依题意有,年距增长量为:7809−5012=2797(人次)。

四、平均增长量

平均增长量也称为平均增长水平或平均增减量,是指逐期增长量时间序列的平均发展水平,它反映了客观现象在一定时期内,平均每期增长的绝对数量。其计算公式如下:

$$平均增长量 = \frac{逐期增长量之和}{逐期增长量的项数} = \frac{累计增长量}{时间序列的项数 - 1} \tag{5-13}$$

【观念运用 5-2-11】试运用表 5-2-9 中所示的某房地产开发企业 2002—2009 年年固定资产投资额的数据,计算该段时期内其固定资产投资额的平均增长量。

解:根据该表的计算结果,将有关数据代入平均增长量的计算公式(5-13)中有:

$$平均增长量 = \frac{1206.7 + 1491.0 + 1829.7 + 2109.6 + 2736.9 - 2440.5 + 3674.0}{8 - 1}$$

$$=\frac{10607.4}{7}=1515.34(\text{万元})$$

任务三　如何对时间序列数据进行速度分析

【任务导入】

某房地产开发企业为了研究其年利润总额的变化情况，收集了 2004—2009 年间的利润总额年度数据。该数据如表 5-3-1 所示。

表 5-3-1　某房地产开发企业 2004—2009 年利润总额数据　　单位：万元

年份	2004	2005	2006	2007	2008	2009
利润总额	4385	5030	5900	7520	8181.4	8335

试根据以上数据资料，回答以下问题：

(1)计算 2004—2009 年间，该房地产开发企业利润总额的累计和逐期增长量以及平均增长量；

(2)计算 2004—2009 年间，该房地产开发企业利润总额的定基和环比发展速度，定基和环比增长速度；

(3)计算该房地产开发企业利润总额增长 1%的绝对值；

(4)计算该段时间内，该房地产开发企业利润总额的年平均发展速度和平均增长速度；

(5)试说明以上计算所得的各动态分析指标之间的关系。

【任务分析】

对时间序列进行速度分析的指标主要有发展速度、增长速度、平均发展速度和平均增长速度四个。

(1)发展速度是以相对数形式表现的速度分析指标，它是时间序列中两个不同时期发展水平之间的比值。由于基期选择的不同，发展速度可以分为定基发展速度和环比发展速度两种。定基发展速度是指各报告期水平与基期水平之间的比值；而环比发展速度是时间序列报告期水平与其前一期发展水平之间的比值。两者之间的关系是：定基发展速度等于各期环比发展速度的连乘积。

(2)增长速度是反映客观现象数量增长程度的动态分析指标，它是增长量与基期水平之间的比值，或者由发展速度减去 1(100%)求得。与发展速度类似，根据所选择的基期不同，增长速度也可以分为定基增长速度与环比增长速度。值得注意的是，定基增长速度不能通过各期环比增长速度的连乘积来计算。

(3)平均发展速度是各环比发展速度所构成的时间序列的序时平均数，它有两种计算方法：一是几何平均法；二是累计法。累计法计算过程比较复杂，因此，几何平均法运用得较为广泛。

(4)平均增长速度是由各期环比增长速度所构成的时间序列的序时平均数，有正负之分。平均增长速度等于平均发展速度减1(或100%)。

【相关知识链接】

对时间序列进行速度分析是相对数与平均数概念的具体运用，它是通过平均数与相对数的角度来衡量社会经济现象发展与增长的快慢。一般而言，对时间序列进行速度分析的指标主要有发展速度、增长速度、平均发展速度与平均增长速度四种。现分别加以介绍。

一、发展速度

发展速度是指时间序列中报告期水平与基期水平进行对比所得到的相对数。它反映了客观现象相对于基期发展变化的相对程度。其计算公式为：

$$\text{发展速度} = \frac{\text{报告期水平}}{\text{基期水平}} \times 100\% \tag{5-14}$$

当发展速度大于1时，表示客观现象的发展呈上升趋势；反之，若发展速度小于1，则表示客观现象的发展呈下降趋势。

根据计算时采用的基期不同，发展速度有环比发展速度和定基发展速度两种类型。

(一)环比发展速度

环比发展速度是指时间序列中报告期水平与其前一期发展水平之间的比值。它反映了客观现象逐期发展的相对程度。若用 $\alpha_0, \alpha_1, \alpha_2, \cdots, \alpha_{n-1}, \alpha_n$ 来分别表示时间序列各期的发展水平，则环比发展速度可用以下公式来计算：

$$R_{i(\text{环比})} = \frac{\alpha_i}{\alpha_{i-1}} \tag{5-15}$$

其中，$R_{i(\text{环比})}$ 表示环比发展速度；$i=1,2,3,\cdots,n$。

(二)定基发展速度

定基发展速度是指时间序列中报告期水平与某一固定时期发展水平(通常为最初水平)之间的比值。它反映了客观现象在某一段时期发展变化的相对程度，通常也称为“总速度”。其计算公式为：

$$R_{i(\text{定基})} = \frac{\alpha_i}{\alpha_0} \tag{5-16}$$

其中，$R_{i(\text{定基})}$ 表示定基发展速度；α_0 表示期初水平；$i=1,2,3,\cdots,n$。

(三)两种发展速度之间的比较

根据环比发展速度与定基发展速度的概念及其计算公式，我们不难推断出它们之间存在以下数量关系。

(1)某一期的定基发展速度等于该期及其以前各期环比发展速度的连乘积,用公式表示为:$\frac{\alpha_n}{\alpha_0}=\frac{\alpha_1}{\alpha_0}\times\frac{\alpha_2}{\alpha_1}\times\frac{\alpha_3}{\alpha_2}\times\cdots\times\frac{\alpha_n}{\alpha_{n-1}}=\prod_{i=1}^{n}\frac{\alpha_i}{\alpha_{i-1}}$。

(2)某一期的定基发展速度与其前一期的定基发展速度之比等于该期的环比发展速度,即:$\frac{\alpha_n}{\alpha_0}\Big/\frac{\alpha_{n-1}}{\alpha_0}=\frac{\alpha_n}{\alpha_{n-1}}$。

【思维拓展 5-3-1】试列举出一些实际的时间序列数据,进行计算并说明环比发展速度与定基发展速度之间的关系。

【观念运用 5-3-1】试根据表 5-2-9 中所示的某房地产开发企业 2002—2009 年年固定资产投资额的数据,分别计算其固定资产投资额的环比发展速度与定基发展速度。

解:根据表 5-2-9 中所示的数据,分别代入环比发展速度以及定基发展速度的计算公式(5-15)、式(5-16),则很容易得到表 5-3-2 所示的计算结果。

表 5-3-2 某房地产开发企业年固定资产投资额环比与定基发展速度计算表

年份	固定资产投资额(万元)	环比发展速度(%)	定基发展速度(%)
2002	4350.0	—	100
2003	5556.7	127.74	127.74
2004	7047.7	126.83	162.02
2005	8877.4	125.96	204.09
2006	10987.0	123.76	252.57
2007	13723.9	124.91	315.49
2008	11283.4	82.22	259.39
2009	14957.4	132.56	343.85

需要注意的是,为了消除季节因素的影响,我们常常也要计算年距发展速度,用以说明客观现象某一期发展水平与其上一同期发展水平相比的相对发展程度。其计算公式为:

$$\text{年距发展速度}=\frac{\text{报告期水平}}{\text{上一年同期发展水平}}\times 100\% \qquad (5\text{-}17)$$

【观念运用 5-3-2】试根据观念运用 5-2-10 中某房地产开发企业 2008 年与 2009 年连续参加某市举办的"五一"黄金周房展所接待客户数量的数据,计算其接待客户人数的年距发展速度。

解:将观念运用 5-2-10 中的相关数据直接代入年距发展速度的计算公式(5-17)得:

$$\text{年距发展速度}=\frac{7809}{5012}\times 100\%=155.81\%$$

二、增长速度

增长速度也称为增长率、增减速度，是指时间序列中报告期增长量与基期水平之间的比值，它是扣除了基期水平之后的相对变动程度，反映了报告期水平较基期水平增加(或减少)了百分之几或若干倍。根据定义，其计算公式如下：

$$增长速度=\frac{增长量}{基期水平}=\frac{报告期水平-基期水平}{基期水平}$$

$$=\frac{报告期水平}{基期水平}-1=发展速度-1 \tag{5-18}$$

由计算公式可以看出，增长速度与发展速度之间仅仅相差一个基期水平，即发展速度减去100%便可以得到增长速度。

增长速度也有正负之分。当增长速度为正时，表明发展速度大于1，此时增长速度表示客观现象增加的相对程度；反之，若增长速度为负，表明发展速度小于1，此时增长速度反映客观现象减少的相对程度。

与发展速度相类似，根据计算时采用的基期不同，增长速度也可以分为环比增长速度与定基增长速度两种类型。

(一)环比增长速度

所谓环比增长速度是指时间序列中报告期逐期增长量与其前一期发展水平之间的比值。它反映了现象逐期增长的方向及其相对程度。环比增长速度的计算公式如下：

$$环比增长速度=\frac{逐期增长量}{前一期发展水平}=环比发展速度-1$$

可以用符号表示如下：

$$G_{i(环比)}=\frac{\alpha_i-\alpha_{i-1}}{\alpha_{i-1}}=\frac{\alpha_i}{\alpha_{i-1}}-1=R_{i(环比)}-1 \tag{5-19}$$

式中 $G_{i(环比)}$——环比增长速度；

$R_{i(环比)}$——环比发展速度；

α_i——时间序列各期的发展水平，$i=1,2,3,\cdots,n$。

(二)定基增长速度

定基增长速度是指时间序列的累计增长量与某一固定时期的发展水平(通常选择最初水平)之间的比值，又称为总增长速度。它反映了客观现象在一个较长的时期内增长的方向以及相对程度。其计算公式如下：

$$定基增长速度=\frac{累计增长量}{某一固定时期的发展水平}=定基发展速度-1$$

可以用符号表示如下：

$$G_{i(定基)}=\frac{\alpha_i-\alpha_0}{\alpha_0}=\frac{\alpha_i}{\alpha_0}-1=R_{i(定基)}-1 \tag{5-20}$$

式中 $G_{i(定基)}$——定基增长速度；

$R_{i(定基)}$——定基发展速度；

α_i——时间序列各期的发展水平，$i=1,2,3,\cdots,n$。

(三)环比增长速度与定基增长速度之间的比较

值得注意的是，某一期的定基增长速度不能由该期及其以前各期环比增长速度的连乘来求得，不能直接进行推算。在实践中，若要根据环比增长速度求定基增长速度，则首先需将环比增长速度转化为环比发展速度，然后根据环比发展速度与定基发展速度之间的关系，求得定基发展速度，最后将定基发展速度再转化为定基增长速度。

显然，增长速度是发展速度的派生指标，但是两者所说明的含义是不同的。发展速度表示的是"发展到"或"增加到"；而增长速度表示的是"增加了"，指净增加的方向与程度。

【思维拓展 5-3-2】试列举出一些实际的时间序列数据，进行计算。

1. 说明环比发展速度与定基发展速度之间的关系。

2. 验证环比增长速度与定基增长速度之间是否也存在着两种发展速度之间的那种关系。

【观念运用 5-3-3】试根据表 5-2-9 中所示的某房地产开发企业 2002—2009 年年固定资产投资额的数据，分别计算其固定资产投资额的环比增长速度与定基增长速度。

解：根据表 5-2-9 中所示的数据，分别代入环比增长速度以及定基增长速度的计算公式(5-19)、式(5-20)，则很容易得到表 5-3-3 所示的计算结果。

表 5-3-3 某房地产开发企业年固定资产投资额环比与定基增长速度计算表

年份	固定资产投资额(万元)	环比增长速度(%)	定基增长速度(%)
2002	4350.0	—	—
2003	5556.7	27.74	27.74
2004	7047.7	26.83	62.02
2005	8877.4	25.96	104.09
2006	10987.0	23.76	152.57
2007	13723.9	24.91	215.49
2008	11283.4	−17.78	159.39
2009	14957.4	32.56	243.85

显然，某一期的定基增长速度并不等于该期及其以前各期环比增长速度的连乘积。

值得注意的是，用增长速度作为时间序列速度分析的指标是不够全面的。因为由于各期的发展水平不同，较高的增长速度其对应的逐期增长量可能较小；同理，较低的增长速度其对应的逐期增长量却可能很大。这时，我们就必须用增长1%的绝对值指标作为补充。

所谓增长1%的绝对值是指逐期增长量与环比增长速度之间的比值，反映了环比增长速度每增长1%时，所需的逐期增长量的大小。其计算公式为：

$$\text{增长 }1\%\text{ 的绝对值} = \frac{\text{逐期增长量}}{\text{环比增长速度}} \times 1\% = \frac{\text{前一期的发展水平}}{100} \qquad (5\text{-}21)$$

【观念运用 5-3-4】 试根据表 5-2-9 中所示的某房地产开发企业 2002—2009 年年固定资产投资额的数据，计算固定资产投资额增长1%的绝对值。

解：根据表 5-2-9 中所示的数据，分别代入增长1%的绝对值的计算公式(5-21)，则很容易得到表 5-3-4 所示的计算结果。

表 5-3-4 某房地产开发企业年固定资产投资额增长1%的绝对值计算表 单位：万元

年份	固定资产投资额	增长1%的绝对值
2002	4350.0	—
2003	5556.7	43.500
2004	7047.7	55.567
2005	8877.4	70.477
2006	10987.0	88.774
2007	13723.9	109.870
2008	11283.4	137.239
2009	14957.4	112.834

此外，在统计实践中，为了消除季节因素的影响，往往还需要计算年距增长速度。年距增长速度是某一期的年距增长量与上年同期的发展水平之间的比值，反映了客观现象较上一年同期增长的方向与相对程度。其计算公式为：

$$\text{年距增长速度} = \text{年距发展速度} - 1 \qquad (5\text{-}22)$$

【观念运用 5-3-5】 试根据观念运用 5-2-10 中某房地产开发企业 2008 年与 2009 年连续参加某市举办的“五一”黄金周房展所接待客户数量的数据，计算其接待客户人数的年距增长速度。

解：将观念运用 5-2-10 中的相关数据直接代入年距增长速度的计算公式(5-22)得：

$$\text{年距增长速度} = \frac{7809}{5012} \times 100\% - 1 = 55.81\%$$

三、平均发展速度

平均发展速度是时间序列速度分析时一个非常重要的指标。平均发展速度是指由各期环比发展速度所构成时间序列的平均发展水平，它反映了客观现象在较长一段时期内发展程度的一般水平。

根据考察的侧重点不同，平均发展速度的计算方法有两种，一种是水平法；另一种是累计法。

(一)水平法

水平法也称为几何平均法，是指运用几何平均数来计算平均发展速度的方法。在时间序列中，总发展速度(也就是定基发展速度)等于各期环比发展速度的连乘积。因此，在计算平均发展速度时，我们不能采用简单算术平均法，而应该采用几何平均法计算。运用一般法计算平均发展速度的公式为：

$$\overline{R}=\sqrt[n]{\frac{\alpha_1}{\alpha_0}\times\frac{\alpha_2}{\alpha_1}\times\frac{\alpha_3}{\alpha_2}\times\cdots\times\frac{\alpha_n}{\alpha_{n-1}}}=\sqrt[n]{\frac{\alpha_n}{\alpha_0}}=\sqrt[n]{R_{n(\text{定基})}} \tag{5-23}$$

式中 $\overline{R}$——平均发展速度；

α_i——时间序列的各期发展水平；

n——环比发展速度的项数。

【观念运用 5-3-6】试根据表 5-2-9 中所示的某房地产开发企业 2002—2009 年年固定资产投资额的数据，计算固定资产投资额的平均发展速度。

解：根据表 5-2-9 中所示的数据，分别代入平均发展速度的计算公式(5-23)，则很容易得到：

$$\overline{R}=\sqrt[n]{\frac{\alpha_n}{\alpha_0}}=\sqrt[7]{\frac{14957.4}{4350.0}}=\sqrt[7]{343.85\%}=119.30\%\text{，或者；}$$

$$\begin{aligned}\overline{R}&=\sqrt[n]{\frac{\alpha_1}{\alpha_0}\times\frac{\alpha_2}{\alpha_1}\times\frac{\alpha_3}{\alpha_2}\times\cdots\times\frac{\alpha_n}{\alpha_{n-1}}}\\&=\sqrt[7]{127.74\%\times126.83\%\times125.96\%\times\cdots\times132.56\%}\\&=\sqrt[7]{343.85\%}=119.30\%\end{aligned}$$

(二)累计法

累计法也称为方程式法，是指运用解 n 次方程的正根来计算平均发展速度的方法。运用此方法的思路是：在时间序列最初水平 α_0 的基础上，按平均发展速度 $\overline{R}$ 发展所得到的各期发展水平之和，应该等于客观现象各期实际发展水平的总和。用符号表示即为：

$\alpha_1=\alpha_0\overline{R}$

$\alpha_2=\alpha_1\overline{R}=\alpha_0\overline{R}^2$

$\alpha_3 = \alpha_2 \overline{R} = \alpha_0 \overline{R}^3$

……

$\alpha_n = \alpha_{n-1} \overline{R} = \alpha_0 \overline{R}^n$

对以上各式的左右两边分别求和，则得到：

$\sum_{i=1}^{n} \alpha_i = \alpha_0 (\overline{R} + \overline{R}^2 + \overline{R}^3 + \cdots + \overline{R}^n)$，从而有：

$$(\overline{R} + \overline{R}^2 + \overline{R}^3 + \cdots + \overline{R}^n) = \frac{\sum_{i=1}^{n} \alpha_i}{\alpha_0} \quad (5\text{-}24)$$

解式(5-24)所示的一元 n 次方程，得到的解就是平均发展速度。由于解方程的计算过程比较复杂，因此本书不做讨论。

四、平均增长速度

平均增长速度是指由各期环比增长速度所构成的时间序列的平均发展水平，也称为平均增减程度。它反映了客观现象在某一时期内逐期增减变化的相对程度的一般水平。

平均增长速度的计算通常利用发展速度与增长速度之间的关系来计算，即首先计算平均发展速度，再将其减去 100%便可以求得平均增长速度。具体公式为：

$$\overline{G} = \overline{R} - 100\% \quad (5\text{-}25)$$

式中 $\overline{G}$——平均增长速度；

$\overline{R}$——平均发展速度。

若计算所得的平均增长速度为正，表明客观事物在某一时间内逐期递增，此时也称为平均递增率；反之，若计算所得的平均增长速度为负，表明客观现象在某一段时间内逐期递减，此时也称为平均递减率。

【观念运用 5-3-7】试根据表 5-2-9 中所示的某房地产开发企业 2002—2009 年年固定资产投资额的数据，计算固定资产投资额的平均增长速度。

解：根据表 5-2-9 中所示的数据，并结合观念运用 5-3-6 中的计算结果，分别代入平均增长速度的计算公式(5-25)，则很容易得到：

$$\overline{G} = \overline{R} - 100\% = 119.30\% - 100\% = 19.30\%$$

任务四　如何对时间序列数据进行影响因素分析

【任务导入】

为了对其销售收入进行长期趋势分析，并对未来销售进行预测，某房地产开发企业收集了 2009 年 1 月至 10 月的销售收入数据。如表 5-4-1 所示。

表 5-4-1 某房地产开发企业 2009 年 1 月至 10 月销售收入数据 单位:万元

月份	销售收入	月份	销售收入
1	2300	6	2570
2	2360	7	2620
3	2410	8	2760
4	2460	9	2810
5	2520	10	2870

试根据以上数据资料,回答以下问题:

(1)判断该房地产开发企业销售收入的长期趋势是否接近于直线型。若是,分别采取平均法与最小二乘法测定其长期趋势,并对二者的计算结果进行比较。

(2)运用移动平均法(3 期移动平均)计算该企业销售收入的长期趋势,并对 11 月份的销售收入进行预测。

【任务分析】

(1)长期趋势是指客观现象受到某种基本的、决定性因素的影响,在较长的时期内表现出的持续上升或下降的基本趋势。时间序列的长期趋势分析是指运用一定的数学方法对原始数据进行修匀、加工,以消除季节变动、循环变动以及不规则变动等因素的影响,使修匀所得的序列的变动趋势更加明显,以便于对客观现象的未来发展做出预测的一种分析方法。它主要包括三种方法:时距扩大法、移动平均法以及数学模型法。

(2)采取移动平均法时应遵循以下步骤:确定移动平均的项数;计算各指标值的平均发展水平;逐项移动平均。应该注意的是,采取移动法会造成数据和信息的损失,且移动平均项数的选择很重要。

(3)在运用数学模型法之前,需判断现象发展变化的类型,一般有两种方法,分别为:利用散点图判断和根据动态分析数据来判断。当判断了现象变化呈直线趋势或近似直线趋势时,我们就可以分别运用半数平均法或最小二乘法来计算时间序列的长期趋势。

【相关知识链接】

水平分析以及速度分析只是时间序列分析的内容之一。对时间序列进行影响因素分析,以便了解客观现象发展变化的趋势、预测未来的数量特征则是时间序列分析的另一方面的主要内容。

在现实社会经济生活中,客观现象的发展变化往往受到许多错综复杂的因素的影响和作用,不同的因素对客观现象所产生的影响或作用是不同的。时间序列的趋势分析,是指通过对客观现象发展变化过程产生影响的因素进行分析,以便测定其数量变化及影响程度，然后将时间序列进行外推或延伸，进而对现象未来发展水平或趋势进行预测的一种分析方法。

一、时间序列的影响以及分析模型

(一)时间序列的影响因素

在对时间序列进行影响因素分析之前，首先应找到影响其变动的因素。一般而言，我们可以将影响时间序列的因素归纳为四大类，即长期趋势、季节变动、循环变动以及不规则变动。现分别介绍如下。

1. 长期趋势

长期趋势通常用字母 T 来表示，它是指客观现象受到某种基本的、决定性因素的影响，在较长的时期内表现出的持续上升或下降的基本趋势。如某物业服务企业员工的工资呈逐年增长的趋势。

长期趋势是时间序列中最基本的规律性变动，只要认识和掌握了客观现象变化的长期趋势，就可以把握现象发展的长期态势与规律。

2. 季节变动

季节变动通常用字母 S 表示，是指客观现象由于受到自然条件或社会风俗等因素的影响，在一年内随着季节的更替而出现的周期性波动。如学校寒暑假或“五一”、“国庆”长假等对小区会所的物业管理所带来的规律性的影响。

3. 循环变动

循环变动通常用字母 C 表示，是指客观现象由于受到一些周期性因素的影响而呈现出的周而复始的变动趋势。这里所说的周期并不像数学中的周期那样严格，而是长短不一的。如房地产市场价格在若干年间上升与下降就属于循环变动。

4. 不规则变动

不规则变动通常用字母 I 表示，是指客观现象由于受到意外的或偶然性因素的影响而引起的无规则性的变动，也称为随机变动。如自然灾害、政治事件、战争、疾病等偶然因素对客观现象所产生的影响，就属于不规则变动。

【观念运用 5-4-1】试列举出一些影响物业管理的因素，并判断其属于长期趋势、季节变动、循环变动还是不规则变动。

(二)时间序列影响因素分析模型

时间序列的变动往往受到上述四种或其中几种因素的共同影响。时间序列的影响因素分析的任务之一，便是对这些因素进行测定和分析，确定各种因素影响的大小、揭示客观现象变化发展的特征以及规律，以便做出正确的预测。

根据各影响因素相互关系的不同，可以将时间序列的分析模型分为两类：加法模型和乘法模型。

1. 加法模型

在加法模型中，假定上述各影响因素之间是相互独立的，时间序列各期发展水平为各影响因素相加的总和。其关系式为：

$$Y = T + S + C + I \tag{5-26}$$

在加法模型中，各影响因素与 Y 具有相同的计量单位。

2. 乘法模型

在乘法模型中，假设上述各影响因素之间存在相互作用，并不是独立的，时间序列各期发展水平为各影响因素的乘积。其关系式为：

$$Y = T \times S \times C \times I \tag{5-27}$$

乘法模型是一种基本的模型，在统计实践中得到普遍的运用。但是需要注意的是，在乘法模型中，只有长期趋势 T 与发展水平 Y 具有相同的单位，而 S、C 及 I 则都是以百分数的形式出现的。

在统计实践中，是选用加法模型还是乘法模型对时间序列进行因素分析，则要具体情况具体分析，主要取决于所研究对象的具体性质以及掌握的数据资料的情况。

二、时间序列的长期趋势分析

时间序列的长期趋势分析是指运用一定的数学方法对原始数据进行修匀、加工，以消除季节变动、循环变动以及不规则变动等因素的影响，使修匀所得的序列的变动趋势更加明显，以便于对客观现象的未来发展做出预测的一种分析方法。

测定时间序列长期趋势的方法较多，但常用的方法主要有时距扩大法、移动平均法以及数学模型法三种，现在分别予以介绍。

(一)时距扩大法

1. 什么是时距扩大法

时距扩大法是测定时间序列最原始、最简单的方法，它是指通过将原时间序列中较小的时距适当进行扩大，再根据扩大了的时间单位整合原时间序列的发展水平，从而得到一个较大时距的时间序列，以此来显示和观测原时间序列长期趋势的一种分析方法。该方法的目的在于消除其他因素的影响，以便显示出长期趋势。

【观念运用 5-4-2】某房地产开发企业 2006—2009 年间各季度营业收入数据资料如表 5-4-2 所示。试根据该数据分析其长期趋势。

表 5-4-2　某房地产开企业 2006—2009 年营业收入季度数据　　单位：万元

年份	第一季度	第二季度	第三季度	第四季度
2006	524	621	828	435
2007	610	736	954	556
2008	779	873	1180	648
2009	862	1305	1298	785

解:由表 5-4-2 所示数据可以看出,该房地产开发企业营业收入数据既受到明显的季节变动因素的影响,也受到长期趋势因素的影响。为了分析其长期趋势,首先需消除其季节变动的影响。消除季节变动影响的方法是将季节数据转化为年度数据,从而显示出营业收入的长期趋势。将季度数据转化为年度数据的计算如表 5-4-3 所示。

表 5-4-3 某房地产开发企业 2006—2009 年营业收入年度数据计算表 单位:万元

年份	年营业收入	季平均营业收入
2006	2408	602
2007	2856	714
2008	3480	870
2009	4250	1062.5

根据表 5-4-3 所示的计算结果可以看出,无论是从间隔扩大后的年营业收入还是其季度平均值,都可以看出该房地产开发企业营业收入呈现出逐期增长的趋势。

在运用时距扩大法分析时间序列的长期趋势时,应注意使同一序列前后的时距单位一致以保证数据的可比性。至于时距单位的大小,应具体情况具体分析,一般以时距扩大后序列能明显呈现出长期趋势为准。

2. 时距扩大法的局限性

作为一种时间序列长期趋势的分析方法,时距扩大法最大的优点是形象直观、计算简便。但是其局限性也相当明显,主要表现在经时距扩大后所形成的新序列包含的项数比原时间序列少很多,信息量损失太大,因此不适于对时间序列未来发展趋势进行预测。

(二)移动平均法

1. 什么是移动平均法

移动平均法是时距扩大法的一种改良,是指根据时间序列数据资料,逐项递推移动,依次计算包含一定项数的扩大时距平均数,从而形成一个新的时间序列,据此反映原序列的长期趋势并进行外推预测的一种方法。

采用移动平均法,能将各个时期发展水平之间的差异抽象化,有效地消除偶然因素及长期趋势以外其他因素对时间序列各期发展水平的影响。因此,所得的新时间序列更能体现客观现象发展变化的长期趋势。

2. 移动平均法的操作步骤

在运用移动平均法测定时间序列的长期趋势时,一般应按照以下步骤进行。

(1)确定移动平均的项数

在采用移动平均法进行长期趋势分析时,每一移动平均数位于序时项数的中间位置。若采用奇数项计算移动平均数,只需一次移动平均便可以取得序时项数中间项的长期趋势值;若采用偶数项计算移动平均数,序时项数的终点位于偶数项的中间位置,不与任何一个具体时期相对应。此时,为了求得某一具体时期的长期趋势值,还需以序时项数为2进行二次移动平均,以对长期趋势值进行修正。

(2)计算各指标数值的平均发展水平

从原始时间序列的第一项数据开始,运用简单算术平均法,计算给定移动平均项数下各指标数值的平均发展水平。

(3)逐项移动平均

逐项一边移动一边平均,直至原始时间序列数据中的最后一项也参与到计算中来为止。

现以一个具体的例子来说明如何运用移动平均法进行时间序列的长期趋势分析。

【观念运用 5-4-3】假设某房地产开发企业 1996—2007 年间的年销售利润总额如表 5-4-4 所示。试分别采取三项及四项移动平均法对该销售额时间序列数据进行分析,确定其长期趋势。

表 5-4-4　某房地产开发企业 1996—2007 年销售利润总额数据　　单位:万元

年份	销售利润	年份	销售利润
1996	4205	2002	5671
1997	4632	2003	5490
1998	4500	2004	5832
1999	4800	2005	6003
2000	5420	2006	6080
2001	5600	2007	6270

解:根据表 5-4-4 所示的数据资料,各时期发展水平的三项移动平均数及四项移动平均数可以分别按照以下方法进行计算。

1. 三项移动平均数

按照移动平均法的操作步骤:

(1)应确定移动平均的项数,这里已经规定为三项。

(2)计算各指标数值的平均发展水平

$$第一个三项移动平均数=\frac{4205+4632+4500}{3}=4445.67(万元)$$

$$第二个三项移动平均数=\frac{4632+4500+4800}{3}=4644.00(万元)$$

我们可以把上述第一、第二个移动平均数分别看做 1997 年及 1998 年的发展水平。

(3)第三、四、……个移动平均数的计算方法与第一、二个的计算类似,计算结果见表5-4-5所示，在此不再重复。

2. 四项移动平均数

四项移动平均的计算方法与三项移动平均很类似，只是需要对四项移动平均数再以序时项数为2进行第二次移动平均，以便对各时期的长期趋势值进行移正。具体计算步骤如下。

(1)计算四项移动平均数

$$第一个四项移动平均数=\frac{4205+4632+4500+4800}{4}=4534.25(万元)$$

$$第二个四项移动平均数=\frac{4632+4500+4800+5420}{4}=4838.00(万元)$$

以上计算所得到的第一个、第二个四项移动平均数可以分别被看成是1997年与1998年、1998年与1999年之间的发展水平。以此类推，其他四项移动平均数也可以按照类似的方法进行计算，结果列于表5-4-5中。

(2)计算四项移动平均的正位数

由于以上计算的移动平均数不与任何一个具体时期相对应，因此，需要以序时项数为2进行二次移动平均，以求得四项移动平均数的正位数。计算方法如下：

$$第一个四项平均数的正位数=\frac{4534.25+4838.00}{2}=4686.13(万元)$$

我们可以将该正位数作为1998年的发展水平。以此类推，我们可以很方便地求得其他四项移动平均数的正位数，并把它们作为相应年份的发展水平。计算结果已经列于表5-4-5中，详细计算过程本书不做介绍。

表5-4-5　某房地产开发企业销售利润总额序列移动平均法计算表　　单位：万元

年份	销售利润总额	三项移动平均数	四项移动平均数	四项移动平均正位数
1996	4205	—	—	—
1997	4632	4445.67	4534.25	—
1998	4500	4644.00	4838.00	4686.13
1999	4800	4906.67	5080.00	4959.00
2000	5420	5273.33	5372.75	5226.38
2001	5600	5563.67	5545.25	5459.00
2002	5671	5587.00	5648.25	5596.75
2003	5490	5664.33	5749.00	5698.63
2004	5832	5775.00	5851.25	5800.13
2005	6003	5971.67	6046.25	5948.75
2006	6080	6117.67	—	—
2007	6270	—	—	—

由表5-4-5第三列及第四列的计算结果可以看出：该房地产开发企业1996—2007年销售利润总额呈现逐年增长的趋势。

3. 使用移动平均法的注意事项

与时距扩大法相比较而言，移动平均法计算简单，能以较多的数据反映长期趋势，且可以进行预测。因此，移动平均法在实践中得到了广泛的运用。在运用移动平均法进行长期趋势分析时，应注意以下几个问题。

(1)在对原始时间序列数据进行移动平均后，头尾数据的项数会减少，因此，会造成数据和信息的丢失。

(2)应适当选择移动平均的项数。若现象的变化带有一定的周期性，则应以周期长度为移动平均的项数。具体而言，对于季节数据，可以计算四项移动平均数；对于月度数据，则应计算12项移动平均数，以消除季节变动的影响，反映现象变化的长期趋势。若现象的变化没有明显的周期性，则可以计算奇数项的移动平均数，其刚好可以对准所平均的中点时期，进行一次移动平均就可以了。而若计算偶数项的移动平均数，则还需要对所得到的移动平均数进行二次移动平均，以便得到它的正位数。

(三)数学模型法

数学模型法是指利用数学模型对原时间序列拟合适当的趋势线进行修匀，以对该序列的长期趋势进行分析的一种方法。在现实生活中，有的现象的发展变化呈直线趋势；有的现象则呈曲线趋势。因此，要拟合适当的趋势线，首先必须判断出该现象发展变化的类型。

判断现象发展变化的类型一般有两种方法。

一是根据散点图的分布来判断。即通过在平面直角坐标系中画散点图并观察其分布，若散点图的分布呈直线形态，则拟合为直线方程；若散点图的分布呈曲线形态，则拟合为曲线方程。

二是根据动态分析数据来判断。具体判断标准为：若时间序列的逐期增长量近似为一个常数，则可拟合为直线方程；若时间序列中的二次增长量近似于一个常数，则可拟合为抛物线方程；若时间序列中各期环比发展速度近似为一个常数，则可拟合为指数方程。

在实际工作中，相当多现象的发展变化呈现出直线趋势或近似直线趋势的特点。对于这些现象，我们可以对其拟合一条直线方程，再根据该直线方程来进行现象的长期趋势分析。常用的拟合直线方程的方法有半数平均法和最小二乘法两种，分别介绍如下。

1. 半数平均法

在使用半数平均法时，首先将呈直线变化趋势的时间序列分为项数完全相等的两部分，若原时间序列的项数为奇数，则去掉其第一项，并分别计算各部分观测值及时间顺序的平均数。然后将其值描绘在直角坐标系中，便可以得到两个点。最后，连接这两个点所得到的直线便能使实际观测值 y 与根据该直线方程计算所得的估计值 y_t 之间的离差之和等于零,即有:$\sum(y-y_t)=0$。

将 $y_t=a+bt$ 代入上式,便可以得到拟合的直线方程为:

$$\bar{y}=a+b\bar{t} \tag{5-28}$$

【观念运用 5-4-4】试运用半数平均法对表 5-4-4 所示的某房地产开发企业 1996—2007 年间的年销售利润总额时间序列进行长期趋势分析。

解:在进行该时间序列的长期趋势分析时,一般需按照以下步骤进行。

(1)判断现象发展变化的类型。判断的方法有很多种,这里采取画散点图的方法。由该时间序列,我们很容易可以得到年销售利润总额的散点图,如图 5-4-1 所示。

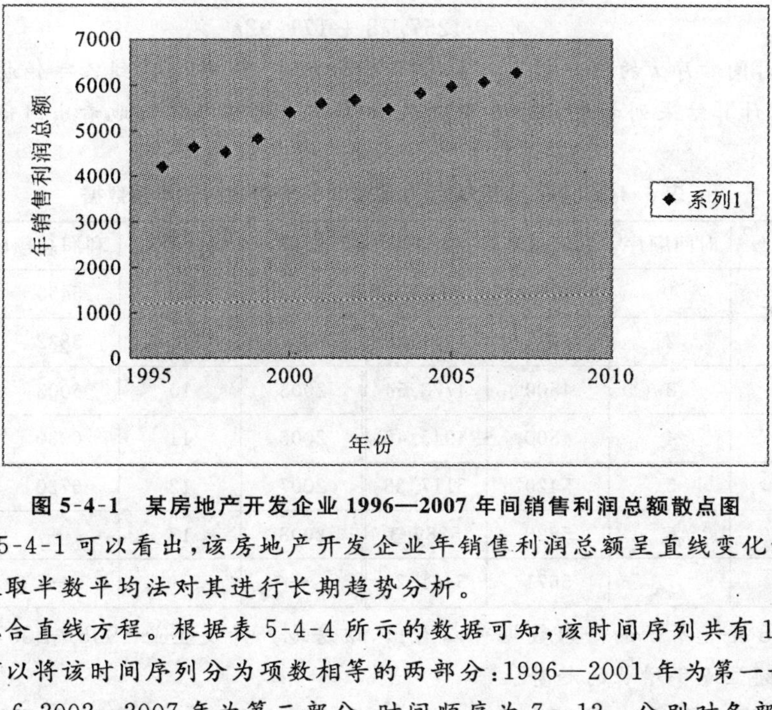

图 5-4-1 某房地产开发企业 1996—2007 年间销售利润总额散点图

由图 5-4-1 可以看出,该房地产开发企业年销售利润总额呈直线变化的趋势,因此,可以采取半数平均法对其进行长期趋势分析。

(2)拟合直线方程。根据表 5-4-4 所示的数据可知,该时间序列共有 12 项,为偶数,因此可以将该时间序列分为项数相等的两部分:1996—2001 年为第一部分,时间顺序为 1~6;2002—2007 年为第二部分,时间顺序为 7~12。分别对各部分计算观测值及时间顺序的平均数,得:

$$\bar{y}_1=\frac{\sum_{i=1}^{6}y_i}{6}=\frac{4205+4632+4500+4800+5420+5600}{6}=4859.5(\text{万元})$$

$$\bar{y}_2=\frac{\sum_{i=7}^{12}y_i}{6}=\frac{5671+5490+5832+6003+6080+6270}{6}=5891(\text{万元})$$

$$\bar{t}_1 = \frac{\sum_{i=1}^{6} t_i}{6} = \frac{1+2+3+4+5+6}{6} = 3.5$$

$$\bar{t}_2 = \frac{\sum_{i=7}^{12} t_i}{6} = \frac{7+8+9+10+11+12}{6} = 9.5$$

分别将$(\bar{t}_1, \bar{y}_1)$与$(\bar{t}_2, \bar{y}_2)$两个点的坐标值(3.5,4859.5)及(9.5,5891)代入拟合直线方程(5-28)中得：

$$a = 4257.78$$
$$b = 171.92$$

因此，根据以上计算结果，可以得到拟合的直线方程为：

$$y_t = 4257.78 + 171.92t$$

将各时间顺序t的值分别代入拟合直线方程中，便可以得到各年销售利润总额的修匀值，计算结果列于表5-4-6中。从该修匀值就可以方便地看出时间序列的长期趋势。

表5-4-6　利用拟合直线方程修匀的年销售利润总额数据　　单位：万元

年份	时间顺序	利润总额	修匀值	年份	时间顺序	利润总额	修匀值
1996	1	4205	4429.7	2003	8	5490	5633.14
1997	2	4632	4601.62	2004	9	5832	5805.06
1998	3	4500	4773.54	2005	10	6003	5976.98
1999	4	4800	4945.46	2006	11	6080	6148.9
2000	5	5420	5117.38	2007	12	6720	6320.82
2001	6	5600	5289.3	2008	13	—	6492.74
2002	7	5671	5461.22	—			

由表5-4-6所示的修匀数据可以看出，该房地产开发企业1996—2007年间年销售利润总额呈逐年增长的趋势。

(3)此外，利用拟合得到的直线方程，还可以进行预测。如2008年销售利润总额的预测值为：

$$y_{2008} = 4257.78 + 171.92 \times 13 = 6492.74(\text{万元})$$

2. 最小二乘法

对于同一表现为直线发展变化趋势的时间序列而言，往往可以拟合很多个直线方程，描绘出许多条直线。但并不是所有这些直线方程都是最优的，在这些直线方程中，我们必须找到一个对发展趋势拟合得最好的方程。

根据最小二乘法，也称为最小平方法的原理，在所有上述直线方程中，必定有一个方程：

$$y_t = a + bt$$

式中　y_t——时间序列变化趋势的理论值；

t——时间序列中的序时数；

a、b——直线方程的截距和斜率，称为待估参数。

该方程能使得时间序列的实际观测值 y 与根据该直线方程计算得到的理论值 y_t 之间的离差平方和最小，即使 $Q = \sum (y - y_t)^2 = \sum (y - a - bt)^2$ 取得最小值。

根据极值定理可知：Q 取得最小值的充分必要条件是 Q 对 a、b 的偏导数同时为零，即：

$$\begin{cases} \dfrac{\partial Q}{\partial a} = -2\sum (y - a - bt) = 0 \\ \dfrac{\partial Q}{\partial b} = -2\sum (y - a - bt)t = 0 \end{cases}$$

解该方程组便可以得到参数估计值：

$$b = \frac{n\sum ty - \sum t \sum y}{n\sum t^2 - (\sum t)^2} \tag{5-29}$$

$$a = \frac{\sum y - b\sum t}{n} \tag{5-30}$$

式中　t——时间序列中的序时数；

n——时间序列的项数；

y——时间序列的各期发展水平。

根据以上计算公式得到参数 a、b 的值，便可以求得拟合直线方程。

【观念运用 5-4-5】试运用最小二乘法对表 5-4-4 所示的某房地产开发企业 1996—2007 年间的年销售利润总额时间序列进行长期趋势分析。

解：根据最小二乘法中参数的计算公式(5-29)及式(5-30)，已知时间序列各期发展水平、项数及序时数的情况下，只要计算出 $\sum t$、$\sum t^2$、$\sum y$ 及 $\sum ty$ 的值，便可以计算得到待估参数的值。计算过程如表 5-4-7 所示。

表 5-4-7　最小二乘法进行销售利润总额时间序列长期趋势分析计算表

年份	t	y	ty	t^2	y_t
1996	1	4205	4205	1	4380.85
1997	2	4632	9264	4	4561.65
1998	3	4500	13500	9	4742.45
1999	4	4800	19200	16	4923.25

续表 5-4-7

年份	t	y	ty	t^2	y_t
2000	5	5420	27100	25	5104.05
2001	6	5600	33600	36	5284.85
2002	7	5671	39697	49	5465.65
2003	8	5490	43920	64	5646.45
2004	9	5832	52488	81	5827.25
2005	10	6003	60030	100	6008.05
2006	11	6080	66880	121	6188.85
2007	12	6270	75240	144	6369.65
合计	78	64503	445124	650	—

根据表 5-4-7 所得计算结果，分别代入待估参数的计算公式(5-29)、式(5-30)有：

$$b=\frac{n\sum ty-\sum t\sum y}{n\sum t^2-(\sum t)^2}=\frac{12\times 445124-78\times 64503}{12\times 650-(78)^2}=180.80$$

$$a=\frac{\sum y-b\sum t}{n}=\frac{64503-180.80\times 78}{12}=4200.05$$

因此，所求的直线方程为：$y_t=4200.05+180.80t$。

根据该直线方程，可以求得各年份销售利润总额的理论值，如表 5-4-7 所示。

在有些情况下，为了简化运算，我们可以重新对时间进行赋值，以使得$\sum t=0$。具体做法为：

若原时间序列的项数为奇数，则将时间序列的中间时期确定为“0”时期，重新赋值后的序列为：…，－3，－2，－1，0，1，2，3，…；

若原时间序列的项数为偶数，则将时间序列的两个中间项的中点确定为原点，中间两项的时间分别用－1 和 1 表示，则重新赋值后的序列为…，－5，－3，－1，1，3，5，…。

经重新赋值后，$\sum y=na$ 且 $\sum ty=b\sum t^2$。则可以重新得到待估参数 a、b 的计算公式分别为：

$$b=\frac{\sum ty}{\sum t^2} \tag{5-31}$$

$$a=\frac{\sum y}{n} \tag{5-32}$$

【观念运用 5-4-6】试通过把时间重新进行赋值，对如表 5-4-4 所示的某房地产开发企业 1996—2007 年间的年销售利润总额时间序列进行长期趋势分析。

解：根据表 5-4-4 所示的数据可以看出，该时间序列的项数为 12，为偶数。因此，以该序列的中间两项的中点即 2001 年及 2002 年的中点为原点，对时间重新进行赋值后，便可以对原时间序列数据进行长期趋势分析。其计算过程如表 5-4-8 所示。

表 5-4-8　对时间重新赋值后长期趋势分析计算表

年份	t	y	ty	t^2	y_t
1996	−11	4205	−46255	121	4380.85
1997	−9	4632	−41688	81	4561.65
1998	−7	4500	−31500	49	4742.45
1999	−5	4800	−24000	25	4923.25
2000	−3	5420	−16260	9	5104.05
2001	−1	5600	−5600	1	5284.85
2002	1	5671	5671	1	5465.65
2003	3	5490	16470	9	5646.45
2004	5	5832	29160	25	5827.25
2005	7	6003	42021	49	6008.05
2006	9	6080	54720	81	6188.85
2007	11	6270	68970	121	6369.65
合计	0	64503	51709	572	

将表 5-4-8 所得的计算结果分别代入待估参数的简化计算公式(5-31)及式(5-32)中得：

$$b=\frac{\sum ty}{\sum t^2}=\frac{51709}{572}=90.40$$

$$a=\frac{\sum y}{n}=\frac{64503}{12}=5375.25$$

因此，所求的直线方程为：$y_t=5375.25+90.40t$。

根据该直线方程，可以求得各年份销售利润总额的理论值，如表 5-4-8 所示。

【思维拓展 5-4-1】在观念运用 5-4-6 中，若要对 2008 年该房地产开发企业的销售利润总额进行预测，则应该取何值？

对观念运用 5-4-5 及观念运用 5-4-6 的计算结果进行比较后，不难发现，分别采取两种方法计算得到的待估参数的估计值会有所不同，但是根据其所得直线方程计算得到的各年份销售利润总额的理论值却是相同的。

三、时间序列的季节变动分析

季节变动是指客观现象由于受到自然因素或生产生活条件的影响，在一年内随着季节的更替而引起的有规律性的变动，它也是时间序列的一个主要影响因素。在日常生活中，我们经常听到有“销售旺季”、“销售淡季”、“旅游旺季”与“旅游淡季”等各种术语，这表明现实生活中的很多现象都会受到季节因素的影响，随着季节的变化而变化。

在统计实践中，我们对时间序列进行季节变动分析的目的主要有两个：一是掌握时间序列随季节变动的规律性，以便对客观现象的变化趋势进行预测；二是通过时间序列的季节变动分析，将季节变动的影响分离出来，以便于分析其他因素对时间序列的影响。

在对时间序列进行季节变动分析时，为了能客观地反映客观现象季节变动的规律性，我们至少需要掌握连续三年的季度数据或月度数据资料。测定时间序列季节变动的指标是季节指数。季节指数，也称为季节比率，是反映季节变化对客观现象该月(季度)实际水平的影响的相对数。

按照是否已经消除了长期趋势的影响，时间序列季节变动分析的方法可以分为两种：一种是按月(季)平均法；另一种是趋势剔除法。

(一)按月(季)平均法

1. 什么是按月(季)平均法

按月(季)平均法是对时间序列进行季节变动分析时最常用的一种方法，又称为周期平均法，是指在季节变动分析时，不考虑客观现象中长期趋势的影响，而是直接根据时间序列数据计算季节指数的分析方法。季节指数可以按月计算，也可以按季计算。其计算公式如下：

$$\text{季节指数} = \frac{\text{同月(季)平均数}}{\text{月(季)总平均数}} \times 100\% \tag{5-33}$$

2. 按月(季)平均法测定季节变动的步骤

在使用按月(季)平均法分析季节变动时，一般需按照以下几个步骤进行：

(1)根据时间序列计算各年的同月(季)平均数；

(2)根据数据资料计算所有年份的月(季)总平均数；

(3)将以上步骤(1)和步骤(2)计算所得到的同月(季)平均数与月(季)总平均数进行对比，便可以得到季节指数。

以下用一个具体的例子来说明如何运用按月(季)平均法来对时间序列的季节变动进行分析。

【观念运用 5-4-7】某房地产开发企业 2007—2009 年间各月份的销售利润数据如表 5-4-9 所示。试运用按月(季)平均法对该时间序列进行季节变动分析。

表 5-4-9　某房地产开发企业 2007—2009 年各月份的销售利润数据　单位:万元

月份	2007 年	2008 年	2009 年
1	302	275	273
2	253	257	270
3	176	174	178
4	105	105	105
5	72	73	74
6	52	56	42
7	41	44	38
8	36	37	35
9	71	73	66
10	144	152	151
11	248	238	240
12	266	247	258

解:根据上述按月(季)平均法的步骤有:

(1)计算 2007—2009 年的同月平均数

$$各年1月份的平均销售利润=\frac{302+275+273}{3}=283.33(万元)$$

$$各年2月份的平均销售利润=\frac{253+257+270}{3}=260.00(万元)$$

其余各月份的平均销售利润可以采取相同方法求得,在此不做重复。计算结果如表 5-4-10 所示。

表 5-4-10　按月(季)平均法进行时间序列季节变动分析计算表　单位:万元

月份	2007 年	2008 年	2009 年	三年平均	季节指数(%)
1	302	275	273	283.33	195.13
2	253	257	270	260.00	179.06
3	176	174	178	176.00	121.21
4	105	105	105	105.00	72.31
5	72	73	74	73.00	50.28
6	52	56	42	50.00	34.44
7	41	44	38	41.00	28.24
8	36	37	35	36.00	24.79
9	71	73	66	70.00	48.21
10	144	152	151	149.00	102.62
11	248	238	240	242.00	166.67
12	266	247	258	257.00	177.00
合计	1766	1731	1730	1742.33	—
平均	147.17	144.25	144.17	145.20	100

(2)计算所有年份的月(季)总平均数

$$3\text{年的月总平均销售利润}=\frac{147.17+144.25+144.17}{3}=145.20(\text{万元})$$

(3)计算各月份的季节指数

$$1\text{月份的季节指数}=\frac{283.33}{145.20}\times 100\%=195.13\%$$

$$2\text{月份的季节指数}=\frac{260.00}{145.20}\times 100\%=179.06\%$$

其余各个月份的季节指数可以按照相同的方法来计算,在此也不做重复。相关的计算结果列于表 5-4-10 中。

由表 5-4-10 计算所得到的季节指数可以看出:该房地产开发企业从第一个季度开始,销售利润逐渐减少,一直下降到第三个季度达到最低点,第四季度的销售利润又有所回升。因此,对该房地产开发企业而言,第一、四季度是“销售旺季”;而第二、三季度则是“销售淡季”。

应当注意的是,12 个月的季节指数之和应该等于 1200%,而 4 个季度的季节指数之和应该等于 400%。若计算所得结果不等,则是由于四舍五入所造成的误差。此时,则需要用调整系数对季节指数进行调整。调整系数的计算公式如下:

$$\text{调整系数}=\frac{1200\%\text{或}400\%}{\sum\text{各月(季)实际季节指数}} \tag{5-34}$$

经过调整以后的季节指数的计算公式为:

$$\text{经调整的季节指数}=\text{各月(季)实际指数}\times\text{调整系数} \tag{5-35}$$

(二)趋势剔除法

如时间序列中具有明显的长期趋势,则在进行季节变动分析之前,应首先采取趋势剔除法将长期趋势的影响剔除掉。在采取趋势剔除法时,假定趋势变动、季节变动、循环变动以及不规则变动是以乘法模式对时间序列产生影响。

利用趋势剔除法对时间序列进行季节变动分析时的步骤如下:

(1)对原时间序列进行 4 项(或 12 项)移动平均,消除其他因素的影响,所得到的平均数即为长期趋势值 T。

(2)剔除原序列中的长期趋势,即将原时间序列的各期发展水平 y_i 除以对应的移动平均数 T_i,便可以得到剔除长期趋势影响的新的时间序列 y_i/T_i。

(3)针对剔除长期趋势的新时间序列 y_i/T_i 计算季节指数,进行季节变动分析。

下面以一个具体的例子来详细说明如何运用趋势剔除法对带有明显长期趋势的时间序列进行季节变动分析。

【观念运用 5-4-8】某房地产开发企业 2005—2007 年间各季度销售额数据如表 5-4-11 所示,试运用趋势剔除法对该时间序列进行季节变动分析。

表 5-4-11　某房地产开发企业 2005—2007 年各季度销售额数据　　单位：万元

年份	季度	销售额
2005	第一季度	1900
	第二季度	4000
	第三季度	5200
	第四季度	2700
2006	第一季度	2000
	第二季度	4300
	第三季度	5800
	第四季度	2800
2007	第一季度	2100
	第二季度	4200
	第三季度	6000
	第四季度	2900

解：根据上述所介绍的剔除趋势法的步骤，有：

(1)对原时间序列进行四项移动平均，得到其长期趋势。具体计算方法在“时间序列的趋势分析”中有详细的介绍，这里不再具体计算每一个四项移动平均数及其正位值。其计算结果如表 5-4-12 所示。

表 5-4-12　运用剔除趋势法对时间序列进行季节变动分析计算表　　单位：万元

年份	季度	销售额	四项移动平均	四项移动平均正位数	剔除趋势值
2005	第一季度	1900	—		
	第二季度	4000	—	—	—
	第三季度	5200	3450	3462.5	1.5018
	第四季度	2700	3475	3512.5	0.7687
2006	第一季度	2000	3550	3625	0.5517
	第二季度	4300	3700	3712.5	1.1582
	第三季度	5800	3725	3737.5	1.5518
	第四季度	2800	3750	3737.5	0.7492
2007	第一季度	2100	3725	3750	0.5600
	第二季度	4200	3775	3787.5	1.1089
	第三季度	6000	3800	—	—
	第四季度	2900			

(2)将原时间序列各期的发展水平除以相应的移动平均数，得到剔除趋势的新的

时间序列。计算所得结果如表 5-4-12 所示。

(3)将表 5-4-12 所示的数据资料整理成如表 5-4-13 所示的表格,再根据按月(季)平均法来计算季节指数。即有:

$$全期各季总平均数=\frac{7.9503}{8}=0.9938$$

$$季节指数=同季平均数/各季总平均数$$

在此将不重复具体季节指数的计算过程,计算结果列于表 5-4-13 中。

表 5-4-13　按月(季)平均法对时间序列进行季节变动分析计算表

年份	第一季度	第二季度	第三季度	第四季度	合计
2005	—	—	1.5018	0.7687	—
2006	0.5517	1.1582	1.5518	0.7492	—
2007	0.5600	1.1089	—	—	—
同季合计	1.1117	2.2671	3.0536	1.5179	7.9503
同季平均	0.55585	1.13355	1.5268	0.75895	3.97515
季节指数	55.93%	114.06%	153.63%	76.38%	400%

由表 5-4-13 的计算结果表明:该房地产开发企业的销售额从第一个季度开始增长,到第三个季度达到最大值,然后销售额又开始下降。由此可知:第三季度是该房地产开发企业的"销售旺季";而第一季度则是该房地产开发企业的"销售淡季"。

在时间序列中,季节变动分析与长期趋势分析往往是相辅相成,互相促进的,因此,经常将两者结合在一起使用。在对时间序列进行长期趋势分析时,利用季节指数消除季节变动影响后,比对原序列直接计算得到的长期趋势更加准确;在利用长期趋势分析得到某一季度变化趋势的预测值时,如果能利用季节指数对其进行调整,则比单纯利用长期趋势分析所得的结果也更为准确、可靠。

四、时间序列的循环变动分析

(一)循环变动的分析方法

循环变动是指客观现象出现的以若干年为周期的波动。对时间序列进行循环变动分析的目的在于探索其波动规律,掌握其发展变化的转折点,为管理和决策提供依据。

循环变动的各个时期都有不同的原因,变动的程度也有自身的特点。因此不能采取测定季节变动的方法来分析循环变动。分析循环变动的方法有很多,最常用的是剩余法。所谓剩余法,也称为残余法,是指首先从原始时间序列中剔除长期趋势和季节变动的影响,得到一个只包括循环变动以及不规则变动的新的时间序列,然后利用移动平均法消除不规则变动以对循环变动进行分析的一种方法。剩余法是以各因素之间以乘法模式发生作用为前提和基础的。对于月度、季度数据，需要同时消除长期趋势和季节变动的影响；而对于年度数据而言，由于不包含季节变动，因此，只需从原时间序列中剔除长期趋势即可。

(二)循环变动的分析步骤

一般而言，采取剩余法对时间序列进行循环变动分析时可以分为三步。在此，以月度数据为例，详细介绍剩余法的操作步骤。

1. 剔除原始时间序列中的季节变动因素

根据原始时间序列计算季节指数 S，用原序列各期的发展水平除以 S 便得到了剔除了季节变动的时间序列。即：

$$\text{无季节变动的时间序列}=\frac{y}{S}=\frac{T\times S\times C\times I}{S}=T\times C\times I$$

2. 剔除时间序列中的长期趋势

根据无季节变动时间序列计算出长期趋势 T，再以其各期发展水平除以 T 便得到了剔除长期趋势的时间序列。即：

$$\text{只包含循环变动及不规则变动的时间序列}=\frac{T\times C\times I}{T}=C\times I$$

3. 对步骤 2 所得的新时间序列进行移动平均，得到循环变动指数

得到循环变动指数以后，就可以据此判断时间序列中的循环变动。

【观念运用 5-4-9】假设已经采取剩余法计算得到了所给时间序列的循环变动指数，试判断以下各种叙述的含义：

1. 循环变动指数等于 100%；
2. 循环变动指数大于 100%；
3. 循环变动指数小于 100%。

解：表述 1 表示无循环变动；表述 2 表示经济处于发展阶段；表述 3 表示经济处于衰退阶段。

循环变动分析主要运用于经济状况的预测。利用循环变动分析，可以认识到经济波动的周期性规律，预测经济发展的前景，全面预测经济发展形势在下一个周期循环中的具体表现，为制定相关的经济政策提供指导和依据。

本模块小结

本模块主要讲述了时间序列认知、水平分析、速度分析以及影响因素分析等几大知识点。

1. 时间序列是指将特定变量在不同时间上的统计观察值按照时间先后顺序排列所形成的数列。时间序列包含两个构成要素：一是变量所属的时间；二是变量在各

个时间上所取得的观测值。按照观测值表现形式的不同,时间序列可以分为绝对数时间序列、相对数时间序列及平均数时间序列三种。在编制时间序列时,应注意一些原则,使得数据之间具有可比性。

2. 时间序列分析包括两个方面的内容,一是动态指标分析;二是趋势分析。动态指标分析又可以分为两类:一是水平分析,二是速度分析。

3. 时间序列的水平分析是进行速度分析的基础和前提,主要分析指标有发展水平、平均发展水平、增长量及平均增长量四个。应该熟练掌握各种时间序列平均发展水平的计算方法。根据所采取的基期不同,增长量可以分为累计增长量及逐期增长量,应注意理解两者之间的关系。

4. 时间序列的速度分析是相对数与平均数概念的具体运用。其分析指标主要包括发展速度、增长速度、平均发展速度及平均增长速度四种。根据计算时采取的基期不同,发展速度可以分为定基发展速度和环比发展速度两种,定基发展速度等于各期环比发展速度的连乘积。增长速度是指时间序列各期增长量与基期水平之间的比值,它等于发展速度减1(或100%)。与发展速度相类似,增长速度也可以分为定基增长速度和环比增长速度。但是,定基增长速度并不等于各期环比增长速度的连乘积。平均发展速度是指由各期环比发展速度所构成的时间序列的平均发展水平,其计算可以采取几何平均法和累计法,其中,几何平均法由于计算简便,在实践中得到较为广泛的运用。平均增长速度是指由各期环比增长速度所构成的时间序列的平均发展水平,它可以通过将平均发展速度减去1(或100%)求得。

5. 一般而言,时间序列往往受到长期趋势、季节变动、循环变动以及不规则变动四个因素的影响。这四个因素既可以以加法模型产生影响;也可以以乘法模型产生影响。统计实践中,乘法模型运用得比较多。

6. 时间序列长期趋势的测定主要包括三种方法,即时距扩大法、移动平均法及数学模型法。当我们判断出现象的发展变化呈直线趋势或近似直线趋势时,我们就可以采取数学模型法。数学模型法又包括半数平均法及最小二乘法。我们应该能熟练掌握这些方法的运用。

7. 时间序列的季节变动分析主要有两种方法,即按月(季)平均法和趋势剔除法。在对时间序列进行循环变动分析时,我们可以遵循以下步骤:首先,剔除季节变动因素;其次,剔除时间序列中的长期趋势;最后,进行移动平均,计算循环变动指数。我们应熟练掌握时间序列季节变动分析的方法。

关键概念

时间序列 Time series　发展水平 Develop level

平均发展水平 Average develop level　累计增长量 Cumulative growth

逐期增长量 Gradual growth

定基发展速度 Fixed base rate of development

环比发展速度 Chain development rate

定基增长速度 Fixed base rate of growth

环比增长速度 Chain growth rate

平均发展速度 The average development rate

平均增长速度 The average growth rate 长期趋势 Long-term trend

季节变动 Seasonal change 循环变动 Cycle change

移动平均法 Moving average method

最小二乘法 The least square method

复习思考题

一、填空题

1. 根据观察值所属时间状况的不同，可以将绝对数时间序列分为（ ）和（ ）两种。

2. 对于异间隔时点序列，我们可以采用（ ）的方法来计算其平均发展水平。

3. 根据计算时采用的基期不同，增长量有（ ）和（ ）之分。

4. 时间序列进行速度分析的指标主要有（ ）、（ ）、（ ）与（ ）四种。

5. 根据各影响因素互相关系的不同，可以将时间序列的分析模型分为两类：（ ）和（ ）。

二、判断题

1. 观测值的大小与被研究现象所属的总体范围有间接的关系。（ ）

2. 时间序列的趋势分析是指通过研究客观现象的变化规律和发展趋势，预测客观现象的未来数量特征的分析方法。（ ）

3. 根据其在时间序列中所处的位置与分析中作用的不同，发展水平有最初水平、最末水平、中间水平、基期水平与报告期水平或计算期水平。（ ）

4. 逐期增长量是指报告期水平与其前一期发展水平之间的差值，用于反映主观现象报告期水平较其前一期发展水平增长的绝对数量。（ ）

5. 当分子、分母均为时点序列时，根据相邻时点观测值之间的间隔是否相等，又有等间隔与异间隔两种情况。（ ）

三、简答题

1. 编制时间序列时应遵循哪些原则？

2. 间隔时点序列是什么？

3. 什么是时距扩大法？

4. 时间序列的影响因素有哪些？

5. 什么是移动平均法？

四、计算题

1. 某物业服务企业2009年7—10月份营业收入、月初流动资金余额等经营数据如下表所示。

附表1　某物业服务企业2009年7—10月经营数据　单位：万元

月份	7月份	8月份	9月份	10月份
营业收入	234	240	274	—
月初流动资金余额	130	134	138	142
利润额	19	21	23	—

利用该数据，试回答以下问题：

(1)计算该物业服务企业第三季度的月平均流动资金周转次数；

(2)试计算该物业服务企业第三季度月平均利润率。

2. 假设招商地产2009年各统计时点的收盘价格如下表所示。

附表2　招商地产2009年各统计时点收盘价数据　单位：元

统计时点	1月1日	3月1日	8月1日	11月1日	12月31日
收盘价	23.52	24.68	28.46	27.82	25.99

试利用该数据资料，计算该股票2009年的年平均收盘价格。

3. 某物业服务企业2001—2009年的年利润总额数据资料如下表所示。

附表3　某物业服务企业2001—2009年的年利润数据资料　单位：万元

年份	2001	2002	2003	2004	2005	2006	2007	2008	2009
利润额	181	197	213	234	257	279	291	302	348

利用上述数据资料，试回答以下问题：

(1)运用三年移动平均法计算该利润额数据资料的长期趋势；

(2)运用最小二乘法拟合直线趋势方程，并根据所得的趋势方程，对该物业服务企业2010年的利润总额进行预测。

五、实训题

将班级学生分成若干个小组，每组成员控制在5～8人之间，并为每组选定一位负责人。利用课余时间，深入您所在的城市，调查其2000年以来房地产销售价格数据，利用所获取的时间序列数据，对其进行长期趋势分析。要求：

(1)充分利用您所在城市统计局官方网站所公布的数据，编制出时间序列；

(2)对该时间序列进行长期趋势分析；

(3)根据长期趋势分析的结果，您所在城市2010年的房地产销售价格的走势将会如何；

(4)提交一份综合调查报告，并对您所得到的结论进行适当的分析。

学习模块六 统计指数分析

开篇导读

以下数据节选自中华人民共和国统计局于 2010 年 4 月 9 日在其官方网站上公布的 2010 年第一季度的企业家信心指数统计数据。

2010 年第一季度企业家信心指数数据

全国企业景气调查结果显示，一季度，企业家信心指数为 135.5，比上季度上升 7.8 点，为 2008 年二季度以来的最高水平。

一、多数行业企业家信心平稳提升。一季度，工业、建筑业、交通运输仓储和邮政业、批发和零售业、社会服务业、住宿和餐饮业企业家信心指数分别为 133.7、142.2、127.9、142.5、132.9 和 127.8，分别比上季度提高 8.2、5.7、7.3、11.2、15.2 和 6.5 点；信息传输计算机服务和软件业企业家信心指数为 152.8，与上季度基本持平；房地产业企业家信心指数为 133.1，比上季度有所回落。

二、多数注册类型企业家信心提高。一季度，国有企业、集体企业、有限责任公司、股份有限公司、私营企业、港澳台商投资企业、外商投资企业企业家信心指数分别为 133.5、117.1、132.9、143.1、127.7、132.7 和 143.2，比上季度均有不同程度的提升，其中股份有限公司升幅最大，达 10.2 点；股份合作企业企业家信心指数为 117.2，比上季度有所回落。

三、大型企业企业家信心明显上升。一季度，大型企业企业家信心指数为 152.0，继续位于高位运行，比上季度提升 11.5 点；中、小型企业企业家信心指数分别为 136.1 和 121.1，比上季度提升 7.9 点和 5.2 点。

四、东中西部地区企业家信心普遍上涨。一季度，东部、中部和西部地区企业家信心指数分别为 133.6、139.5 和 135.2，比上季度提高 5.9、10.8 和 8.5 点。

以上统计分析报告中所说的"企业家信心指数"是如何定义的？其计算方法是怎样的？它代表了什么经济含义？能否反映我国社会经济发展方面的有关信息？在日常生活中，我们还会经常遇到哪些统计指数？所有这些问题都是本模块所要介绍的基本知识。通过本模块的学习，能让您非常容易看懂以上统计分析以及其他类似的统计数据。

知识目标

通过本模块的学习，主要掌握以下主要知识点：

1. 了解统计指数的概念、作用以及分类；

2. 掌握综合指数的概念、编制程序以及数量指标指数及质量指标指数的编制方法，理解指数化因素、同度量因素的概念以及拉氏指数、帕氏指数的含义与区别；

3. 掌握平均数指数的概念与种类、各类平均数指数的适用对象及编制方法；

4. 了解统计指数的含义、特点，因素分析的概念、作用以及步骤，重点掌握数量指标指数的两因素分析及多因素分析；

5. 了解几种日常生活中常见的统计指数，能说明其含义。

能力目标

通过本模块的学习，主要掌握以下几个方面的技能：

1. 能通过网络或书籍收集一些与日常生活有关的统计指数的例子，并说明其经济含义；

2. 能根据已给的数据资料，编制不同指标的综合指数，并说明该指数的经济含义；

3. 能根据已给的数据资料，根据指标类型的不同，分别编制加权算术平均数指数及加权调和平均数指数，并说明其含义；

4. 对于实际统计问题，能建立起适当的指数体系，并根据建立的指数体系进行因素分析，从相对数与绝对数量方面分析总体变动受影响因素变动作用的方向和程度。

任务一 统计指数认知

【任务导入】

查找相关统计网站或书籍，试收集一些与物业管理或房地产开发与经营有关的统计指数，说明从这些统计指数中，您能了解到有关哪些方面的信息？这些统计指数各自代表了什么经济含义？该指数与时间序列分析中的发展速度、增长速度有什么区别与联系？

【任务分析】

统计指数是指分析社会经济现象数量变动的一种对比性指标。它包含狭义与广义两个层次的含义。广义层次上的统计指数与以前介绍的发展速度或增长速度很相似;而狭义层次上的统计指数则是反映复杂现象综合数量变动的指标。

从国家地方统计局的官方网站上,可以收集到几乎涵盖社会生活方方面面的统计数据与指数。这里面既有个体指数,也有总指数;有综合指数,也有平均指数;有定基指数,也有环比指数。

【相关知识链接】

一、统计指数的概念

统计指数简称为指数,是指分析社会经济现象数量变动的一种对比性指标,包括广义和狭义两个方面的含义。

(一)广义上的统计指数

广义上的统计指数是指一切说明社会经济现象数量变动的相对数。如与2006年相比,上海市2007年房屋销售价格的发展速度为103.4%,则我们可以称上海市该年度房屋销售价格指数为103.4%。

(二)狭义上的统计指数

狭义上的统计指数是指反映各部分数值不能直接相加或不能直接对比的客观现象数量综合变动情况的相对数。如居民消费价格指数就是反映所有消费品价格综合变化相对程度的相对数,就是一种狭义上的统计指数。

本书所讲的统计指数主要是就狭义上而言的,主要介绍其编制、计算与运用等问题。

统计指数可以理解为两个或两个以上现象各自数量变化相对程度的一般水平,因此,统计指数具有综合性、平均性和相对性三个主要的性质。

【观念运用 6-1-1】利用课余时间,收集一些统计指数的例子,并说明其经济含义,找出与物业统计相关的统计指数。

二、统计指数的作用

统计指数在统计实践中被广泛地运用于分析复杂社会经济现象数量变化的相对程度,主要具有以下几个方面的作用。

(一)反映不能直接相加或对比的复杂现象数量变化的方向和程度

在统计实践中,我们经常需要了解复杂社会经济现象总体数量综合变化的相对程度,如研究多种商品价格的综合变动。传统的动态相对数(如发展速度和增长速度）只能反映单一现象的数量变化情况。为解决此类问题，就需要引入统计指数的概念。统计指数通过将复杂现象各部分的数量变化进行综合以反映其平均变化的相对程度。此外，统计指数一般是以百分数表示的，根据其值大于还是小于100%，我们就可以确定现象变化的方向。如2005年我国的商品零售价格指数为100.6%，就表明相比2004年，2005年各种商品的价格综合上涨了0.6%。

（二）分析受多因素影响的现象总变动中各个因素影响的方向和程度

复杂现象总体的变动往往受到多个因素变动的影响，且各因素对总体变动的影响也是不同的。如房地产销售额的变动往往受到房地产销售量与销售价格两个因素的共同影响。通过统计指数，我们就可以分析房地产销售量与销售价格对销售额变动影响的方向和程度。

（三）反映社会经济现象长时期内发展变化的趋势

通过将不同时期的统计指数按照时间的先后排列起来就形成了指数序列，利用该指数序列就可以判断被研究对象发展变化的长期趋势。如根据1990—2009年间珠海市房地产的价格数据，我们可以计算出19个环比价格指数，形成房地产价格指数序列。根据该序列，我们就可以对珠海市近20年内房地产价格的变动方向以及程度等做出判断，并预测其未来房地产价格变化的趋势。

三、统计指数的分类

现实生活中的统计指数种类繁多，根据不同的标准，可以划分为不同的类型。

（一）根据所反映现象范围的不同，统计指数可分为个体指数和总指数

1. 个体指数

个体指数是指反映个别现象数量变化的相对数，属于广义上的统计指数。如房屋销售价格指数就是一个个体指数，只能反映房屋销售价格的变动。个体指数是个别现象的报告期水平与基期水平之间的比值。常用的个体指数主要有以下三种：

（1）商品销售量、产品产量个体指数：$K_Q=\frac{Q_1}{Q_0}$；

（2）价格个体指数：$K_P=\frac{P_1}{P_0}$；

（3）成本个体指数：$K_C=\frac{C_1}{C_0}$。

以上各式中，Q_1、P_1 及 C_1 分别表示报告期商品销售量、价格及成本等数量指标；Q_0、P_0 及 C_0 分别表示基期商品销售量、价格以及成本等数量指标。

2. 总指数

总指数是指反映复杂现象总体在不同时期数量变动的相对数，也即是狭义上的统计指数。如商品销售价格总指数就可以反映多种商品价格在某一时期内的变化情况。

【观念运用 6-1-2】试分别列举一些与物业管理相关的个体指数与总指数的例子。

(二)根据计算时所采用基期的不同,统计指数可以分为定基指数和环比指数

1. 定基指数

定基指数是指指数序列中各指数都以某一固定时期的发展水平作为对比基准的指数,它可以用于反映现象在一个较长时期内的变动情况。

2. 环比指数

环比指数是指指数序列中各指数都以其前一期的发展水平作为对比基准的指数,其基期随着报告期的变化而变化,适合于反映现象的逐期变动情况。

【观念运用 6-1-3】根据有关统计资料显示,上海市 2001—2007 年间房屋销售价格指数如表 6-1-1 所示。试判断该指数属于定基指数还是环比指数。

表 6-1-1　上海市 2001—2007 年间房屋销售价格指数数据

年份	房屋销售价格指数(2000=100)	年份	房屋销售价格指数(2000=100)
2001	104.4	2005	109.7
2002	107.3	2006	98.7
2003	120.1	2007	103.4
2004	115.9	2008	118.6

解:因为该统计指数序列以 2000 年的销售价格作为对比基准,因此该指数为定基指数。

(三)根据编制方法的不同,统计指数可以分为综合指数和平均指数

1. 综合指数

综合指数是指通过引入同度量因素,将两个时期的不同度量现象总体指标转化为同度量指标,然后进行对比计算所得到的指数。它反映了现象总体数量的综合变动,是总指数的基本计算形式。

2. 平均指数

个体指数是指从个体指数出发,通过对个体指数加权平均而计算得到的指数,它是综合指数的代数变形。其中,通过加权算术平均法编制的指数称为加权算术平均指数;通过加权调和平均法编制的指数则称为加权调和平均指数。

有关综合指数以及平均指数的编制与运用将会在本书后面进行详细的介绍。

(四)根据所反映社会现象性质的不同,统计指数可以分为数量指标指数和质量指标指数

1. 数量指标指数

数量指标指数是指反映数量指标变动的指数,即表明现象总规模、总水平等数量变动的相对数,如房地产销售量指数、职工人数指数等,一般是根据总量指标计算得到的。

2. 质量指标指数

质量指标指数是指反映质量指标变动的指数，即表明现象相对水平、平均水平以及工作质量或效益等变动的相对数，如商品房销售价格指数、职工平均工资指数、单位成本指数以及劳动生产率指数等，一般是根据相对指标或平均指标计算得到的。

【观念运用 6-1-4】查找相关网站，试列举出一些与物业管理相关的质量指标指数与数量指标指数的例子，并说明其含义。

任务二 如何编制综合指数

【任务导入】

随机对某住宅小区内某大型超市进行调查，得到其销售量及销售价格的有关数据资料如表 6-2-1 所示。

表 6-2-1 某大型超市商品销售量及价格数据

商品名称	计量单位	销售量		销售价格（元）	
		基期	报告期	基期	报告期
香烟	包	5400	6000	15.0	18.0
食用油	瓶	2800	3600	108.0	102.0
洗发水	支	4500	5000	34.0	36.0
球衣	件	3000	2800	78.0	90.0

试计算：

(1)各种商品销售量及销售价格的个体指数；

(2)四种商品的销售量指数以及销售价格指数；

(3)由于商品销售价格的变动所引起的销售额变化的绝对量。

【任务分析】

个体指数是指反映个别事物数量方面变化的相对数。其计算方法相对而言比较简单，只需要将报告期的发展水平与基期的发展水平进行对比便可以得到。它通常只能反映事物某一方面的变化，具有一定的片面性，运用范围有限。

综合指数通过同度量因素的引入，将不能直接进行相加或对比的变量转化为可以相加或对比，因此，能综合反映现象综合变动的方向和程度。编制综合指数的步骤为：首先，确定指数化因素；其次，确定同度量因素；最后，确定同度量因素的时期。在数量指标指数的编制中，我们应该选择质量指标作为同度量因素；而在编制质量指标指数时，应该选择数量指标作为同度量因素。

将商品价格指数计算公式中的分子与分母相减,得到的差值就是由于商品销售价格的变动所引起的销售额变化的绝对量。

【相关知识链接】

总指数具有两种表现形式:一种是综合指数,这是计算总指数的基本形式;另一种是平均指数,它是综合指数计算公式的变形,但也具有相对独立的意义。本任务主要介绍综合指数的编制,下一任务将重点介绍平均指数的编制与计算方法。

一、综合指数的概述

(一)什么是综合指数

综合指数是指由两个总量指标进行对比所得到反映多种现象综合变动的总指数。

当一个总量指标可以分解成两个或两个以上因素指标的乘积时,将其他因素指标固定,观测一个因素指标的相对变动程度,所计算得到的指数称为综合指数。

(二)综合指数的优点

综合指数的优点在于能够从绝对量以及相对量两个方面反映被研究现象的经济含义和数量变化规律。

二、综合指数的编制步骤与方法

(一)编制综合指数的步骤

编制综合指数一般要遵循以下步骤或顺序来进行。

1. 确定指数化因素

所谓指数化因素是指通过指数的编制来反映其数量变化程度的因素,如物价指数中的价格以及成本指数中的成本等等。

指数化因素为数量指标的指数时是数量指标指数;指数化因素为质量指标的指数时是质量指标指数。

【观念运用 6-2-1】试查找您所在城市或国家统计局的官方网站,收集一些综合指数的例子,并分别说出该指数的指数化因素各是什么。

2. 确定同度量因素

在编制综合指数时,关键是需要解决不同事物数量上的度量问题,只有设法将不能直接加总的量转化为可以加总的量以后,才能进行对比。同度量因素在综合指数的编制中就发挥着这一作用。所谓同度量因素,是指将不能一同度量的数量转化为可以一同度量的数量的因素。如在编制产量总指数时,各种产品的度量单位不同,因此无法将其产量直接进行加总。但是我们可以引入一个因素价格,将各自的产量与各自的价格进行乘积,就可以将不能一同度量的产量转化为可以一同度量的总产值。

则这里的价格便是同度量因素。

同度量因素主要有两个方面的作用：一是同度量作用；二是加权作用。如在编制价格总指数时，通常采用销售量作为同度量因素，那么，销售量高的产品价值也高，其对总指数的作用也就大。因此，同度量因素也起着加权的作用。

引入同度量因素将不能一同度量的数量转化为可以一同度量的数量以后，只要将前后两个时期的数量进行对比，便可以得到综合指数。以下是三种综合指数计算实例。

(1)产量总指数

$$\overline{K}_Q = \frac{\sum PQ_1}{\sum PQ_0} \tag{6-1}$$

(2)价格总指数

$$\overline{K}_P = \frac{\sum P_1 Q}{\sum P_0 Q} \tag{6-2}$$

(3)单位成本总指数

$$\overline{K}_C = \frac{\sum C_1 Q}{\sum C_0 Q} \tag{6-3}$$

以上各指数分别以价格 P、销售量 Q 以及产量 Q 作为同度量因素。

【观念运用 6-2-2】试查找您所在城市或国家统计局的官方网站，收集一些综合指数的例子，并分别说出该指数的同度量因素各是什么。

3. 确定同度量因素的时期

确定同度量因素的时期是编制综合指数时一个非常重要的问题。在实际中，我们一般根据研究的目的、任务以及研究对象的特点来决定同度量因素的时期。同度量因素的时期主要涉及两个：基期和报告期。根据同度量因素时期选择的不同，国际上通行的综合指数计算方法有两种，即拉氏指数和帕氏指数。

(1)拉氏指数

拉氏指数是由德国统计学家拉斯贝尔斯于 1864 年提出的一种指数计算方法。该方法在计算综合指数时，将同度量因素的时期固定在基期，因此消除了权数变动对指数的影响，使得不同时期的指数具有可比性。因此，拉氏指数在统计实践中得到了广泛的运用。如按拉氏指数计算的产量综合指数和价格综合指数分别为：

产量综合指数：$\overline{K}_Q = \dfrac{\sum P_0 Q_1}{\sum P_0 Q_0}$；

价格综合指数：$\overline{K}_P = \dfrac{\sum P_1 Q_0}{\sum P_0 Q_0}$。

以上各式中，P_0 及 Q_0 分别为基期的价格和销售量。

(2)帕氏指数

帕氏指数是由德国统计学家帕煦于 1874 年所提出的一种指数计算方法。该方法在计算综合指数时，将同度量因素的时期固定在报告期，因此不能消除权数变动对指数造成的影响，不同时期的指数之间也不具有可比性。但是帕氏指数往往具有明显的经济意义，在实践中经常用于价格、成本等质量指标指数的计算。

按帕氏指数计算的产量综合指数和价格综合指数分别可以表示为：

产量综合指数：$\overline{K}_Q = \dfrac{\sum P_1Q_1}{\sum P_1Q_0}$；

价格综合指数：$\overline{K}_P = \dfrac{\sum P_1Q_1}{\sum P_0Q_1}$。

以上各式中，P_1 和 Q_1 分别表示报告期价格与销售量。

【观念运用 6-2-3】试查找您所在城市或国家统计局的官方网站，收集一些综合指数的例子，并分别说出该指数是根据拉氏指数还是帕氏指数计算出来的。

(二)综合指数的编制方法

按照所反映总体内容和性质的不同，指标有数量指标和质量指标之分，因此，综合指数也有数量指标综合指数与质量指标综合指数两种，不同类型的综合指数，其编制与计算方法也有区别。现分别进行介绍。

1. 数量指标指数的编制

数量指标指数是指反映数量指标综合变动情况的统计指数。下面以一个具体的例子来详细说明数量指标指数的编制方法。

【观念运用 6-2-4】某住宅小区会所三种商品在报告期与基期的销售量与销售价格数据如表 6-2-2 所示。

表 6-2-2 某小区会所商品销售数据

商品名称	计量单位	销售量		销售价格(元)		销售额(元)		
		基期	报告期	基期	报告期	基期	报告期	假定期
泳衣	件	3000	4800	56	60	168000	288000	268800
球拍	副	200	240	230	280	46000	67200	55200
可乐	瓶	8000	9500	3	3	24000	28500	28500
游泳票	张	5000	3000	20	40	100000	120000	60000
合计	—	—	—	—	—	338000	503700	412500

附：1. 基期数据以下标“0”表示；报告期数据以下标“1”表示。

2. 假定期的销售额为基期销售价格与报告期销售量之间的乘积。

试根据以上数据资料，编制销售量综合指数，并说明其实际经济含义。

解：根据表 6-2-2 中所示的数据，我们可以非常容易地算出四种商品的个体销售量指数。

泳衣的个体销售量指数：$K_{Q(泳衣)}=\frac{Q_1}{Q_0}=\frac{4800}{3000}=160\%$；

球拍的个体销售量指数：$K_{Q(球拍)}=\frac{Q_1}{Q_0}=\frac{240}{200}=120\%$；

可乐的个体销售量指数：$K_{Q(可乐)}=\frac{Q_1}{Q_0}=\frac{9500}{8000}=118.75\%$；

游泳票的个体销售量指数：$K_{Q(游泳票)}=\frac{Q_1}{Q_0}=\frac{3000}{5000}=60\%$。

个体销售量指数只能说明某一种商品销售量的变动情况，如以上四个个体销售指数只能说明泳衣、球拍、可乐以及游泳票的销售量报告期比基期分别增长了 60%、20%、18.75%和－40%。若需要反映以上四种商品销售量的综合变动情况，则需要编制销售量综合指数。

编制销售量综合指数的步骤如下。

(1)确定指数化因素

本题的目的在于考察四种商品销售量的综合变动情况，因此，在编制综合指数时，可以选择销售量作为指数化因素。

(2)确定同度量因素

以上四种商品的计量单位各不相同，因此销售量无法直接进行相加。但我们可以通过引入价格因素，将不能一同度量的销售量转化为可以一同度量的销售额，即：

$$销售额=销售量\times销售价格=P\times Q$$

因此，可以将价格作为同度量因素。

(3)确定同度量因素的时期

编制销售量综合指数时可以将同度量因素的时期固定在基期，因此，其计算公式为：

$$\overline{K}_Q=\frac{\sum P_0Q_1}{\sum P_0Q_0} \tag{6-4}$$

根据销售量综合指数的计算公式(6-4)以及表 6-2-2 中所示的数据，我们可以分别计算得到 $\sum P_0Q_1=412500$ 和 $\sum P_0Q_0=338000$，代入式(6-4)中，可以得到销售量综合指数：

$$\overline{K}_Q=\frac{\sum P_0Q_1}{\sum P_0Q_0}=\frac{412500}{338000}=122.04\%$$

$$122.04\%-100\%=22.04\%$$

$$\sum P_0Q_1-\sum P_0Q_0=412500-338000=74500(\text{元})$$

以上计算结果表明：

(1)与基期相比，报告期四种商品的销售量增长了22.04%；或者说由于销售量增加使得销售额增加了22.04%。

(2)由于销售量增加了22.04%，使得报告期的销售额比基期增加了74500元。

由此可见，销售量综合指数不仅能从相对数的角度反映各种商品销售量的变动方向和程度，而且能从绝对值的角度反映销售量的变动对销售额的影响。

2. 质量指标指数的编制

质量指标指数是指综合反映质量指标变动情况的指数。现以表6-2-2中所示的数据为例，来具体说明质量指标指数的编制与计算方法。

【观念运用6-2-5】试根据表6-2-2中所示数据，计算该四种商品的价格指数。

解：根据表6-2-2中所示的数据，我们可以非常容易地算出四种商品的个体价格指数：

泳衣的个体价格指数：$K_P=\dfrac{P_1}{P_0}=\dfrac{60}{56}=107.14\%$；

球拍的个体价格指数：$K_P=\dfrac{P_1}{P_0}=\dfrac{280}{230}=121.74\%$；

可乐的个体价格指数：$K_P=\dfrac{P_1}{P_0}=\dfrac{3}{3}=100\%$；

游泳票的个体价格指数：$K_P=\dfrac{P_1}{P_0}=\dfrac{40}{20}=200\%$。

个体价格指数只能反映某一种商品销售价格的变动情况。与基期相比，泳衣、球拍与游泳票报告期的销售价格分别上涨了7.14%、21.74%以及100%，可乐的销售价格没有发生变化。若想要说明以上四种商品销售价格的综合变动情况，则要编制价格综合指数。

编制价格综合指数的步骤如下。

(1)确定指数化因素

本题的目的在于考察四种商品销售价格的综合变动情况，因此，在编制综合指数时，可以选择销售价格作为指数化因素。

(2)确定同度量因素

为了将不能一同度量的价格转化为可以一同度量的销售额，我们可以用价格乘以相应的销售量，从而得到销售额，即：销售额＝销售量×销售价格＝$P\times Q$。

因此，可以将销售量作为同度量因素。

(3)确定同度量因素的时期

编制价格综合指数时，通常将同度量因素的时期固定在报告期。因此，可得到价格综合指数的计算公式：

$$\overline{K}_P = \frac{\sum P_1 Q_1}{\sum P_0 Q_1} \tag{6-5}$$

根据价格综合指数的计算公式(6-5)及表6-2-2中所示的数据资料，只要分别计算得到$\sum P_1Q_1$和$\sum P_0Q_1$的数值，并将其带入式(6-5)中，便得到：

$$\overline{K}_P = \frac{\sum P_1 Q_1}{\sum P_0 Q_1} = \frac{503700}{412500} = 122.11\%$$

$$122.11\% - 100\% = 22.11\%$$

$$\sum P_1Q_1 - \sum P_0Q_1 = 503700 - 412500 = 91200(\text{元})$$

由以上计算结果可以看出：

(1)与基期相比，报告期四种商品的价格增长了22.11%；或者说由于销售量增加使得销售价格增加了22.11%。

(2)由于销售量价格增加了22.11%，使得报告期的销售额比基期增加了91200元。

由此可见，价格综合指数不仅能从相对数的角度反映各种商品价格的变动方向和程度，而且能从绝对值的角度反映价格的变动对销售额的影响。

任务三　如何编制平均数指数

【任务导入】

对某物业服务企业的员工人数及其工资数据进行调查，得到如表6-3-1所示的某物业服务企业员工人数及工资数据。试利用该表所示的数据，计算：

(1)各种员工工资的个体指数；

(2)所有种类员工的总平均工资指数。

表6-3-1　某物业服务企业员工人数及工资数据

员工种类	员工人数(人)		工资水平(元)	
	基期	报告期	基期	报告期
技术工	480	600	2500	2800
普通工	560	800	1200	1400
合计	1040	1400	—	—

【任务分析】

平均数指数是综合指数的变形，以个体指数为基础，对若干个体指数进行加权平均就能得到平均数指数。平均数指数在获取数据资料比较困难的情况下非常适用。

平均数指数有两种类型:一种是加权算术平均数指数;另一种是加权调和平均数指数。其中,加权算术平均数指数适合于数量标志总指数的编制,而加权调和平均数指数则适合于质量标志总指数的编制。所有平均数指数的编制都应遵循"先对比、后平均"的原则。

【相关知识链接】

一、平均数指数概述

(一)什么是平均数指数

平均数指数是综合指数的变形,是指以被研究现象的个体指数为基础,对若干个体指数进行加权平均所得到的总指数。

虽然综合指数是总指数的基本形式,但由于编制综合指数往往需要全面的数据资料,无论是数量指标指数还是质量指标指数,都需要有不同时期的数据记录,然而这在实际工作中是很难满足的,因此,需要在不违背确定同度量因素的一般原则下采取变通办法。而平均数指数恰好能满足这一方面的要求。

平均数指数的编制遵循"先对比、后平均"的原则。所谓先对比是指计算所研究现象的个体指数;后平均是指运用加权算术平均法或加权调和平均法对个体指数进行平均。

(二)平均数指数的种类

平均数指数的基本类型主要有两种,即加权算术平均数指数和加权调和平均数指数。在具体运用中,应采用哪一种平均数指数,则需视所掌握的数据资料来决定。

二、平均数指数的编制

类型不同,平均数指数的编制方法是不同的。现分情况分别介绍计算加权算术平均数指数和加权调和平均数指数的编制方法。

(一)加权算术平均数指数

所谓加权算术平均数指数是指对个体指数以一定时期的总价值为权数进行加权算术平均所得到的总指数,通常用于数量标志总指数的编制。

如果掌握了数量指标的各个体指数以及基期总价值 P_0Q_0,就可以运用加权算术平均法求取数量指标总指数。过程如下。

由 $K_Q=\dfrac{Q_1}{Q_0}$,得 $Q_1=K_QQ_0$,将其带入数量指标指数的计算公式(6-4)中得:

$$\overline{K}_Q=\frac{\sum P_0Q_1}{\sum P_0Q_0}=\frac{\sum K_QP_0Q_0}{\sum P_0Q_0} \qquad (6\text{-}6)$$

式(6-6)便是加权算术平均数指数的计算公式。其中，P_0Q_0 为加权的权数。

容易看出，公式(6-6)实际上就是拉氏数量指数的计算公式，因此，我们说加权算术平均数指数是数量指标综合指数的变形。

下面以一个具体的案例对加权算术平均数指数的编制方法进行全面的介绍。

【观念运用 6-3-1】试根据表 6-2-2 中所示数据，计算该四种商品的销售量指数，并说明其经济含义。

解：根据表 6-2-2 中所示数据，很容易整理得出如表 6-3-2 所示的加权算术平均数指数计算表。

表 6-3-2　某小区会所商品销售量加权算术平均数指数计算表

商品名称	计量单位	销售量		基期销售额(元)	个体销售指数	$K_QP_0Q_0$
		Q_0	Q_1	P_0Q_0	Q_1/Q_0	
泳衣	件	3000	4800	168000	1.60	268800
球拍	副	200	240	46000	1.20	55200
可乐	瓶	8000	9500	24000	1.1875	28500
游泳票	张	5000	3000	100000	0.6	60000
合计	—	—	—	338000	—	412500

根据表 6-3-2 中所得的计算结果，将其代入加权算术平均数指数的计算公式(6-6)中有：

$$\overline{K}_Q=\frac{\sum P_0Q_1}{\sum P_0Q_0}=\frac{\sum K_QP_0Q_0}{\sum P_0Q_0}=\frac{412500}{338000}=122.04\%$$

$$122.04\%-100\%=22.04\%$$

$$\sum K_QP_0Q_0-\sum P_0Q_0=412500-338000=74500$$

由以上计算结果可以看出：

(1)与基期相比，该小区会所四种商品销售量的报告期水平增长了 22.04%；

(2)由于销售量增长了 22.04%，使得报告期的销售额比基期增加了 74500 元。

将计算结果与观念运用 6-2-4 中的计算结果进行比较可以发现，两者的结果是一致的。应注意的是，只有根据全面数据资料计算时两者才会完全一致。若数据资料不全，使用经验权数、固定权数进行计算时，由公式(6-6)及式(6-4)计算所得结果就不再相同了。

加权算术平均数指数的计算方法也同样适用于其他数量指标指数。如以单位成本为同度量因素的销售量综合指数可以由下式进行计算：

$$\overline{K}_Q=\frac{\sum C_0Q_1}{\sum C_0Q_0}=\frac{\sum K_CC_0Q_0}{\sum C_0Q_0} \tag{6-7}$$

(二)加权调和平均数指数

所谓加权调和平均数指数是指对个体指数以一定时期的总价值为权数进行加权调和平均所得到的总指数,通常用于质量标志总指数的编制。

只要我们掌握了质量指标的各个体指数和报告期的实际总价值 P_1Q_1,就可以通过加权调和平均法来计算质量指标综合指数。具体过程如下:

由 $K_P=\frac{P_1}{P_0}$,得 $P_0=\frac{1}{K_P}P_1$,将其代入质量指标指数的计算公式(6-5)中得:

$$\overline{K}_P=\frac{\sum P_1Q_1}{\sum P_0Q_1}=\frac{\sum P_1Q_1}{\sum \frac{1}{K_P}P_1Q_1} \tag{6-8}$$

式中 $\overline{K}_P$——质量指标总指数;

K_P——质量指标个体指数;

P_1Q_1——权数。

式(6-8)即为加权调和平均数指数的计算公式。

容易看出,公式(6-8)在实际上就是帕氏质量指标指数的计算公式,因此,我们说加权调和平均数指数是质量指标综合指数的变形。

下面以一个具体的案例对加权调和平均数指数的编制方法进行全面的介绍。

【观念运用 6-3-2】试根据表 6-2-2 中所示数据,计算该四种商品的销售价格指数,并说明其经济含义。

解:根据表 6-2-2 中所示数据,很容易整理得出如表 6-3-3 所示的加权调和平均数指数计算表。

表 6-3-3 某小区会所商品销售量加权算术平均数指数计算表

商品名称	计量单位	销售价格(元)		报告期销售额(元)	个体价格指数	$\frac{1}{K_P}P_1Q_1$
		P_0	P_1	P_1Q_1	P_1/P_0	
泳衣	件	56	60	288000	1.0714	268800
球拍	副	230	280	67200	1.2174	55200
可乐	瓶	3	3	28500	1.0000	28500
游泳票	张	20	40	120000	2.0000	60000
合计	—	—	—	503700	—	412500

根据表 6-3-3 中所得的计算结果,将其代入加权算术平均数指数的计算公式(6-8)中有:

$$\overline{K}_P=\frac{\sum P_1Q_1}{\sum P_0Q_1}=\frac{\sum P_1Q_1}{\sum \frac{1}{K_P}P_1Q_1}=\frac{503700}{412500}=122.11\%$$

$$122.11\%-100\%=22.11\%$$

$$\sum P_1Q_1-\sum \frac{1}{K_P}P_1Q_1=503700-412500=91200(\text{元})$$

由以上计算结果可以看出：

(1)该小区会所商品销售价格报告期比基期增长了22.11%；

(2)由于销售价格增长了22.11%，使得该小区会所报告期的销售额比基期增长了91200元。

将计算结果与观念运用6-2-5中的计算结果进行比较可以发现，两者的结果是一致的。应注意的是，只有根据全面数据资料计算时，两者才会完全一致。若数据资料不全，使用经验权数、固定权数进行计算时，由公式(6-8)及式(6-5)计算所得结果就不再相同了。

以上将价格综合指数变换为加权调和平均数指数的方法，同样适用于其他质量指标指数的计算。如以单位成本为同度量因素的销售价格综合指数的加权调和平均数指数计算公式为：

$$\overline{K}_P = \frac{\sum C_1 Q_1}{\sum C_0 Q_1} = \frac{\sum C_1 Q_1}{\sum \frac{1}{K_C} C_1 Q_1} \tag{6-9}$$

三、平均数指数与综合指数之间的联系与区别

(一)平均数指数与综合指数的联系

两者之间的联系主要表现在：平均数指数是综合指数的变形。具体而言，以基期指标为权数，我们可以计算得到数量指标的算术平均数指数；而以报告期指标为权数，我们则可以计算得到质量指标的调和平均数指数。

(二)平均数指数与综合指数的区别

两者之间的区别主要体现在以下两个方面。

1. 权数确定方式不一样

编制综合指数时，一般是根据实际数据资料来确定权数；而平均数指数中权数的确定方式灵活多样，既可以根据实际数据来确定，也可以在定性分析的基础上凭主观确定，或者是对以往权数进行适当的调整后作为新的权数。因此，平均数指数运用时较为方便，具有独特的运用价值和领域。

2. 需掌握的数据资料与运用范围不同

编制综合指数往往需要全面的数据资料，而编制平均数指数时，既可以利用全面的数据资料，也可以利用非全面的数据资料。由于在统计实践工作中往往难以收集到全面、完整的数据资料，因此，相比于综合指数，平均数指数的运用范围更为广泛。

任务四　指数体系与因素分析

【任务导入】

某房地产开发企业有两家下属企业，其有关员工人数、工作时间及劳动生产率的

数据如表 6-4-1 所示。

表 6-4-1 某房地产开发企业下属企业数据资料

企业	员工人数(人)		工作月长度(日)		工作日长度(时)		单位劳动生产率(%)	
	基期	报告期	基期	报告期	基期	报告期	基期	报告期
甲	240	280	26	24	8.0	7.0	105	120
乙	360	400	26	25	7.0	7.0	110	125
合计	600	680	—	—	—	—	—	—

试进行以下分析：

(1)建立指数体系，分析该房地产开发企业总产量的变动情况；

(2)员工人数、工作月长度、工作日长度以及单位劳动生产率各因素对企业总产值的影响程度和绝对量。

【任务分析】

当若干个统计指数之间存在内在联系，且在数量上存在一定的推算关系时，我们就可以建立起指数体系来进行分析。具体而言，在本任务中，企业总产值指数＝员工人数指数×工作月长度指数×工作日长度指数×单位劳动生产率指数。因此，在这五者之间便可以建立指数体系。

通过因素分析，就可以从相对数和绝对数两个方面研究现象总变动中受各影响因素变动的作用方向和程度。在本任务中，企业总产值指数受到四个因素的影响，因此属于多因素分析的场合。此外，由于企业总产值属于总量指标，因此，该因素分析属于总量指标的多因素分析。进行因素分析一般要遵循以下几个步骤：首先，建立指数体系；其次，假定其他影响因素不变，确定某一影响因素变动时作用的方向与程度；再次，相对数分析：现象综合变动总指数等于各影响因素指数的乘积；最后，绝对数分析：现象综合变动的绝对量等于各影响因素变动的绝对量之和。这样，便能对总量指标进行完整的因素分析，得出正确的结果。

【相关知识链接】

指数不仅可以反映复杂现象总体数量的变动方向和程度，而且可以分析受多因素影响的现象总变动中各个因素变动的影响方向和程度。后者正是借助指数体系来进行的。

一、指数体系概述

(一)什么是指数体系

社会经济现象之间往往是相互联系、相互制约的，某一现象的变化常常受到两个或两个以上因素的共同影响。如商品销售额的变动同时受到销售量和销售价格两个因素的共同影响。客观现象之间的这种联系反映在指数上，便产生指数之间的联系，即指数体系。

指数体系是指由若干个具有内在联系，且在数量上存在一定推算关系的统计指数所构成的整体。

以销售额、销售量及销售价格三者之间的关系为例，我们知道在它们之间有：

销售额＝销售量×销售价格

根据综合指数的编制方法，即在编制数量指标指数时，通常把作为同度量因素的质量指标固定在基期；而在编制质量指标指数时，则把作为同度量因素的数量指标固定在报告期。因此有：

商品销售额指数＝商品销售量指数×商品销售价格指数　(6-10)

商品销售额增加(减少)的绝对量＝销售量变化引起的销售额增加(减少)的绝对量＋价格变化引起的销售额增加(减少)的绝对量　(6-11)

以上指数之间的关系可以用符号表示如下：

$$\frac{\sum P_1Q_1}{\sum P_0Q_0}=\frac{\sum P_0Q_1}{\sum P_0Q_0}\times\frac{\sum P_1Q_1}{\sum P_0Q_1} \tag{6-12}$$

$$\sum P_1Q_1-\sum P_0Q_0=\left(\sum P_0Q_1-\sum P_0Q_0\right)+\left(\sum P_1Q_1-\sum P_0Q_1\right) \tag{6-13}$$

由此可见，在指数体系中包含两个对等关系，即相对数上的对等关系和绝对量上的对等关系。

在式(6-10)及式(6-12)中，商品销售额指数是反映总体变动的指数，而价格指数和销售量指数都是因素指数。两个公式都反映了商品销售额的变动中受价格变动及销售量变动影响的方向和程度。

【观念运用 6-4-1】试分别说明以下几种指数关系中的现象总变动指数、因素指数及其相互之间的关系。

1. 总成本指数、产品产量指数与单位成本指数；

2. 原材料总成本指数、产量指数、原材料消耗定额指数以及材料价格指数。

由若干指数构成的指数体系有以下几个方面的特点：

(1)需具备三个或三个以上的指数；

(2)各指数在数量上存在推算关系，即已知其中的 $n-1$ 个指数，则可以方便地推算出第 n 个指数；

(3)现象的总变动量等于各个因素变动量之和。

(二)指数体系的作用

指数体系主要在以下几个方面发挥作用。

1. 指数体系是进行因素分析的基础和依据

统计指数可以从数量上反映现象的总变动与其各影响因素的变动之间的联系，并从相对数和绝对数两个方面分析各因素变动对现象总变动所产生的影响，为进行因素分析提供依据。如通过在产品总成本指数、产量指数以及单位成本指数之间建立起指数体系，就可以方便地分析产品产量和单位成本的变动对总成本变动的影响方向和程度。

2. 利用指数体系可以进行指数之间的相互推算

根据指数体系中各指数之间的对等关系，当已知指数体系中的 $n-1$ 个指数，则可以方便地推算出第 n 个指数。如反映我国居民消费水平的消费品零售价格指数就是通过零售额指数与零售量指数进行对比求得的。

3. 指数体系能为确定同度量因素的时期提供依据

为了确定某一影响因素的变动对现象总体变动的影响，就必须假定其他影响因素保持不变。在决定将其他因素固定在什么时期时，就必须要以指数体系为依据，这样才能保证指数体系的科学性与系统性。

【观念运用 6-4-2】假设与 2008 年相比，2009 年在珠海市同样多的货币要少购买 6%的商品，问珠海市该段时间的通货膨胀率是多少（提示：通货膨胀率＝物价指数－1）？

二、因素分析

（一）什么是因素分析

因素分析是指利用指数体系，从相对数和绝对数两个方面研究现象总变动中受各影响因素变动的作用方向和程度的一种分析方法。

（二）因素分析的种类

依据不同的标准，指数体系的因素分析可以分为不同的类型。

1. 根据现象总体所受因素的多少，可以分为两因素分析和多因素分析两种

两因素分析是指对研究现象受两个影响因素变动作用时的变动情况进行分析，这是因素分析中最基本的分析方法，如对销售量和销售价格对销售额的影响进行的分析。

多因素分析是指对研究现象受两个以上影响因素变动作用时的变动情况进行分析，如对产品产量、原材料单耗以及原材料单价变动对原材料费用总额所进行的分析。

2. 按照分析的指标种类不同，可以分为总量指标因素分析与平均指标因素分析

总量指标因素分析是指以总量指标为分析对象的因素分析，如分析销售量与销售价格变动对销售额的影响，产品产量、原材料单耗以及原材料单价的变动对原材料费用总额的影响均属于总量指标因素分析，因为这里的销售额和原材料费用总额都

为总量指标。

平均指标因素分析是指以平均指标为分析对象的因素分析，如对同一单位不同时期职工平均工资受各类职工工资水平与职工人数构成因素变动的影响进行分析。

【观念运用 6-4-3】对单位成本、产品总产量对生产总成本的影响所进行的分析属于两因素分析还是多因素分析？是总量指标因素分析还是平均指标因素分析？

(三)因素分析的程序与步骤

在进行因素分析时，我们应该根据现象之间的经济关系，从相对数与绝对数两个角度分别进行计算分析。其具体步骤如下：

(1)建立指数体系，将总指数表示为各影响因素指数的乘积；

(2)假定其他影响因素不变，确定某一影响因素变动时作用的方向与程度；

(3)相对数分析：现象综合变动总指数等于各影响因素指数的乘积；

(4)绝对数分析：现象综合变动的绝对量等于各影响因素变动的绝对量之和。

(四)因素分析的具体运用

统计实践中，因素分析主要包括两种类型的问题：一是总量指标因素分析；二是平均指标因素分析。本书拟重点介绍总量指标因素分析中的两因素分析与多因素分析两种方法。

1. 总量指标的两因素分析法

在总量指标的两因素分析中，其中一个往往为数量指标因素；另一个为质量指标因素。通过分别编制数量指标指数和质量指标指数来建立指数体系，就可以很方便地分析总量指标因素中各影响因素变动的作用方向和程度。

以下以一个具体的案例来说明总量指标的两因素分析法的实施步骤。

【观念运用 6-4-4】根据表 6-2-2 所示的数据资料，试建立指数体系并对销售额的变动从销售量以及销售价格两个方面进行因素分析。

解：根据表 6-2-2 所示的数据，我们很容易得出如表 6-4-2 所示的销售额两因素分析计算表。

表 6-4-2 某小区会所商品销售额两因素分析计算表

商品名称	计量单位	销售量		销售价格(元)		销售额(元)		
		基期	报告期	基期	报告期	基期	报告期	假定期
泳衣	件	3000	4800	56	60	168000	288000	268800
球拍	副	200	240	230	280	46000	67200	55200
可乐	瓶	8000	9500	3	3	24000	28500	28500
游泳票	张	5000	3000	20	40	100000	120000	60000
合计	—	—	—	—	—	338000	503700	412500

附：1. 基期数据以下标“0”表示；报告期数据以下标“1”表示。

2. 假定期的销售额为基期销售价格与报告期销售量之间的乘积。

以下按照上文所介绍的步骤来进行销售额的两因素分析。

(1)建立指数体系

根据销售额与销售量和销售价格之间的数量关系,我们可以得出以下相对数关系及绝对数关系。

1)相对数关系:销售额指数=销售量指数×销售价格指数,可以用符号表示为:

$$\frac{\sum P_1Q_1}{\sum P_0Q_0}=\frac{\sum P_0Q_1}{\sum P_0Q_0}\times\frac{\sum P_1Q_1}{\sum P_0Q_1}$$

2)绝对数关系:销售额总变动=因销售量变动引起的销售额变动+因销售价格变化引起的销售额变动。用符号表示即为:

$$\sum P_1Q_1-\sum P_0Q_0=\left(\sum P_0Q_1-\sum P_0Q_0\right)+\left(\sum P_1Q_1-\sum P_0Q_1\right)$$

(2)分析总量指标销售额的变化

销售额总指数:$\overline{K}_{PQ}=\frac{\sum P_1Q_1}{\sum P_0Q_0}=\frac{503700}{338000}=149.02\%$

销售额增加量:$\sum P_1Q_1-\sum P_0Q_0=503700-338000=165700$(元)

计算结果表明:报告期的销售额比基期增加了49.02%,即165700元。

(3)分析销售额变动的原因

销售额的变动主要受到销售量与销售价格的影响,现分别进行分析。

1)销售量的变化对销售额的影响

销售量指数:$\overline{K}_Q=\frac{\sum P_0Q_1}{\sum P_0Q_0}=\frac{412500}{338000}=122.04\%$

销售量变化引起的销售额变化:

$$\sum P_0Q_1-\sum P_0Q_0=412500-338000=74500(\text{元})$$

计算结果表明:销售量变化使销售额增加了22.04%,即增加了74500元。

2)销售价格的变化对销售额的影响

销售价格指数:$\overline{K}_P=\frac{\sum P_1Q_1}{\sum P_0Q_1}=\frac{503700}{412500}=122.11\%$

销售价格变化引起的销售额变化:

$$\sum P_1Q_1-\sum P_0Q_1=503700-412500=91200(\text{元})$$

计算结果表明:销售价格变化使销售额增加了22.11%,即为91200元。

(4)利用指数体系进行验证

相对数分析:149.02%=122.11%×122.04%

绝对数分析：165700＝91200＋74500

因此可见，该小区会所四种商品的销售量综合增加了22.04%，使销售额增加了74500元；销售价格综合上升了22.11%，使销售额增加了91200元。两个因素共同作用的结果是使销售额增加了49.02%，其绝对数量为165700元。

在进行总量指标的两因素分析时，应注意以下两个方面的问题：

(1)必须明确待研究的社会经济现象总体与其各影响因素之间的关系。

(2)在编制各因素指数时，对于数量指标因素，应以基期的质量指标作为同度量因素；而对于质量指标因素，则应以报告期的数量指标作为同度量因素。这样编制出来的指数体系才能具备经济内容上的完整性以及数学关系上的恒等性。

2. 总量指标的多因素分析法

与总量指标的两因素分析法相比，多因素分析法的思路基本相同。但由于其包含较多的因素，编制过程较为复杂，因此需要注意以下几个方面的问题。

(1)在综合指数中应正确排列各因素的顺序。一般要根据现象总体的经济内容，按照数量指标在前、质量指标在后；主要指标在前、次要指标在后；所有相邻两因素的乘积必须具有明确的经济意义的原则，对各因素进行排序。

如拟对销售量、销售价格和利润率三个因素的变动对商品利润额的影响进行分析，我们可以按照如下顺序排列：

商品利润额＝销售量×销售价格×利润率

其中：销售量与销售价格的乘积为销售额；而销售价格与利润率的乘积表示单位商品的利润额，所有相邻因素的乘积都具有明确的经济含义。

(2)在正确排序的基础上，必须逐次逐项进行分析。具体而言，在测定某一因素变动对总体的影响时，需假设其他因素保持不变。在分析完第一个因素变动的影响之后，接着分析第二个因素变动的影响，以此类推，直至对最后一个因素变动的影响进行分析。

(3)在确定同度量因素的时期时，应遵循连环替代法原则。一般原则是：已经分析过的因素固定在报告期，未分析过的因素固定在基期。具体而言：当分析第一个因素的影响时，其他所有因素都固定在基期；当分析第二个因素的影响时，已经分析过的第一个因素固定在报告期，未分析过的其他因素都固定在基期；以此类推，逐项分析，直至分析最后一个因素的影响时，将已经分析过的所有因素都固定在报告期。

根据以上原则，我们可以建立总量指标的多因素分析法中的指数体系。以商品利润额与销售量、销售价格、利润率之间的关系为例，假设分别用Q、P、M代表销售量、销售价格及利润率，则商品利润总额指数体系以及绝对量关系式可分别表示如下。

$$\frac{\sum Q_1P_1M_1}{\sum Q_0P_0M_0}=\frac{\sum Q_1P_0M_0}{\sum Q_0P_0M_0}\times\frac{\sum Q_1P_1M_0}{\sum Q_1P_0M_0}\times\frac{\sum Q_1P_1M_1}{\sum Q_1P_1M_0} \tag{6-14}$$

即：商品利润总额指数＝销售量指数×销售价格指数×利润率指数。

$$\sum Q_1P_1M_1-\sum Q_0P_0M_0=\left(\sum Q_1P_0M_0-\sum Q_0P_0M_0\right)+\left(\sum Q_1P_1M_0-\sum Q_1P_0M_0\right)+\left(\sum Q_1P_1M_1-\sum Q_1P_1M_0\right) \tag{6-15}$$

即：商品利润总额的变动等于由销售量、销售价格及利润率三个影响因素变动引起的利润额变动的总和。

利用公式(6-14)及式(6-15)就可以非常方便地对受多个因素影响的总量指标所构成的指数体系进行因素分析。以下以一个具体的案例来进行详细的说明。

【观念运用 6-4-5】假设某小区会所销售商品的有关数据资料如表 6-4-3 所示，试建立起相应的指数体系，并运用因素分析的方法对商品利润总额受销售量、销售价格以及利润率变动的影响进行分析。

表 6-4-3　某小区会所商品销售情况数据统计表

商品名称	计量单位	销售量		销售价格(元)		利润率	
		Q_0	Q_1	P_0	P_1	M_0	M_1
泳衣	件	3000	4800	56	60	0.34	0.40
球拍	副	200	240	230	280	0.48	0.56
可乐	瓶	8000	9500	3	3	0.60	0.60
游泳票	张	5000	3000	20	40	0.85	0.65

解：根据表 6-4-3 所示的数据，我们可以很容易得到如表 6-4-4 所示的商品销售利润总额计算表。

表 6-4-4　某小区会所商品销售利润总额数据资料

商品名称	商品利润总额(元)			
	$Q_0P_0M_0$	$Q_1P_0M_0$	$Q_1P_1M_0$	$Q_1P_1M_1$
泳衣	57120	91392	97920	115200
球拍	22080	26496	32256	37632
可乐	14400	17100	17100	17100
游泳票	85000	51000	102000	78000
合计	178600	185988	249276	247932

以下按照上文所介绍的步骤来进行销售利润总额的三因素分析。

(1)建立指数体系

根据销售利润总额与销售量、销售价格及利润率之间的数量关系，我们可以得出以下相对数关系及绝对数关系。

1)相对数关系：销售利润总额指数＝销售量指数×销售价格指数×利润率指数。可以用符号表示为：

$$\frac{\sum Q_1P_1M_1}{\sum Q_0P_0M_0}=\frac{\sum Q_1P_0M_0}{\sum Q_0P_0M_0}\times\frac{\sum Q_1P_1M_0}{\sum Q_1P_0M_0}\times\frac{\sum Q_1P_1M_1}{\sum Q_1P_1M_0}$$

2)绝对数关系：销售利润总额总变动＝因销售量变动引起的销售利润总额变动＋因销售价格变化引起的销售利润总额变动＋因利润率变化引起的销售利润总额变动。用符号表示即为：

$$\begin{aligned}\sum Q_1P_1M_1-\sum Q_0P_0M_0=&\left(\sum Q_1P_0M_0-\sum Q_0P_0M_0\right)\\&+\left(\sum Q_1P_1M_0-\sum Q_1P_0M_0\right)\\&+\left(\sum Q_1P_1M_1-\sum Q_1P_1M_0\right)\end{aligned}$$

(2)分析总量指标销售利润总额的变化

销售利润总额总指数：$\overline{K}_{PQM}=\frac{\sum Q_1P_1M_1}{\sum Q_0P_0M_0}=\frac{247932}{178600}=138.82\%$

销售利润总额增加量：

$$\sum Q_1P_1M_1-\sum Q_0P_0M_0=247932-178600=69332(\text{元})$$

计算结果表明：报告期的销售利润总额比基期增加了38.82%，即69332元。

(3)分析销售利润总额变动的原因

销售利润总额的变动主要受到销售量、销售价格以及利润率的影响，现分别进行分析。

1)销售量的变化对销售利润总额的影响

销售量指数：$\overline{K}_Q=\frac{\sum Q_1P_0M_0}{\sum Q_0P_0M_0}=\frac{185988}{178600}=104.14\%$

销售量变化引起的销售利润总额变化：

$$\sum Q_1P_0M_0-\sum Q_0P_0M_0=185988-178600=7388(\text{元})$$

计算结果表明：销售量变化使销售利润总额增加了4.14%，即增加了7388元。

2)销售价格的变化对销售利润总额的影响

销售价格指数：$\overline{K}_P=\frac{\sum Q_1P_1M_0}{\sum Q_1P_0M_0}=\frac{249276}{185988}=134.03\%$

销售价格变化引起的销售利润总额变化：

$$\sum Q_1P_1M_0-\sum Q_1P_0M_0=249276-185988=63288(\text{元})$$

计算结果表明：销售价格变化使销售利润总额增加了34.03%，即为63288元。

3)利润率的变化对销售利润总额的影响

利润率指数：$\overline{K}_M = \dfrac{\sum Q_1 P_1 M_1}{\sum Q_1 P_1 M_0} = \dfrac{247932}{249276} = 99.46\%$

利润率变化引起的销售利润总额变化：

$$\sum Q_1 P_1 M_1 - \sum Q_1 P_1 M_0 = 247932 - 249276 = -1344(\text{元})$$

计算结果表明：利润率变化使销售利润总额减少了0.54%，即为1344元。

(4)利用指数体系进行验证

相对数分析：138.82%＝104.14%×134.03%×99.46%

绝对数分析：69332＝7388＋63288＋(－1344)

因此可见，该小区会所四种商品的销售量综合增加了4.14%，使销售利润总额增加了7388元；销售价格综合上升了34.03%，使销售利润总额增加了63288元；利润率水平减少了0.54%，使销售利润总额减少了1344元。三个因素共同作用的结果是使销售利润总额增加了38.82%，其绝对数量为69332元。

任务五　几种常见的统计指数认知

【任务导入】

阅读书籍或登录相关网站，收集一些日常生活中常见的统计指数，分别说明它们各自的经济含义，并说明它们反映了什么方面的经济问题，如何对我们的日常生活产生影响。

【任务分析】

统计指数不仅仅是一种重要的分析指标与方法，而且还对人们的日常生活产生极大的影响。因此，世界各国一般都编制有各种类型的统计指数，并定期向社会公布相关的数据资料。所以，只要登录相关统计局的官方网站，我们一般可以收集到各种各样的统计指数，包括各种指数的计算方法、所使用符号的经济含义等。

我国编制统计指数的方法与外国有一定的差别，在使用时，应注意两者之间的可比性。在我国，常见的与人民生活、生产活动密切相关的统计指数主要包括居民消费价格指数、工业生产指数、社会商品零售价格指数、股票价格指数、农副产品收购价格指数、货币购买力指数以及生产成本指数等。我们应该熟悉掌握各种统计指数的含义以及编制方法。

【相关知识链接】

作为一种重要的经济分析指标和方法，统计指数在统计实践中得到了广泛的运用。目前我国统计工作中比较常见的指数主要包括居民消费价格指数、工业生产指数、社会商品零售价格指数、农副产品收购价格指数、股票价格指数、货币购买力指数以及产品成本指数。现分别加以介绍。

一、居民消费价格指数

(一)什么是居民消费价格指数

居民消费价格指数(Consumer Price Index,CPI)是指综合反映一定时期内城乡所购买的生活消费品及服务项目价格的变动趋势和程度的相对数。居民消费价格指数在国民经济体系中占有重要的地位,与人民生活水平密切相关,通过它,我们可以观察到消费价格的变动及其对消费者货币支出的影响。

世界上大多数国家都编制有居民消费价格指数,用以反映城乡居民购买生活消费品及服务的价格水平的变动情况。自从 2001 年开始,我国也逐月编制并公布以 2000 年为基期的居民消费价格定基指数,作为反映我国通货膨胀(或通货紧缩)程度的主要指标。

我们既可以就城乡分别编制城镇居民消费价格指数和农村居民消费价格指数,也可以就全社会编制居民消费价格指数。

(二)居民消费价格指数的编制方法

居民消费价格指数是消费品价格和服务项目价格的加权平均数。编制居民消费价格指数的步骤如下:

(1)首先将社会商品按消费品和服务项目进行分类,并选择消费品和服务项目的代表。

(2)确定指数中的权数。权数的确定原则上应根据居民消费支出的构成数据来确定,但由于收集困难,因此,目前主要是根据社会商品零售额与服务行业的营业额来确定权数。

(3)分别求取消费品价格指数和服务价格指数,并对两者进行加权平均。其计算公式如下:

$$I_P=\frac{\sum K_P W}{\sum W} \tag{6-16}$$

式中 I_P——消费价格指数;

K_P——消费品或服务价格指数;

W——权数,分别为消费品零售额和服务行业营业额在两者之和中所占的比重。

(三)居民消费价格指数的作用

居民消费价格指数是一种最为常见的统计指数,其主要具有以下一些方面的作用。

1. 反映城乡居民购买消费品或服务项目价格水平的变动趋势和程度

这是居民消费价格指数最基本的作用。

2. 反映通货膨胀的程度

作为衡量通货膨胀严重程度的通货膨胀率一般是以居民消费价格指数来进行计算的。其计算公式为:

$$\text{通货膨胀率}=\frac{\text{报告期居民消费价格指数}-\text{基期居民消费价格指数}}{\text{基期居民消费价格指数}}\times 100\% \tag{6-17}$$

3. 反映实际工资水平的变动

实际工资水平与居民消费价格指数呈反比例关系:居民消费价格指数的提高意味着实际工资水平的减少;居民消费价格指数的下降意味着实际工资水平的增加。因此,我们很容易利用居民消费价格指数将名义工资转化为实际工资。计算公式为:

$$\text{实际工资}=\frac{\text{名义工资}}{\text{居民消费价格指数}} \tag{6-18}$$

4. 反映货币购买力的变动

货币购买力指数就是居民消费价格指数的倒数,即有:

$$\text{货币购买力指数}=\frac{1}{\text{居民消费价格指数}} \tag{6-19}$$

【观念运用 6-5-1】查找相关书籍或登录中华人民共和国统计局官方网站,收集我国居民消费价格指数数据,并分析我国该段时间内消费品及服务价格水平的变化与通货膨胀程度。

二、工业生产指数

(一)什么是工业生产指数

工业生产指数(Industrial Production Index,IPI),是反映一个国家工业生产发展速度的重要指标之一,它是概括反映一个国家或地区各种工业产品产量的综合变动情况的相对数。用它可以反映一个国家国民经济发展的状况,衡量一个国家的经济增长水平。

世界各国都编制工业生产指数,只是所采用的编制方法不同。

(二)西方国家工业生产指数的编制方法

西方国家一般采用平均数指数的形式来编制工业生产指数。具体而言,在计算时,以基期相应的工业产品增加值 Q_0P_0 为权数,根据各种工业代表产品的报告期与基期产量数据,分别求得各产品的个体产量指数 K_Q,然后以相应的权数对个体产量指数进行加权平均,即可得到工业生产指数。其计算公式如下:

$$I_Q=\frac{\sum K_Q Q_0 P_0}{\sum Q_0 P_0} \tag{6-20}$$

式中 K_Q——各种工业品的个体产量指数，$K_Q=\frac{Q_1}{Q_0}$；

$Q_0 P_0$——相应工业品的基期产值。

在实际运用中，为了简化指数的编制工作，通常以各种工业品的增加值比重作为权数，并将这些权数固定下来，采取"固定加权算术平均数"连续编制各个时期的工业生产指数。其计算公式为：

$$I_Q=\frac{\sum K_Q W}{\sum W} \tag{6-21}$$

(三)我国工业生产指数的编制方法

我国从1997年开始编制工业生产指数，采用的是不变价格法。其具体步骤如下：

(1)选择某一时刻或时点价格作为不变价格，记为 P_C；

(2)逐项计算各种产品的不变价格产值，并对其进行加总；

(3)将不同时期的不变价格总产值进行对比，便可以得到相应时期的工业生产指数。

其计算公式如下：

$$I_Q=\frac{\sum Q_t P_C}{\sum Q_0 P_C} \tag{6-22}$$

式中 Q_t、Q_0——报告期及基期的产量水平。

我国先后采用过1952年、1957年、1970年、1980年及1990年的价格作为不变价格编制工业生产指数。值得注意的是，我国工业生产指数的编制方法在市场经济条件下实施起来很不方便，而且不利于国际对比，因此，应尽可能采用国际通用的方法来编制工业生产指数。

【观念运用6-5-2】试从相关网站上收集我国的工业生产指数数据，并分析该段时间内我国工业生产的发展速度。

三、社会商品零售价格指数

社会商品零售价格指数(Retail Price Index)是指反映社会商品零售价格变动情况的相对数。社会商品零售价格指数的高低直接影响城乡居民的生活支出、购买力、市场的供需平衡以及消费和储蓄的分配等，因此，它也是反映居民生活消费情况的一个重要指数。

为了满足不同的需要，我们可以分别编制城镇商品零售价格指数、地区商品零售价格指数或者商品分类零售价格指数。

我国自 1985 年开始编制全社会商品零售价格指数,采取的是部分商品平均价格法。其计算公式如下:

$$I_P = \frac{\sum K_P W}{\sum W} \tag{6-23}$$

式中 K_P——各商品的个体价格指数,$K_P = \frac{P_1}{P_0}$;

W——权数,代表各商品的零售额在零售总额中所占的比重。

【观念运用 6-5-3】试查找相关书籍或登录相关统计网站,收集我国社会商品零售价格指数数据,分析该时期我国社会商品零售价格的变化情况。

四、农副产品收购价格指数

农副产品收购价格指数是指反映国家农副产品收购价格综合变动的方向和程度的相对数。利用它可以研究农副产品收购价格的变化情况及其对农民货币收入、国家财政支出等方面的影响,也可以作为制定和修改农副产品收购价格的依据。

我国农副产品收购价格指数的编制方法是:从 11 类农副产品中选取 276 种主要产品,以各种农副产品报告期的收购额 P_1Q_1 作为权数,对各种农副产品的个体收购价格指数 K_P 采取加权调和平均法便可以得到农副产品收购价格指数。其计算公式为:

$$I_P = \frac{\sum P_1Q_1}{\sum \frac{1}{K_P} P_1Q_1} \tag{6-24}$$

式中 K_P——各种农副产品的个体收购价格指数,$K_P = \frac{P_1}{P_0}$;

P_1Q_1——权数。

【观念运用 6-5-4】收集我国的农副产品收购价格指数,判断其发展变化是否与我国有关农副产品价格的政策相适应。

五、股票价格指数

(一)什么是股票价格指数

股票价格指数(Stock Price Index)是指反映某一股票市场上多种股票价格一般变化趋势的相对数,简称为股价指数。股票价格指数的单位为“点(Point)”,即将基期股价指数作为 100,每上升或下降一个单位称为“1 点”。

股票价格指数一般是由股票交易所、金融服务机构、咨询机构或新闻单位等编制的。

(二)编制股票价格指数的步骤

编制股票价格指数一般应遵循以下基本步骤：

(1)根据上市公司的行业分布、经济实力等因素，适当选择一定数量有代表性的股票作为样本。当然，为了保证样本具有良好的代表性，样本股票可以随时更新或做数量方面的调整。

(2)定期收集有关样本股票的价格数据，也称为采样。

(3)采取适当的方法计算股票价格指数。

(4)通过适当的媒介发布股票价格指数方面的信息。

(三)股票价格指数的编制方法

国际通用的编制股票价格指数的方法一般包括以下几种。

1. 总和法

总和法是指直接将报告期的股价总和与基期的股价总和进行对比所得到的相对数。著名的美国道·琼斯股票价格指数就是采用这种方法编制的。其计算公式为：

$$I_P = \frac{\sum P_1}{\sum P_0} \tag{6-25}$$

式中 P_1、P_0——报告期、基期某种股票的价格。

2. 简单平均法

简单平均法是指将样本中所有股票的个体价格指数按简单算术平均计算股票价格指数的一种方法。英国"经济学家杂志普通股股价指数"就是采用这一方法编制的。其计算公式如下：

$$I_P = \frac{1}{n}\sum \frac{P_1}{P_0} \tag{6-26}$$

式中 P_1、P_0——报告期、基期某种股票的价格。

采取这种方法可以非常灵敏地反映股票价格的短期波动。

3. 加权平均法

加权平均法是指以样本中股票的发行量或交易量为同度量因素计算股票价格指数的计算方法。其计算公式如下：

$$I_P = \frac{\sum P_{1i}Q_i}{\sum P_{0i}Q_i} \tag{6-27}$$

其中，P_{0i}、P_{1i}分别代表样本中第i种股票的基期、报告期价格水平；Q_i代表样本中第i种股票的报告期、基期的发行量或成交量。当以基期的发行量或成交量为同度量因素时，得到的是拉氏指数；当以报告期的发行量或成交量为同度量因素时，得到的便是帕氏指数。以发行量为权数进行计算得到的股价指数为市价总指数；以成交量为权数进行计算得到的股价指数为成交总指数。

我国的上证指数、香港的恒生指数以及美国的S&P500指数都是采用加权平均法计算得到的。

【观念运用6-5-5】试收集我国上证指数、香港恒生指数以及美国标准普尔500指数的数据资料，分析三种股票市场的发展情况，判断三种股票市场是否存在依存性。

六、货币购买力指数

货币购买力指数是指单位货币所能购买到的消费品或服务的数量。货币购买力指数与居民消费价格指数成反比例关系，通过居民消费价格指数，我们就能很方便地得到货币购买力指数。其计算公式如前式(6-19)所示。

由于物价的变动会影响到货币的购买力，因此，在计算职工的实际工资时，应该考虑到货币购买力方面的变化。它们之间存在如下的关系：

$$实际工资指数 = 货币工资指数 \times 货币购买力指数 \tag{6-28}$$

七、产品成本指数

产品成本指数(Production Cost Index)是指概括反映生产各种产品单位成本水平的综合变动情况的相对数。它是各企业或部门进行内部成本管理时一个非常有用的工具。

产品成本指数一般是采取加权平均法来计算的，权数为各种产品报告期的产量。其计算公式如下：

$$I_C = \frac{\sum C_1 Q_1}{\sum C_0 Q_1} \tag{6-29}$$

式中　C_1、C_0——报告期、基期的平均成本水平；

Q_1——权数，代表各种产品在报告期的产量。

该指数分子与分母之差表示：与基期相比，由于单位成本水平的变化引起的报告期生产同样多产品的成本总额的变化。

本模块小结

本模块主要介绍了五大方面的内容，即统计指数认知、综合指数的编制、平均数指数的编制、指数体系与因素分析以及几种常见的统计指数认知。

1. 统计指数简称为指数，是指分析社会经济现象数量变动的一种对比性指标，包括广义和狭义两个方面的含义。本书中使用的是狭义上的统计指数。

2. 综合指数是指由两个总量指标进行对比所得到反映多种现象综合变动的总指数。编制综合指数应遵循以下步骤:确定指数化因素;确定同度量因素;确定同度量因素的时期。本书主要介绍了数量指标指数及质量指标指数的编制。

3. 平均数指数是综合指数的变形,是指以被研究现象的个体指数为基础,对若干个体指数进行加权平均所得到的总指数,包含加权算术平均数指数与加权调和平均数指数两种。前者适用于数量指标总指数的编制,而后者适用于质量指标总指数的编制。

4. 指数体系是指由若干个具有内在联系,且在数量上存在一定推算关系的统计指数所构成的整体。一系列指数要构成指数体系,需满足三个条件,即:需具备三个或三个以上的指数;各指数在数量上存在推算关系,即已知其中的 $n-1$ 个指数,则可以方便地推算出第 n 个指数;现象的总变动量等于各个因素变动量之和。通过因素分析,我们就可以从相对数和绝对数两个方面研究现象总变动中受各影响因素变动的作用方向和程度。根据不同的标准,因素分析有不同的分类,本书重点介绍了数量指标指数的两因素及多因素分析。

5. 统计指数是一种重要的经济分析指标及方法,在实践中得到了极为广泛的运用。日常生活中与人们关系密切、常见的几种统计指数包括居民消费价格指数、工业生产指数、社会商品零售价格指数、农副产品收购价格指数、股票价格指数、货币购买力指数以及产品成本指数等。

关键概念

统计指数　Statistical index　　综合指数　Ingetrated index

平均数指数　Average index　　指数化因素　Indexational factor

同度量因素　Metric factor　　因素分析　Factor analysis

数量指标指数　Quantitative indicator index

质量指标指数　Qualitative indicator index

居民消费价格指数　Consumer price index

股票价格指数　Stock price index

复习思考题

一、填空题

1. 统计指数简称为(　　),是指分析社会经济现象数量变动的一种(　　)指标。

2. 总指数是指反映(　　)总体在不同时期数量变动的(　　)。

3. 综合指数的优点在于能够从(　　)以及(　　)两个方面反映被研究现象的经济含义和数量变化规律。

4. 按照所反映总体内容和性质的不同,指标有(　　)指标和(　　)指标之分。

5. 个体销售量指数只能说明(　　)商品销售量的变动情况。

二、判断题

1. 平均数指数有两种类型:一种是加权算术平均数指数;另一种是加权调和平均数指数。(　　)

2. 当若干个统计指数之间存在内在联系,且在数量上存在一定的推算关系时,我们就可以建立指数体系来进行分析。(　　)

3. 商品利润总额的变动等于由销售量、销售价格及利润率三个影响因素变动引起的利润额变动的总和。(　　)

4. 统计指数仅是一种重要的分析指标与方法,对人们的日常生活没有多大的影响。(　　)

5. 居民消费价格指数是消费品价格和服务项目价格的加权平均数。(　　)

三、简答题

1. 简述编制股票价格指数的步骤。

2. 什么是货币购买力指数?

3. 简述我国农副产品收购价格指数的编制方法。

4. 目前我国统计工作中比较常见的指数主要包括哪些?

5. 在进行总量指标的两因素分析时,应注意哪两个方面的问题?

四、计算题

1. 某住宅小区某大型超市基期及报告期的商品销售量及销售价格数据资料如下表所示。

附表1　某小区大型超市商品销售量及销售价格数据资料

商品名称	计量单位	销售量		销售价格(元)	
		基期	报告期	基期	报告期
甲	米	7500	9000	21.00	24.00
乙	套	1500	1800	108.00	124.00
丙	斤	6000	7200	2.20	2.50
丁	件	3600	4500	35.00	32.00

根据以上数据资料,试回答以下问题:

(1)计算各种商品销售量与销售价格的个体指数;

(2)计算四种商品的销售量指数及销售价格指数;

(3)计算由于销售价格的变动使得小区业主消费支出增加或减少的金额。

2. 某房地产开发企业基期及报告期的员工人数与其工资水平数据如下表所示。

附表2　某房地产开发企业基期及报告期的员工人数及其工资水平数据

员工类型	员工人数(人)		工资水平(元)	
	基期	报告期	基期	报告期
技术人员	400	450	3500	4000
普通员工	800	950	1200	1500
合计	1200	1400	—	—

根据以上数据资料,试回答以下问题:

(1)计算各组员工的人数及工资水平的个体指数;

(2)计算该房地产开发企业所有员工的总平均工资指数;

(3)对所有员工的总平均工资进行因素分析;

(4)比较各组员工的工资个体指数与所有员工总平均工资指数的差异,对出现差异的原因进行分析;

(5)计算由于员工平均工资水平的变动所产生的该企业工资总额支出的变化数额。

五、实训题

利用课余时间,到学校图书馆或登录相关的统计网站,查找一些统计指数的数据资料。对所获取的数据资料进行认真阅读,理解其含义与计算方法,并谈谈这些统计指数如何影响我们的日常生活。最后,提交一份书面报告,作为平时成绩的考核依据。

学习模块七　抽样与抽样估计

开篇导读

多勒总公司"后进先出"指数的编制

美国田纳西州的多勒总公司(Dollar General Corporation)创立于 1939 年。公司经营着 2000 多家连锁店,以低廉的普通价格在市场上销售非耐用的纺织品和保健、美容、卫生用品等 17000 多种不同的产品。为消除通货膨胀的影响,使公司增加可支配资金,总公司决定采用 LIFO(后进先出)法对存货进行计价。"后进先出"存货计价法会计实务需要编制"后进先出"指数。为了避免计算 2000 多个连锁店的 17000 多种存货价值,该公司采用抽样估计的方法估计存货的价值。

多勒总公司是这样进行的:从 100 个连锁店和 3 个仓库随机抽取 800 种产品作为样本,年末进行实地盘存。会计人员据此编制的存货价值指数为 1.034。这说明在现行成本法的前提下,由于最近一年内通货膨胀因素的影响,公司存货的价值增加了 3.4%。但是,这个指数只是总体的一个样本估计,还需要估计精确度。根据样本结果,极限误差为 0.006,平均误差为 0.003。因此,区间(1.028,1.04)就提供了"后进先出"总体指数的 95.45%的置信区间估计。

这里要提出的问题是:如果您是该公司的管理人员,您该如何确定一个合理的样本容量?采取何种方式抽取样本呢?怎样计算抽样误差并进行区间估计,并说明总体参数落在该区间的可能性有多大呢?

在物业统计实践中,我们可以通过各种渠道获取诸如物价指数、股市行情、城乡居民人均收入及支出情况等有用的数据资料。对于这些数据的形成过程,我们不禁要问:这些数据是如何调查分析出来的?国家统计局为什么能够根据少数商品的价格数据编制价格指数,进而反映所有消费品的价格变动?为了回答以上疑问,就必须掌握抽样与抽样估计的基础知识。抽样与抽样估计是统计学研究的主要内容,而抽样是进行抽样估计的基础。抽样估计主要包括两个方面的内容,即点估计和区间估计。本模块拟主要就抽样调查的方式、抽样估计、点估计以及区间估计等基本问题进行阐述。

知识目标

通过本学习模块知识的学习，主要需掌握以下知识点：

1. 了解抽样估计的概念与特征，掌握与抽样估计有关的一些重要概念，如全及总体与样本；样本估计量与总体参数；抽样框以及抽样误差，尤其是抽样平均误差与抽样极限误差的概念。

2. 掌握点估计与区间估计两种抽样估计的方法，主要是总体均值与总体成数的区间估计。

3. 了解必要样本容量的概念以及影响因素，掌握确定必要样本容量的计算方法。

4. 了解几种常用的抽样调查的组织方式。

能力目标

通过本学习模块知识的学习，主要获得及培养以下职业技能：

1. 对于不同的抽样方法，能用恰当的方式计算样本估计值（主要是样本均值及样本成数）的抽样平均误差与抽样极限误差，并能根据抽样极限误差计算总体参数的大致范围；

2. 能在给定的显著性水平下，通过查找标准正态分布表，针对不同的情况分别进行总体均值及总体成数的区间估计，求得其所在范围；

3. 能根据具体的估计任务，确定出抽样时的必要样本容量；

4. 能根据抽样调查对象的特点及自身条件，选择最为合适的抽样调查组织方式。

任务一 抽样和抽样估计认知

【任务导入】

某住宅小区有3120户业主，假设您是该物业服务企业的一名员工，拟对该小区所有业主的收入情况进行调查。假设您抽取了5%的业主作为样本进行抽样调查，根据所获得数据资料计算得到该样本业主的平均年收入为56000元，其年收入的标准差为1586元，试分别计算采取重复抽样与不重复抽样两种方法时平均年收入的抽样平均误差。若要求的抽样极限误差不超过980元，求所有业主的年平均收入的大致范围。

【任务分析】

抽样平均误差与抽样极限误差是抽样误差中两个非常重要的概念。抽样平均误差反映了样本均值的所有可能均值对总体均值的平均离散程度,也即是误差平均值的大小。由于在实践中,很多情况下总体均值是未知的,因此需要用等价公式进行计算。值得注意的是,抽样方法不同,抽样平均误差的计算公式也是不一样的。

抽样极限误差是以绝对值的形式反映了样本估计值在总体参数周围变动的范围。通过抽样极限误差的计算公式,我们可以推断出总体参数的大致范围。

【相关知识链接】

一、抽样估计概述

(一)抽样与抽样估计的概念

统计研究的根本目的在于描述和揭示客观现象总体的数量特征。在统计实践中,主要有两种方式来研究总体的数量特征:一是全面调查。通过全面调查的方式,可以收集到总体的数据资料,根据这些总体数据资料,我们可以计算和分析总体的各项指标,达到认识总体数量规律性的目的。二是非全面调查,也就是抽样调查。在很多情况下,由于受到人力、物力以及财力等方面的制约,进行全面调查根本就是不可行的,这时就只能从总体中抽取部分单位组成样本作为总体的代表,并根据样本指标值对总体的数量特征进行估计与推断,此即抽样推断。抽样和抽样推断是统计学中非常重要的概念,其概念可以表示如下:

抽样也称为抽样调查,是指从总体中抽取部分单位组成样本,并收集样本单位的数据资料的过程;抽样估计也称为抽样推断,是指在抽样调查的基础上,利用样本数据来估计或推断总体相应的数量特征的一种统计分析方法。

(二)抽样估计的适用场合

在以下一些情形中,由于进行全面调查来收集总体的数据资料是不可能的或不可行的,所以只能采取抽样调查的方式,并进行抽样估计。

1. 无限总体

对于无限总体,根本无法进行全面调查,只能采取抽样估计的方式来认识总体的数量特征。如为了做好小区的绿化工作,某物业服务企业欲对一批种子的发芽率进行统计,这时就只能采取抽样估计的方式。

2. 调查具有破坏性或消耗性

在很多情况下,统计调查往往具有很大的破坏性。如某物业服务企业对公共照明灯的使用寿命进行调查,就属于破坏性实验,只能采取抽样调查的方式收集数据。

3. 不必要进行全面调查

在有些情况下，虽然可以进行全面调查，但是需要耗费大量的人力、物力或财力。然而，若采取抽样调查的方式不仅可以达到同样的效果，而且可以大大降低成本。如为了调查某小区居民对物业服务的满意度，就可以采取抽样调查的方式。

4. 对全面调查所收集的数据资料进行检验与修正

有时我们需要对全面调查所收集到的数据进行检验，则可以进行抽样调查。运用抽样调查收集的数据，计算全面调查的差错率，进而对全面调查所得数据进行修正。

5. 对经营过程进行质量控制

通过抽样调查，可以及时收集到有关产品或服务的质量信息，并分析各种潜在的原因，以便采取相应的措施对服务过程进行质量控制。

由于其广泛的适用性，抽样调查在统计实践中得到了极为广泛的运用。在进行抽样调查时，最为重要的是保证总体中各个单位都有均等机会被抽中。

【观念运用 7-1-1】试列举出一些物业统计中采用抽样调查的例子，并与全面调查方式进行比较，说明其优越性。

二、抽样估计的特征

总体而言，抽样估计具有以下一些特征。

（一）抽样估计是一种由部分认识整体的方法

抽样调查作为一种非全面调查方式，目的在于从样本数据推断总体的数量特征。在现实生活中，此类问题的例子很多。如对部分种子进行调查以推断整批种子的发芽率等。为了保证推断的准确性与可靠性，抽样理论提供了一整套通过样本数据估计与推断总体数量特征的方法，大大提高了统计分析的能力。

（二）抽样估计以随机抽样为基础

抽样调查有概率抽样和非概率抽样两种类型。在抽样估计中，抽样调查应该是概率抽样。随机抽样也称为概率抽样，是指在抽取调查单位时，完全消除人为因素的影响，保证总体中的每个单位都有同等的机会被选中。这样便能使被选中的样本具有较好的代表性，样本的内部结构就越接近于总体的内部结构，对总体数量特征的推断也就越准确。

（三）抽样估计是一种建立在概率论基础上的统计方法

利用样本数据来估计总体参数，在数学上运用的是不确定的概率估计法，而不是确定的数学分析方法。抽样估计原则上把根据样本数据计算得到的样本指标看成是随机变量，在这种情况下，样本指标与总体指标之间并不存在确定的函数关系。此时，若用样本指标来推断总体指标，只能给出总体指标所属的区间，同时也可以指出总体指标落在该区间的概率有多大。

(四)抽样估计的误差可以事先计算并加以控制

与其他统计估算一样,运用样本指标来估计总体参数也必然存在一定的误差。但是与其他统计估算所产生的误差不同的是,其他统计估算产生的误差不能计算,而抽样估计产生的误差不仅可以通过有关资料加以计算,而且可以通过控制样本容量的大小,将误差控制在一定的范围之内,这是其他统计估算方法所无法做到的。

三、抽样估计中的相关概念

在抽样以及抽样估计中,常常会遇到以下几个基本的概念。学习这些基本概念是进行抽样估计的基础。现在分别进行介绍。

(一)全及总体和样本

1. 全及总体

全及总体,简称为总体或母体,是指被调查对象的全部单位所构成的集合体。全及总体的单位数通常用字母 N 表示。

2. 样本

样本也称为抽样总体或子样,是指按照随机原则从全及总体中抽取的一部分单位所构成的集合体。样本中所包含的总体单位数称为样本容量,一般用字母 n 表示。

根据样本容量的大小,可将样本分为大样本和小样本。所谓大样本是指样本容量大于 30 的样本;反之,就属于小样本。在抽样调查中,得到的样本大多数为大样本。

样本比是指样本容量与总体单位数的比值 $\frac{n}{N}$,通常用字母 f 表示。

【观念运用 7-1-2】*在老师的指导下,自行设计调查任务,并确定调查的全及总体、样本、样本容量,判断该样本属于大样本还是小样本,并计算该次抽样调查的抽样比。*

(二)概率抽样和非概率抽样

根据抽样时是否按照随机原则进行,抽样有概率抽样和非概率抽样之分。

1. 概率抽样

概率抽样又称为随机抽样,是指按照随机原则从总体中抽取样本单位的一种抽样方法。

随机原则是指在抽样时完全排除人为因素的影响,使每一个总体都有均等的机会被选中。概率抽样的优点在于能有效地避免人为因素带来的误差,使得根据样本数据能有效地估计与推断总体的数量特征,减小误差。因此,概率抽样在统计实践与科学研究中得到了极为广泛的运用。

2. 非概率抽样

非概率抽样又称为非随机抽样,是指从调查的目的或需要出发,根据调查者的经验或判断,有意识地从总体中抽取样本单位的一种抽样方法。前面介绍的重点调查、典型调查以及统计实践中的配额抽样等都属于非概率抽样。

非概率抽样在了解总体的基本情况、总结经验教训以及研究新生事物等方面具有极大的优势。但是其缺点也相当明显,表现在:抽取的样本受调查者人为因素的影响,不仅存在较大的系统误差,而且该误差无法计算和控制。

(三)总体参数和样本统计量

1. 总体参数

总体参数是指根据全及总体中各总体单位在某一标志上的标志值计算得到的,反映全及总体的数量特征的综合指标。常用的总体参数包括以下几种。

(1)总体容量,是指全及总体中所包含的单位数,一般用字母 N 表示。

(2)总体平均数,是指全及总体中各总体单位某一数量标志的一般水平,一般用字母 μ 表示。

(3)总体成数,是指总体中具有某种标志表现的单位总数在总体单位数中所占的比重,一般用字母 P 表示。它等于总体中各总体单位是非标志的平均数。

(4)总体方差和总体标准差。总体方差是指全及总体中各总体单位某一数量标志所有标志值的方差,一般用字母 σ^2 表示。总体方差的平方根即为总体标准差,用字母 σ 表示。

(5)总体中各总体单位某一是非标志的标准差一般用符号 σ_P 表示。

2. 样本统计量

样本统计量是指根据样本数据资料计算得到的,反映样本数量特征的综合指标。它的值因样本的不同而不同,因此是一个随机变量。样本统计量的分布也称为抽样分布。常用的样本统计量包括以下几种。

(1)样本容量,是指样本中所包含的单位数,一般用字母 n 表示。

(2)样本平均数,是指样本中各单位某一数量标志的一般水平,一般用符号 $\bar{x}$ 表示。

(3)样本成数,是指样本中具有某种标志表现的单位数在样本容量中所占的比重,一般用字母 p 表示。它等于样本中各单位是非标志的平均数。

(4)样本方差和样本标准差。样本方差是指样本中各单位某一数量标志所有标志值的方差,一般用符号 s^2 表示。样本方差的平方根即为样本标准差,用符号 s 表示。

(5)样本中各单位某一是非标志的标准差一般用符号 s_p 表示。

总体参数和样本统计量的符号表示以及计算方法可以总结成表 7-1-1 所示。

表 7-1-1 总体参数与样本统计量符号表示与计算方法

总体参数		样本统计量	
指标名称	计算公式或符号表示	指标名称	计算公式或符号表示
总体容量	N	样本容量	n
总体平均数	未分组资料：$\mu=\dfrac{\sum X}{N}$	样本平均数	未分组资料：$\bar{x}=\dfrac{\sum x}{n}$
	分组资料：$\mu=\dfrac{\sum XF}{\sum F}$		分组资料：$\bar{x}=\dfrac{\sum xf}{\sum f}$
总体成数	$P=\dfrac{N_1}{N}$	样本成数	$p=\dfrac{n_1}{n}$
总体方差	未分组资料：$\sigma^2=\dfrac{\sum(X-\mu)^2}{N}$	样本方差	未分组资料：$s^2=\dfrac{\sum(x-\bar{x})^2}{n}$
	分组资料：$\sigma^2=\dfrac{\sum(X-\mu)^2F}{\sum F}$		分组资料：$s^2=\dfrac{\sum(x-\bar{x})^2f}{\sum f}$
总体标准差	未分组资料：$\sigma=\sqrt{\dfrac{\sum(X-\mu)^2}{N}}$	样本标准差	未分组资料：$s=\sqrt{\dfrac{\sum(x-\bar{x})^2}{n}}$
	分组资料：$\sigma=\sqrt{\dfrac{\sum(X-\mu)^2F}{\sum F}}$		分组资料：$s=\sqrt{\dfrac{\sum(x-\bar{x})^2f}{\sum f}}$
是非标志标准差	$\sigma_P=\sqrt{P(1-P)}$	是非标志标准差	$s_p=\sqrt{p(1-p)}$

【观念运用 7-1-3】设某小区物业管理处在该小区内开展物业服务满意度调查，结果只有满意和不满意两种，其中满意用标志值 1 表示；不满意则用标志值 0 表示。也就是说，总体中各单位的标志值只有 1 和 0 两种情况，这种标志称为是非标志。假设总体单位数为 N、标志值为 1 的单位数为 N_1。则有：

标志值为 1 的单位在总体单位数中所占的比重为：$P=\dfrac{N_1}{N}$

是非标志的平均数为：$\bar{X}=\dfrac{1\times N_1+0\times(N-N_1)}{N}=P$

是非标志的标准差为：

$$\sigma_P = \sqrt{\frac{\sum (X_i - \overline{X})^2}{N}} = \sqrt{\frac{(1-P)^2 N_1 + (0-P)^2 (N-N_1)}{N}}$$

$$= \sqrt{(1-P)^2 P - P^2 (1-P)} = \sqrt{P(1-P)}$$

(四)重复抽样和不重复抽样

抽样方法有重复抽样和不重复抽样之分。

1. 重复抽样

重复抽样也称为有放回抽样，是指从容量为 N 的总体中抽取容量为 n 的样本时，每次被抽中的单位在记录其标志值以后都再放回总体中参与下一次抽样，连续抽取 n 次的一种抽样方法。

若将每一次从总体中抽取一个单位看做是一次试验的话，重复抽样具有以下特征：

(1)样本容量为 n 的样本是由 n 次试验的结果构成的；

(2)每次试验是相互独立的，前后试验的结果无关；

(3)每个单位在每次抽样中被抽中的机会都是一样的，概率均为 $1/N$。

在重复抽样中，可能的样本个数为 N^n。

2. 不重复抽样

不重复抽样也称为无放回抽样，是指从容量为 N 的总体中抽取容量为 n 的样本时，每次被抽中的单位在记录其标志值以后不再放回总体中参与下一次抽样，连续抽取 n 次的一种抽样方法。

不重复抽样具有以下一些特点：

(1)由于每次抽中的单位不再放回，因此相当于从总体中同时抽取 n 个单位。

(2)每次试验不再是相互独立的，前后试验存在影响。

(3)每个单位在各次抽样中被抽中的概率是不同的。在第一次抽样中，各个单位被抽中的概率为 $1/N$，在第二次抽样中，各个单位被抽中的概率为 $1/(N-1)$，以此类推。

在不重复抽样中，如果不考虑抽样顺序，则可能的样本数为 $N!/[(N-n)!\,n!]$；若考虑抽样顺序，则可能的样本数为 $N!/(N-n)!$。

(五)抽样框

在抽样过程中，实际的抽样范围与总体目标的范围、抽样单位与总体单位有可能是不一致的。因此，在确定好目标总体以后，还需要进一步明确实际进行抽样的范围以及抽样单位，也就是编制抽样框。

所谓抽样框是指包括全部抽样单位的名单框架。其一般有如下三种形式：

(1)名单抽样框，是指列出全部总体单位的名录一览表，如物管专业学生名单、物管企业员工名单等。

(2)区域抽样框，是指按照行政区划或地理位置将总体划分为若干个小区域，以小区域为抽样单位。如对全国物业管理行业的发展情况进行调查时，可将国家划分为不同的区域。

(3)时间抽样框，是指将总体单位按照时间顺序排列。如对物管专业学生上课出勤率进行监控时，可以一节课(45 分钟)为时间间隔，定期抽查一定数量学生作为抽样单位。

【观念运用 7-1-4】试列举一些例子说明以上三种抽样框在物业统计实践中的运用，并在课堂上与同学交流。

(六)抽样误差

1. 抽样误差的概念

统计调查中得到的统计数据与现象实际的数量特征之间的差异称为统计误差。从来源考虑，统计误差可作如下分类：

- 统计误差
  - 可消除性误差
    - 登记性误差
    - 系统性误差
  - 不可消除性误差
    - 技术性误差
    - 代表性误差
      - 实际误差
      - 随机误差

可消除性误差包括登记性误差和系统性误差两种。

登记性误差是指在数据的调查和汇总的过程中，由于观察、测量、记录以及计算等方面的差错或被调查者所报材料不真实，有意虚报、瞒报所造成的误差。这类误差是所有调查方式中都存在的，而且调查范围越广、单位数越多，产生登记性误差的可能性就越大。但是，这种误差可以通过做好宣传工作、工作人员培训、采用计算机技术等方法来检查与消除。

系统性误差是指由于受到人为因素的影响，破坏了随机抽样原则所产生的误差。如调查者有意选取较好或较差的单位作为样本。这类误差也可以得以消除。

不可消除性误差也包括两类：技术性误差和代表性误差。

技术性误差是指由于度量衡工具本身的精密程度所引起的误差，一般是不能通过统计技术的改进来消除的。在统计学中一般不考虑这种误差。

代表性误差是指以样本指标来推断总体的数量特征时，由于样本的内部结构与总体的内部结构不一致等原因所造成的代表性方面的误差。其中，实际误差是指一个样本指标与总体指标之间的差异，这种误差是不可知的；随机误差是指即使遵循随机抽样原则，但是由于偶然因素的影响，抽样得到的样本指标值与总体指标值之间仍存在的差异。统计学中所说的抽样误差就是指这种随机误差。

抽样误差是指不包括登记性误差和系统性误差在内的随机误差，它是衡量抽样估计精确度的重要指标。一般而言,抽样误差越小,代表抽样估计的精确度越高;反之,抽样误差越大,则代表抽样估计的精确度越低。

2. 影响抽样误差的因素

因为抽样误差的大小直接影响到用样本指标值推断总体数量特征的准确度,因此,我们应该首先弄清影响抽样误差的因素,提高抽样估计的精确度。一般而言,影响抽样误差的因素主要有:

(1)样本容量的大小

样本容量 n 与抽样误差成反比例关系。在其他条件不变的情况下,随着样本容量的增大,所抽取的样本对总体的代表性就越高,抽样误差也就越小。在极端的情况下,当样本容量 n 等于总体容量 N 时,抽样调查就变成了全面调查,此时,抽样误差为零。

(2)总体中各单位标志值变异程度的大小

在其他条件不变的情况下,若总体中各单位标志值变异程度越大,抽样所得样本的内部结构就越不接近总体的内部结构,样本对总体的代表性就越差,抽样误差也就越大;反之,则抽样误差越小。因此,二者之间是正比例关系。在极端的情况下,若总体中各单位标志值相等,变异程度为零,此时,样本指标与总体指标相等,抽样误差等于零。

(3)抽样的组织方式

抽样的组织方式主要是从样本的代表性方面来影响抽样误差的。一般而言,不同的抽样组织方式,所得样本的代表性是不一样的,抽样误差也就不一样。在统计实践中,应采取适当的组织方式,提高样本对总体的代表性以及抽样估计的精确度。

(4)抽样方法

如前所述,在样本容量一定的前提下,不重复抽样由于避免了样本单位的重复出现,所得到样本的内部结构就更加接近于总体的内部结构,样本对总体的代表性也较好。因此,其抽样误差比重复抽样的抽样误差要小。在实际中,一般也是采用不重复抽样来得到样本,提高抽样估计的准确度。

综上所述,在统计实践中,我们可以通过适当地扩大样本容量、对总体进行分组、选择适当的抽样方法和组织方式等途径来减小抽样误差,提高抽样估计的精确度。

3. 与抽样误差有关的几个概念

与抽样误差有关的概念主要有以下几个。

(1)抽样实际误差

抽样实际误差是指在某一次具体抽样中,样本指标值与总体参数值之间的偏差。由于总体参数是未知的,因此,抽样实际误差也是无法计算的。

(2)抽样平均误差

抽样平均误差是指所有可能的样本指标与总体指标之间的平均差异程度,即样本估计值的标准差。它衡量了抽样误差的一般水平。其理论计算公式为：

$$\omega=\sqrt{\frac{\sum(\text{样本指标}-\text{总体指标})^2}{\text{所有可能的样本个数}}} \tag{7-1}$$

抽样平均误差不仅可以作为衡量样本指标对总体指标代表性程度的尺度，还可以用于计算样本指标与总体指标之间的变异程度。因此，其在抽样估计中得到了广泛的运用。

在统计实践中，重要的样本指标主要有样本均值与样本成数两种，相应的抽样平均误差也有两种：样本均值的抽样平均误差和样本成数的抽样平均误差。

1)样本均值的抽样平均误差

样本均值的抽样平均误差是指样本均值的所有可能值对总体均值的平均离散程度，即样本均值的标准差，一般用符号 $\sigma(\bar{x})$ 来表示。其计算公式为：

$$\sigma(\bar{x})=\sqrt{\frac{\sum_{i=1}^{m}(\bar{x}_i-\mu)^2}{m}} \tag{7-2}$$

式中 $\sigma(\bar{x})$——样本均值的抽样平均误差；

$\bar{x}_i$——所有可能的样本均值；

μ——总体均值；

m——所有可能的样本数，$i=1,2,3,\cdots,m$。

遗憾的是，在实际抽样估计中，我们不仅无法得到总体均值，也无法计算出所有的样本均值。因此，公式(7-2)并不能直接用于计算样本均值的抽样平均误差。但是，在数学上可以证明，以下公式可以作为计算样本均值的抽样平均误差的等价公式。

对于重复抽样，

$$\sigma(\bar{x})=\sqrt{\frac{\sigma^2}{n}} \tag{7-3}$$

式中 σ^2——总体方差；

n——样本容量。

对于不重复抽样，

$$\sigma(\bar{x})=\sqrt{\frac{\sigma^2}{n}\left(\frac{N-n}{N-1}\right)} \tag{7-4}$$

式中 N——总体容量；

$\dfrac{N-n}{N-1}$——不重复抽样平均误差公式的修正因子。

当总体容量 N 很大时，$N-1$ 与 N 就非常接近。此时，不重复抽样时的近似公式为：

$$\sigma(\overline{x}) = \sqrt{\frac{\sigma^2}{n}\left(1-\frac{n}{N}\right)} = \sqrt{\frac{\sigma^2}{n}(1-f)} \tag{7-5}$$

式中 f——抽样比，$f=\frac{n}{N}$。

以上公式便是统计实践中计算样本均值的抽样平均误差的公式。

【观念运用 7-1-5】某栋宿舍的四位同学参加物业统计课程期末考试的成绩分别为 68、76、84 与 92，从这四人中随机抽取 2 人组成样本，并用样本的平均分数来推断四人组成的总体的平均分数。试利用上述数据资料，计算样本均值的抽样平均误差。

解：由题目所给数据，可以计算得到总体均值

$$\mu = \frac{\sum X}{N} = \frac{68+76+84+92}{4} = 80(\text{分})$$

根据前文的介绍，抽样有重复抽样和不重复抽样两种方式。因此，分两种情况分别计算。

情况一：采用重复抽样方式。

此时，可能得到的样本数量为：$m=N^n=4^2=16$(个)。

根据所得的样本，分别可以计算相应的样本指标值，如表 7-1-2 所示。

表 7-1-2 重复抽样时样本均值的抽样平均误差计算表

样本编号	样本观测值	样本均值	样本离差	离差的平方
	x_i	$\overline{x}_i$	$\overline{x}_i-\mu$	$(\overline{x}_i-\mu)^2$
1	68,68	68	−12	144
2	68,76	72	−8	64
3	68,84	76	−4	16
4	68,92	80	0	0
5	76,68	72	−8	64
6	76,76	76	−4	16
7	76,84	80	0	0
8	76,92	84	4	16
9	84,68	76	−4	16
10	84,76	80	0	0
11	84,84	84	4	16
12	84,92	88	8	64
13	92,68	80	0	0
14	92,76	84	4	16
15	92,84	88	8	64
16	92,92	92	12	144
合计	—	1280	0	640

根据表 7-1-2 所示的计算结果，并将数据代入样本均值的抽样平均误差计算公式(7-2)，有：$\sigma(\bar{x})=\sqrt{\frac{\sum_{i=1}^{m}(\bar{x}_i-\mu)^2}{m}}=\sqrt{\frac{640}{16}}=\sqrt{40}=6.32$（分）

计算结果表明：当采用重复抽样方式时，根据 16 个可能样本的平均成绩推断 4 名学生组成的总体的平均成绩的平均误差为 6.32 分。

情况二：采用不重复抽样方式。

当采用不重复抽样方式时，可能的样本数目为：

$$m=\frac{N!}{(N-n)!}=\frac{4!}{(4-2)!}=12(\text{个})$$

根据所得的样本，分别可以计算相应的样本指标值，如表 7-1-3 所示。

表 7-1-3　不重复抽样时样本均值的抽样平均误差计算表

样本编号	样本观测值	样本均值	样本离差	离差的平方
	x_i	$\bar{x}_i$	$\bar{x}_i-\mu$	$(\bar{x}_i-\mu)^2$
01	68,76	72	−8	64
02	68,84	76	−4	16
03	68,92	80	0	0
04	76,68	72	−8	64
05	76,84	80	0	0
06	76,92	84	4	16
07	84,68	76	−4	16
08	84,76	80	0	0
09	84,92	88	8	64
10	92,68	80	0	0
11	92,76	84	4	16
12	92,84	88	8	64
合计	—	960	0	320

根据表 7-1-3 所示的计算结果，并将数据代入样本均值的抽样平均误差计算公式(7-2)，有：$\sigma(\bar{x})=\sqrt{\frac{\sum_{i=1}^{m}(\bar{x}_i-\mu)^2}{m}}=\sqrt{\frac{320}{12}}=\sqrt{26.67}=5.16$（分）

计算结果表明：当采用不重复抽样方式时，根据 12 个可能样本的平均成绩推断 4 名学生组成的总体的平均成绩的平均误差为 5.16 分。

对情况一及情况二的计算结果进行比较，可以发现，不重复抽样的样本均值的抽样平均误差小于重复抽样所得结果。这与前面的介绍完全符合。

【观念运用 7-1-6】试根据观念运用 7-1-5 中所给的四位学生物业统计课程考试的期末成绩，运用等价公式计算样本均值的抽样平均误差。

解：根据所给数据，有

总体均值：$\mu = \frac{\sum X}{N} = \frac{68 + 76 + 84 + 92}{4} = 80$(分)

总体方差：

$$\sigma^2 = \frac{\sum (X-\mu)^2}{N} = \frac{(68-80)^2 + (76-80)^2 + (84-80)^2 + (92-80)^2}{4} = 80$$

因此，也可以分两种情况分别进行计算。

情况一：重复抽样。将以上计算结果代入重复抽样时样本均值的抽样平均误差计算公式(7-3)中有：

$$\sigma(\bar{x}) = \sqrt{\frac{\sigma^2}{n}} = \sqrt{\frac{80}{2}} = \sqrt{40} = 6.32\text{(分)}$$

情况二：不重复抽样。将以上计算结果代入不重复抽样时样本均值的抽样平均误差计算公式(7-4)中有：

$$\sigma(\bar{x}) = \sqrt{\frac{\sigma^2}{n}\left(\frac{N-n}{N-1}\right)} = \sqrt{\frac{80}{2} \times \left(\frac{4-2}{4-1}\right)} = \sqrt{\frac{80}{3}} = 5.16\text{(分)}$$

将计算结果与观念运用 7-1-5 中的结果进行比较，可以发现两种方法得到的结果是一致的。

2)样本成数的抽样平均误差

总体中具有某种特征的单位数在全部总体单位数中所占的比例称为总体成数，一般用符号 P 表示；样本中具有某种特征的单位数在全部样本单位数中所占的比例称为样本成数，一般用符号 p 表示。

样本成数的抽样平均误差的计算方法也因抽样方法的不同而不同。

当采用重复抽样时，样本成数的抽样平均误差计算公式为：

$$\sigma(p) = \sqrt{\frac{p(1-p)}{n}} \tag{7-6}$$

当采用不重复抽样时，样本成数的抽样平均误差计算公式为：

$$\sigma(p) = \sqrt{\frac{p(1-p)}{n}\left(1-\frac{n}{N}\right)} \tag{7-7}$$

【观念运用 7-1-7】为了了解某物业服务企业 8000 名员工的工资状况，现随机抽取了 2.5%的员工进行调查，得到了如表 7-1-4 所示的数据资料。

表 7-1-4　某物业服务企业员工工资抽样数据

月工资(元)	员工人数 f	组中值 x	xf	$(x-\overline{x})^2 f$
1500 以下	2	1350	2700	2384928
1500～1800	4	1650	6600	2509056
1800～2100	11	1950	21450	2662704
2100～2400	71	2250	159750	2617344
2400～2700	84	2550	214200	979776
2700～3000	18	2850	51300	2996352
3000～3300	7	3150	22050	3508848
3300 以上	3	3450	10350	3048192
合计	200	—	488400	20707200

试根据以上数据资料计算：

(1)员工平均工资的抽样平均误差；

(2)月工资 2400 元以上的员工所占比例的抽样平均误差。

解：(1)根据表 7-1-4 所示的资料，可以求得样本的平均工资：

$$\overline{x}=\frac{\sum xf}{\sum f}=\frac{488400}{200}=2442(\text{元})$$

样本的方差：$s^2=\dfrac{\sum (x-\overline{x})^2 f}{\sum f}=\dfrac{20707200}{200}=103536$

因此，样本均值的抽样平均误差为：

情况一：重复抽样时，代入其计算公式(7-3)有：

$$\sigma(\overline{x})=\sqrt{\frac{s^2}{n}}=\sqrt{\frac{103536}{200}}=\sqrt{517.68}=22.75(\text{元})$$

情况二：不重复抽样时，代入其计算公式(7-5)有：

$$\sigma(\overline{x})=\sqrt{\frac{s^2}{n}\left(1-\frac{n}{N}\right)}=\sqrt{\frac{103536}{200}\times\left(1-\frac{200}{8000}\right)}=\sqrt{504.738}=22.47(\text{元})$$

(2)月工资 2400 元以上员工所占的比例 $p=\dfrac{84+18+7+3}{200}=0.56$

因此，该比例的抽样平均误差可以计算如下。

情况一：重复抽样时，代入其计算公式(7-6)有：

$$\sigma(p)=\sqrt{\frac{p(1-p)}{n}}=\sqrt{\frac{0.56\times(1-0.56)}{200}}=3.51\%$$

情况二：不重复抽样时，代入其计算公式(7-7)有：

$$\sigma(p)=\sqrt{\frac{p(1-p)}{n}\left(1-\frac{n}{N}\right)}=\sqrt{\frac{0.56\times(1-0.56)}{200}\times\left(1-\frac{200}{8000}\right)}=3.47\%$$

以上计算结果可以看出，不重复抽样的平均误差要小于重复抽样的平均误差。

(3)抽样极限误差

抽样平均误差只是从理论上说明了样本指标与总体指标差异的一般情况，并未衡量样本指标与总体指标之间的绝对误差。一般而言，总体指标是确定的，而样本指标则是一个随机变量，其围绕着总体指标而上下波动。因此，总体指标与样本指标之间存在一个误差范围。

抽样极限误差，也称为置信区间，是指在一定的概率水平下，样本估计量与总体参数之间的抽样误差的最大可能范围，一般用 Δ 表示。它说明了样本估计量在总体参数周围变动的范围。

统计中常用的抽样极限误差也有两种：样本均值的抽样极限误差与样本成数的抽样极限误差。现分别介绍如下。

1)样本均值的抽样极限误差

样本均值的抽样极限误差是指以绝对值形式表示的样本均值的抽样误差的可能范围。可用符号表示为：

$$|\bar{x}-\mu|\leqslant\Delta_{\bar{x}}$$

通过化简，可以得到如下的不等式：

$$\mu-\Delta_{\bar{x}}\leqslant\bar{x}\leqslant\mu+\Delta_{\bar{x}} \tag{7-8}$$

式(7-8)表明：样本均值是以总体均值 μ 为中心上下波动的，波动范围为 $\mu\pm\Delta_{\bar{x}}$。

2)样本成数的抽样极限误差

样本成数的抽样极限误差是指以绝对值形式表示的样本成数的抽样误差的可能范围。用符号表示即是：

$$|p-P|\leqslant\Delta_p$$

通过简单的数学处理，容易得到如下不等式：

$$P-\Delta_p\leqslant p\leqslant P+\Delta_p \tag{7-9}$$

由式(7-9)可以看出：样本成数是以总体成数 P 为中心上下波动的，波动范围为 $P\pm\Delta_p$。

以上式(7-8)及式(7-9)虽然说明了样本估计值偏离总体参数的误差的可能范围，但是不符合统计估计的要求。在统计估计中，我们往往需要由已知的样本均值 $\bar{x}$ 和样本成数 p 来推断总体均值 μ 及总体成数 P，并确定它们各自的波动范围。为了满足以上统计估计的要求，我们需要对以上不等式进行简单的变换。得到：

$$\bar{x}-\Delta_{\bar{x}}\leqslant\mu\leqslant\bar{x}+\Delta_{\bar{x}} \tag{7-10}$$

$$p-\Delta_p\leqslant P\leqslant p+\Delta_p \tag{7-11}$$

利用以上不等式，我们就可以非常方便地进行区间估计。

任务二　如何进行抽样估计

【任务导入】

某高校为了掌握该校物业管理专业毕业生一年后的工资情况，进行了一次抽样调查。该调查采取重复抽样方法，随机抽取了50名学生的数据。经计算得到平均工资为1950元。假设根据以往调查的相关数据显示，月工资的标准差为100元。试根据以上数据资料，计算在95%的置信度下，该高校物业管理专业学生毕业一年后的平均工资水平所在的范围。

【任务分析】

该问题是一个典型的抽样估计问题。进行抽样估计有两种方法：一种是点估计；另一种是区间估计。本题目即是要求用区间估计方法推断该高校全体物管专业学生毕业一年后的平均工资。

由题目所给条件来看，该题目属于总体均值的区间估计问题，且总体方差 σ^2 为已知的情形。该种情形下，求总体均值相对容易一些。只要在给定的显著性水平下，通过查找标准正态分布表确定好临界值，再将相关数据代入总体均值置信区间的计算公式，很容易得到正确的结果。此外，这类问题中，我们还需要掌握总体方差未知的情况下如何估计总体均值所在的范围。

【相关知识链接】

一、几种常见的抽样分布

为了简化分析，本书所讨论的抽样均为简单重复随机抽样，由此得到的样本则为简单随机样本。一个简单随机样本($x_1,x_2,\cdots,x_n$)应满足以下两个基本条件：

首先，$x_1,x_2,\cdots,x_n$ 之间相互独立；其次，$x_i(i=1,2,\cdots,n)$与总体同分布。

(一)抽样分布的概念与种类

1. 什么是抽样分布

从某一总体中随机抽取容量大小相等的样本，并根据这些样本计算得出的某一统计量的所有可能的概率分布，称为这个统计量的抽样分布。简而言之，抽样分布也就是样本统计量的概率分布。

抽样分布大致可以分为两类，即精确分布和渐近分布。

(1)精确分布，也称为小样本分布，大多是在正态分布总体中得到的，但由于表达式不易求或过于复杂使其运用受到限制；

(2)渐近分布，也称为大样本分布，是指在样本容量无限大时，统计量的极限分布，可看做是抽样分布的一种近似。

2. 几种常见的分布

在抽样估计中，许多统计量都服从或近似服从正态分布，因此，正态分布是最常见的一种分布。此外，χ^2 分布、t 分布以及 F 分布等在实践中也非常常见。

(1)正态分布

在现实经济生活中，相当多的现象都符合正态分布的特征。如物业专业学生的身高、物业统计课程期末考试成绩、物管企业员工的工资等，都是以均值为中心呈对称分布。

1)什么是正态分布

若某一随机变量 X 的概率密度函数满足：

$$f(x) = \frac{1}{\sigma\sqrt{2\pi}} e^{-\frac{(x-\mu)^2}{2\sigma^2}}, -\infty < x < +\infty \tag{7-12}$$

其中，μ、σ 为常数，且 $\sigma > 0$，则称该变量服从参数为 μ、σ 的正态分布，记为：

$$X \sim N(\mu, \sigma^2)$$

2)什么是标准正态分布

满足 $\mu=0$ 且 $\sigma=1$ 的正态分布称为标准正态分布，记作 $X \sim N(0,1)$。标准正态分布的分布函数 $\varphi(x)$ 具有如下两个性质：

①

$$\varphi(-x) = 1 - \varphi(x) \tag{7-13}$$

②若 $X \sim N(\mu, \sigma^2)$，则 X 的分布函数满足：

$$F(x) = \varphi\left(\frac{x-\mu}{\sigma}\right) \tag{7-14}$$

公式(7-14)也称为正态分布函数的标准化公式。

标准正态分布的分布函数 $\varphi(x)$ 数值，可以通过直接查标准正态分布表来获得。本书最后以附表的形式给出。而对于一般正态分布而言，计算其分布函数时，首先应根据公式(7-14)将其转化为标准正态分布来计算。对于 $x < 0$ 时正态分布的分布函数的求取，则可以利用公式(7-13)进行计算。

(2)χ^2 分布

若有一组独立分布的随机变量 $x_1, x_2, \cdots, x_n$，且所有随机变量都服从标准正态分布，即 $x_i \sim N(0,1)$，则随机变量 $\chi^2 = \sum_{i=1}^{n} x_i^2$ 服从自由度为 n 的 χ^2 分布，记作 $\chi^2(n)$。

需要注意的是，当 $n \to \infty$ 时，χ^2 分布就趋近于正态分布，即有 $\chi^2(n) \sim N(n, 2n)$。

(3)t 分布

若随机变量 X 和 Y 相互独立，且 X 服从均值为 0、方差为 1 的标准正态分布，Y

服从自由度为 n 的 χ^2 分布，即 $X\sim N(0,1)$，$Y\sim\chi^2(n)$，则称随机变量 $t=\frac{X}{\sqrt{Y/n}}$ 服从自由度为 n 的 t 分布，记为 $t\sim t(n)$。

当 $n\to\infty$ 时，t 分布就趋近于正态分布。但是在实际运用中，只要 $n>30$，就可以把 t 分布近似看做正态分布。

(4) F 分布

若随机变量 X 和 Y 相互独立，且分别服从自由度为 n_1、n_2 的 χ^2 分布，即 $X\sim\chi^2(n_1)$、$Y\sim\chi^2(n_2)$，则称随机变量 $F=\frac{X/n_1}{Y/n_2}$ 服从第一自由度为 n_1、第二自由度为 n_2 的 F 分布，记作 $F\sim F(n_1,n_2)$。

F 分布是方差分析等统计推断问题的基础，对诸如两个总体的方差比的统计推断问题很适用。但是需要注意的是，与前面介绍的 χ^2 分布、t 分布不同，F 分布是一个正偏分布，并不以正态分布为其极限分布。

(二)样本均值的抽样分布

在本书中，我们主要考虑如下两种情况下样本均值的抽样分布。

1. 总体方差 σ^2 已知时

总体方差 σ^2 已知时，有关样本均值抽样分布的常用定理有两个。

【定理 7-1】 假设总体满足 $X\sim N(\mu,\sigma^2)$，且 $(x_1,x_2,\cdots,x_n)$ 是一个简单随机样本，则有：$\bar{x}\sim N(\mu,\sigma^2/n)$，且有 $E(\bar{x})=\mu$，$Var(\bar{x})=\sigma^2/n$。

定理 7-1 说明，由正态分布总体中随机抽取所得的样本的抽样分布也服从正态分布。其中，样本均值的数学期望等于总体均值；样本均值的方差等于总体方差与样本容量 n 的比值。

【定理 7-2】 假设 X 是具有期望值 μ 与方差 σ^2 的任意总体，则样本均值的抽样分布将随着 $\bar{x}$ 的逐渐增大而趋近于总体均值为 μ、方差为 σ^2/n 的正态分布，即 $\bar{x}$ 渐近服从 $N(\mu,\sigma^2/n)$。

有时为了运用上的方便，可以将这一正态随机变量进行标准化，即有：

$$Z=\frac{\bar{x}-\mu}{\sigma/\sqrt{n}}\sim N(0,1)$$

定理 7-2 是统计学中一个非常重要的定理，即中心极限定理。由这一定理可知，无论样本是出自正态总体还是非正态总体，只要样本容量 n 足够大，在总体均值 μ、方差 σ^2 已知和有限的条件下，样本均值 $\bar{x}$ 的抽样分布就会近似于正态分布。其中，样本均值的数学期望等于总体均值；样本均值的方差等于总体方差与样本容量 n 的比值。

在统计实践中，一般认为当样本容量 $n\geqslant 30$ 时，以上结论就能成立。

2. 总体方差 σ^2 未知时

总体方差σ^2未知时，我们可以用样本方差s^2近似代替总体方差σ^2。此时，便很容易有以下定理。

【定理7-3】 假设总体满足$X\sim N(\mu,\sigma)$，且$(x_1,x_2,\cdots,x_n)$是一个简单随机样本，样本均值为$\bar{x}$、样本方差为s^2，则统计量$t=\dfrac{\bar{x}-\mu}{s/\sqrt{n}}$服从自由度为$n-1$的$t$分布。即有：$t=\dfrac{\bar{x}-\mu}{s/\sqrt{n}}\sim t(n-1)$。

由定理7-3可以看出，总体方差σ^2未知时，样本均值的抽样分布服从自由度为$n-1$的t分布。

(三)样本成数的抽样分布

当从总体中抽取一个容量为n的样本时，样本中具有某种特征的单位数x服从二项分布，即有$x\sim B(n,P)$，且$E(x)=nP$；$Var(x)=nP(1-P)$。

因此，样本成数$p=x/n$也服从二项分布，其均值和方差分别为：

$$E(p)=E\left(\frac{x}{n}\right)=\frac{1}{n}E(x)=P \tag{7-15}$$

$$Var(p)=Var\left(\frac{x}{n}\right)=\frac{1}{n^2}Var(x)=\frac{1}{n}P(1-P) \tag{7-16}$$

由中心极限定理可知，当样本容量$n\to\infty$时，二项分布就近似于正态分布。在实践中，只要满足nP以及$n(1-P)$的值均大于5，就可以认为样本成数近似服从于正态分布。即有：

$$p\sim N\left(P,\frac{1}{n}P(1-P)\right)$$

二、抽样估计的基本方法

抽样估计就是根据样本统计量估计总体参数。一般情况下，抽样估计常用的方法有两种，即点估计和区间估计。

(一)点估计

1. 什么是点估计

点估计是指以根据样本所得到的统计量直接作为总体参数的估计值的一种估计方法，该方法适用于大样本情况下对总体参数的估计。也就是说，直接用样本的均值$\bar{x}$、成数p分别作为总体均值μ、成数P的估计值。

如为了对某物业服务企业员工的整体工资水平进行调查，现随机抽取5名员工，记录其工资水平，并以该5名员工工资的平均值作为该物业服务企业员工整体工资水平的做法就是点估计。

点估计的方法很多，主要有矩估计法、顺序统计量法以及极大似然估计法等，本书主要介绍矩估计法。

矩是指以期望值为基础定义的数字特征，如数学期望、方差以及协方差等；矩估计法是指用样本的矩去估计总体的矩，从而获得有关总体参数的估计值的一种方法。

矩估计法的基本思想是：样本源于总体，因此，样本的矩便能在一定的程度上反映总体的矩，而且根据大数定律，样本的矩会以一定的概率向总体的矩收敛。

【观念运用 7-2-1】 假设某物业服务企业员工的工资 X 服从均值为 μ、方差为 σ^2 的正态分布，即 $X \sim N(\mu,\sigma^2)$。但是 μ 与 σ^2 都是未知的。现从该物业服务企业中随机抽取了 5 名员工，其月工资分别为 3600 元、1200 元、1800 元、3300 元及 2400 元。试根据该样本数字资料估计该企业全体员工的平均工资 μ 以及平均工资的方差 σ^2。

解：根据点估计法的知识，我们可以以样本均值 $\bar{x}$、样本方差 s^2 分别作为总体均值 μ、总体方差 σ^2 的估计值。根据样本数据，很容得到样本均值 $\bar{x}$ 和样本方差 s^2，即：

$$\text{样本均值 } \bar{x}=\frac{3600+1200+1800+3300+2400}{5}=2460(\text{元})$$

$$\text{样本方差 } s^2=\frac{(3600-2460)^2+(1200-2460)^2+\cdots+(2400-2460)^2}{5}=806400$$

因此，该物业服务企业全体员工的平均工资 μ、平均工资的方差 σ^2 的估计值分别为 2460 元和 806400。

2. 点估计的特点及其局限性

点估计方法的最大优点是原理直观、计算简便，适用于准确性以及可靠性不高的抽样估计场合。但是其局限性也是很明显的，表现在：一是这种方法没有考虑抽样误差；二是一次只能抽取一个样本，所抽取的样本不同，估计值也就不同，因此，该方法得到的估计值与总体参数之间往往存在较大的误差。

由以上的讨论可以看出，点估计是一种较为粗略的估计，其精确性及可靠性均无法得到保证。因此，我们需要寻求一种更为先进的抽样估计方法。

（二）区间估计

1. 区间估计概述

区间估计是指根据样本统计量和抽样误差，在一定的可靠程度下估计总体参数值的所在范围或区间的一种估计方法。

区间估计不仅能根据样本统计量以及抽样平均误差给出总体参数所在的区间，而且能以一定的概率保证总体参数落在该区间内（也即是置信度）。也就是区间估计既能解决抽样估计的精确度问题，也能解决抽样估计的可靠性问题，因此，在实践中得到了广泛的运用。

所谓置信度，是指区间估计的可靠程度或可信程度，也就是总体参数落在所估计的区间内的可能性大小，一般用 $1-\alpha$ 表示。其中 α 表示显著性水平，即某一小概率事件发生的临界概率。

在统计实践中，经常采用的显著性水平与置信度包含以下三种：

(1)显著性水平 $\alpha=0.05$ 时,置信度 $1-\alpha=0.95$;

(2)显著性水平 $\alpha=0.01$ 时,置信度 $1-\alpha=0.99$;

(3)显著性水平 $\alpha=0.001$ 时,置信度 $1-\alpha=0.999$。

经验告诉我们,在抽样估计中,估计的精确度与置信度之间存在着此消彼长的关系:若要提高抽样估计的精确度,则必须减小抽样极限误差,缩小置信区间,抽样估计的置信度就会降低;相反,若要提高抽样估计的置信度,则必须增大抽样极限误差,增大置信区间,抽样估计的精确度就必然会降低。在实际工作中,关键在于如何对二者进行权衡和取舍。

2. 几种常见总体参数的区间估计

在统计实践中,经常采用区间估计方法对以下总体参数进行抽样估计。

(1)总体均值的区间估计

这里只讨论正态分布总体均值的区间估计。在进行总体均值的区间估计时,应考虑总体方差 σ^2 是否已知以及样本容量的大小,因为这些因素会对样本均值的分布产生影响。现分情况进行讨论。

1)总体方差 σ^2 已知

根据定理 7-1 可知,若总体 X 服从正态分布,即 $X\sim N(\mu,\sigma^2)$,则对于从该总体抽样所得的简单随机样本 $x_1,x_2,\cdots,x_n$ 而言,其均值 $\bar{x}$ 也服从均值为 μ、方差为 $\frac{\sigma^2}{n}$ 的正态分布,即 $\bar{x}\sim N\left(\mu,\frac{\sigma^2}{n}\right)$。为了运用上的方便,常需要对样本均值 $\bar{x}$ 进行标准化,得到 Z 统计量:$Z=\frac{\bar{x}-\mu}{\sigma/\sqrt{n}}\sim N(0,1)$。

根据区间估计的定义,我们需要构造出总体均值的置信区间。因此,首先我们给定显著性水平 α 及置信度 $1-\alpha$。根据置信度的含义有:

$P\{-Z_{\alpha/2}<Z<Z_{\alpha/2}\}=1-\alpha$,将上述 Z 统计量代入,有:

$P\left\{-Z_{\alpha/2}<\frac{\bar{x}-\mu}{\sigma/\sqrt{n}}<Z_{\alpha/2}\right\}=1-\alpha$,进一步化简可以得到:

$$P\left\{\bar{x}-Z_{\alpha/2}\frac{\sigma}{\sqrt{n}}<\mu<\bar{x}+Z_{\alpha/2}\frac{\sigma}{\sqrt{n}}\right\}=1-\alpha$$

由此可以得到,在给定的显著性水平 α 下,总体均值 μ 在 $1-\alpha$ 的置信度下的置信区间为:

$$\left(\bar{x}-Z_{\alpha/2}\frac{\sigma}{\sqrt{n}},\bar{x}+Z_{\alpha/2}\frac{\sigma}{\sqrt{n}}\right) \tag{7-17}$$

式中,$\frac{\sigma}{\sqrt{n}}=\sigma(\bar{x})$ 即为前文所介绍的抽样平均误差;而 $Z_{\alpha/2}\frac{\sigma}{\sqrt{n}}=\Delta_{\bar{x}}$ 即为前文所介绍的抽样极限误差。

根据以上讨论可得，在总体方差 σ^2 已知的情况下，总体均值的置信区间也可以表示为：

$$\bar{x}-\Delta_{\bar{x}} \leqslant \mu \leqslant \bar{x}+\Delta_{\bar{x}}$$

以上讨论的结果也适用于总体分布非正态，但是其方差 σ^2 已知的情形。在这种情形中，只要样本容量足够大，样本均值 $\bar{x}$ 会近似服从正态分布。因此，可以采取与上述类似的方法对总体均值进行区间估计。

【观念运用 7-2-2】 假设某物业服务企业员工的工资服从正态分布，且该所有员工工资构成的总体的方差为 $\sigma^2=7464.96$。现从该企业中随机抽取了 25 名员工并记录其月工资水平，计算得到他们的平均工资为 1487.6 元。试根据以上数据：

(1)计算该次抽样的平均误差和极限误差；

(2)估计该物业服务企业所有员工平均工资的可能范围(假设显著性水平 $\alpha=0.05$)。

解：(1)根据抽样平均误差和抽样极限误差的计算公式，分别有：

抽样平均误差：$\sigma(\bar{x})=\frac{\sigma}{\sqrt{n}}=\frac{\sqrt{7464.96}}{\sqrt{25}}=17.28$

通过查找书后附录所示的标准正态分布表可知，当 $\alpha=0.05$ 时，$Z_{\alpha/2}=1.96$，因此：

抽样极限误差：$\Delta_{\bar{x}}=Z_{\alpha/2}\frac{\sigma}{\sqrt{n}}=1.96\times17.28=33.87$

(2)根据问题(1)中的计算结果，可得总体平均工资的置信区间为：

$$\left(\bar{x}-Z_{\alpha/2}\frac{\sigma}{\sqrt{n}},\bar{x}+Z_{\alpha/2}\frac{\sigma}{\sqrt{n}}\right)=(\bar{x}-\Delta_{\bar{x}},\bar{x}+\Delta_{\bar{x}})$$

$$=(1487.6-33.87,1487.6+33.87)=(1453.73,1521.47)$$

也就是说，我们有 95% 的把握保证该物业服务企业所有员工的平均工资在 1453.73 元到 1521.47 元这一区间内。

2)总体方差 σ^2 未知

当正态分布总体的方差 σ^2 未知时，我们可以用样本方差 s^2 来近似代替总体方差 σ^2。根据定理 7-3 可知，根据样本均值 $\bar{x}$ 构造出来的新的统计量 Z 不服从正态分布，而是服从自由度为 $n-1$ 的 t 分布，即：$t=\frac{\bar{x}-\mu}{s/\sqrt{n}}\sim t(n-1)$。

为了确定总体均值的置信区间，我们首先给定显著性水平 α 以及置信度 $1-\alpha$，并通过查找书后附录 t 的分布确定临界值 $t_{\alpha/2}(n-1)$，以使得 t 的取值在 $1-\alpha$ 的把握下落在以下区间内：

$(-t_{\alpha/2}(n-1),t_{\alpha/2}(n-1))$，即有：

$$P\left\{-t_{\alpha/2}(n-1)<\frac{\bar{x}-\mu}{s_{n-1}/\sqrt{n}}<t_{\alpha/2}(n-1)\right\}=1-\alpha$$

经过简单的整理，可以得到总体均值在置信度为 $1-\alpha$ 时的置信区间为：

$$\left(\bar{x}-t_{\alpha/2}\frac{s_{n-1}}{\sqrt{n}},\bar{x}+t_{\alpha/2}\frac{s_{n-1}}{\sqrt{n}}\right) \tag{7-18}$$

其中，$\frac{s_{n-1}}{\sqrt{n}}=\sigma(\bar{x})$ 即为前文所述的抽样平均误差；$t_{\alpha/2}\frac{s_{n-1}}{\sqrt{n}}=\Delta_{\bar{x}}$ 即为前文所述的抽样极限误差。

根据抽样极限误差的含义，式(7-18)也可以重新表示为：

$$\bar{x}-\Delta_{\bar{x}}\leqslant\mu\leqslant\bar{x}+\Delta_{\bar{x}}$$

【观念运用 7-2-3】某学校为了调查物业管理专业学生课余时间安排情况，采取不重复抽样的方法随机抽取了 25 名学生，收集其每周用于自学的时间，得到如表 7-2-1所示的分布数据。

表 7-2-1 物管专业 25 名学生每周自学时间分组表

每周的自学时间(小时)	组中值	学生人数(人)
2 以下	1	1
2～4	3	5
4～6	5	10
6～8	7	7
8～10	9	2
合计	—	25

试根据该分布数据，完成：

(1)计算该次抽样的平均误差和极限误差；

(2)估计该学校全体物业管理专业学生每周自学时间的置信区间(显著性水平 $\alpha=0.05$)。

解：依题意有，样本容量 $n=25,\alpha=0.05$。由于是分组数据，其样本均值和样本方差分别计算如下：

$$样本均值\ \bar{x}=\frac{\sum_{i=1}^{5}m_i f_i}{\sum_{i=1}^{5}f_i}=\frac{1\times1+3\times5+5\times10+7\times7+9\times2}{1+5+10+7+2}=5.32(小时)$$

$$样本方差\ s^2=\frac{\sum_{i=1}^{5}(m_i-\bar{x})^2 f_i}{\sum_{i=1}^{5}f_i}=\frac{(1-5.32)^2\times1+\cdots+(9-5.32)^2\times2}{1+5+10+7+2}$$

$$=3.74$$

(1)由于总体的方差σ^2未知，我们需用样本方差s^2来代替总体方差σ^2进行计算。查本书后所附的t分布表，当显著性水平$\alpha=0.05$，自由度$n-1=25-1=24$时，临界值为$t_{\alpha/2}(n-1)=t_{0.025}(25-1)=2.0639$。将其带入抽样平均误差与极限误差的计算公式有：

抽样平均误差$\sigma(\bar{x})=\frac{s_{n-1}}{\sqrt{n}}=\frac{\sqrt{3.74}}{\sqrt{25}}=0.387$

抽样极限误差$\Delta_{\bar{x}}=t_{\alpha/2}\frac{s_{n-1}}{\sqrt{n}}=2.0639\times 0.387=0.799$

(2)根据式(7-18)得，所有学生平均每周自学时间在95%的置信度下的置信区间为：

$$\left(\bar{x}-t_{\alpha/2}\frac{s_{n-1}}{\sqrt{n}},\bar{x}+t_{\alpha/2}\frac{s_{n-1}}{\sqrt{n}}\right)=(\bar{x}-\Delta_{\bar{x}},\bar{x}+\Delta_{\bar{x}})$$
$$=(5.32-0.799,5.32+0.799)=(4.521,6.119)$$

也就是说，我们有95%的把握确定该学校物业管理专业学生每周自学时间在4.521小时到6.119小时的范围内。

(2)总体成数的区间估计

根据前文所介绍的样本成数的抽样分布相关知识，我们知道，在样本容量很大的情况下，样本成数的分布趋向于均值为P、方差为$\frac{1}{n}P(1-P)$的正态分布，也就是说，p的分布满足$p\sim N\left(P,\frac{1}{n}P(1-P)\right)$。

根据前面所介绍的理论，给定显著性水平α以及置信度$1-\alpha$，通过查找书后所附的标准正态分布表，可以得到相应的临界值$Z_{\alpha/2}$，容易得到抽样平均误差与抽样极限误差的计算公式：

$$\sigma(p)=\sqrt{\frac{p(1-p)}{n}} \tag{7-19}$$

$$\Delta_p=Z_{\alpha/2}\times\sigma(p) \tag{7-20}$$

因此，我们可以得出在$1-\alpha$的置信度下，总体成数P的置信区间为：

$$p-\Delta_p\leqslant P\leqslant p+\Delta_p \tag{7-21}$$

【观念运用7-2-4】某教师组织了物管专业学生进行物业统计课程的测验，为了大致估计该次测验的及格率，该教师采取不重复抽样的方法随机抽取了25名学生的试卷进行调查，发现其中20名学生的成绩在60分以上。试计算：

(1)该次抽样的平均误差和极限误差；

(2)以95%的置信度估计所有学生考试及格率的范围。

解：根据题意有，$p=\frac{20}{25}=80\%$；置信度$1-\alpha=95\%$；样本容量$n=25$。通过查找

书后所附的标准正态分布表得，临界值 $Z_{\alpha/2}=1.96$。

(1)将以上数据代入总体成数区间估计中的抽样平均误差与抽样极限误差的计算公式(7-19)、式(7-20)有：

抽样平均误差 $\sigma(p)=\sqrt{\dfrac{p(1-p)}{n}}=\sqrt{\dfrac{80\%\times(1-80\%)}{25}}=8\%$

抽样极限误差 $\Delta_p=Z_{\alpha/2}\times\sigma_{(p)}=1.96\times8\%=15.68\%$

(2)根据以上计算结果可知，当置信度为 $1-\alpha=95\%$ 时，全体学生考试及格率的置信区间为：

$$(p-\Delta_p,p+\Delta_p)=(80\%-15.68\%,80\%+15.68\%)=(64.32\%,95.68\%)$$

也就是说，我们有 95% 的把握确定所有学生的考试及格率在 64.32% 到 95.68% 的范围内。

任务三　如何确定必要样本容量

【任务导入】

假设您是某物业服务企业的一名正式员工，现拟对所管理住宅小区业主的月消费支出情况进行调查，以便为其提供相应的服务。根据以往调查数据显示平均月消费支出的标准差为 84.5 元。若允许的抽样极限误差为不超过 8 元。试计算在 95% 的置信度下，您最少需要抽取多少户业主进行调查。

【任务分析】

此问题的关键在于必要样本容量的计算。确定样本容量是编制抽样调查方案中的一个非常重要的环节，其大小受到很多方面的影响，诸如被调查对象的差异程度，抽样估计的精确度、可靠度，抽样方法与组织方式等。样本容量太小则无法保证抽样估计的精确度；反之，样本容量太大又需要大量的人力、物力及财力，数据的时效性有时也无法保证。

本问题是在总体方差已知的情况下，由样本均值推断总体均值时样本容量的确定。这种问题相对比较简单，只要根据给定的显著性水平，查找得到相应的临界值，并将数据代入必要样本容量的计算公式即可。需要注意的是，计算结果不为整数时，样本容量应该是计算结果的整数部分加 1，而非四舍五入。

【相关知识链接】

一、确定必要样本容量重要吗

(一)什么是必要样本容量

样本容量是指抽样时所抽取的样本单位数;而必要样本容量是指在满足统计要求的前提下,综合考虑调查成本以及效果等因素,确定的最少且合理的样本单位数。在前面的分析中,我们都假定样本容量为已知的,直接用抽样所得的样本数据去估计总体参数。

(二)确定必要样本容量的必要性

在进行实际的抽样调查之前,样本容量是未知的。只有确定好了样本容量,才能从总体中抽取一定数量的样本单位。因此,确定样本容量是制定抽样调查方案中的一个非常重要的步骤。其重要性主要体现在以下两个方面。

1. 样本容量的大小影响着抽样估计的精确度与可靠度

从抽样平均误差与抽样极限误差的计算公式可以看出,抽样估计的精确度与样本容量呈正方向变动:当样本容量越大时,抽样平均误差与抽样极限误差越小,抽样估计的精确度越高;反之,当样本容量越小时,则抽样平均误差和抽样极限误差越大,抽样估计的精确度越低。此外,样本容量与抽样估计的可靠度也有关系,一般而言,样本容量越大,则所抽取的样本对总体的代表性越高,抽样估计的可靠度越高;反之,样本容量越小,则所抽取的样本对总体的代表性就越差,抽样估计的可靠度就越低。

2. 样本容量的大小影响抽样调查的成本

根据以上的讨论,样本容量越大对抽样估计的精确度和可靠度都有利。但是值得注意的是,样本容量绝非越大越好。因为随着样本容量的增大,调查单位的数量就会增多,这必然会要求增加人力、物力以及财力的投入。此外,样本容量过大还有可能影响调查的时效性。

因此,在抽样调查实际中,我们确定样本容量时,应注意以上各方面之间的权衡。在满足抽样估计精确度与可靠度的前提下,应尽量减少样本容量,以节约成本。

【观念运用 7-3-1】回忆自己亲身经历过的某次抽样调查活动,在确定样本容量时您是如何做的,有无这方面的经历与体会,并在课堂上与老师、同学交流。

二、哪些因素影响样本容量的确定

一般而言,影响样本容量的因素主要以下几个。

(一)被调查现象的变异程度

被调查现象的变异程度也即是被调查对象中各单位标志值的差异程度。在其他条件不变的情况下,被调查现象的变异程度越大,则所需要的必要样本容量就越大;

反之，被调查现象的变异程度越小，则所需的必要样本容量就越小。反映在总体的具体数据中，就是方差 σ^2 越大，所需的样本容量就越大；方差 σ^2 越小，所需的样本容量就越小。

（二）抽样估计的精确度要求

抽样的精确度要求主要是通过抽样极限误差对样本容量的大小产生影响。抽样估计的精确度越高，则要求抽样极限误差越小，所需的样本容量就越大；反之，抽样估计的精确度越低，抽样极限误差就可以大些，所要求的样本容量就越小。

（三）抽样估计的可靠度要求

抽样估计的可靠性要求主要是通过置信度对样本容量产生影响。抽样估计的置信度越高，相应的临界值也就越大，这时所需要的样本容量也就大一些；相反，抽样估计的置信度越低，相应的临界值也就越小，这时所需要的样本容量就小一些。

（四）抽样调查的方法

不同的调查方式，其产生的抽样误差是不同的，因此，所需要的样本容量也有差别。就重复抽样与不重复抽样而言，重复抽样的误差一般比不重复抽样的误差大，因此，其所需的样本容量也就比不重复抽样要大一些。

（五）抽样的组织方式

抽样组织方式不同，所产生的抽样误差也不同，因此，所要求的样本容量也有差别。如等距抽样和类型抽样，其样本容量就可以小些；而简单随机抽样和整群抽样的样本容量就应该大些。

（六）人力、物力与财力

在决定样本容量的大小时，还应该考虑人力、物力以及财力的具体情况进行适当调整，确定最合理的样本容量。

【观念运用 7-3-2】设定一个具体的抽样调查项目，试根据以上影响样本容量的因素，确定一个您认为最优的样本容量，并说明您的理由。

三、如何确定样本容量

以上仅仅是从定性的角度说明了样本容量大小的影响因素。为了进行定量的计算与分析，我们就必须掌握确定必要样本容量的方法。在实践中，样本容量的确定方法因抽样估计任务的不同而不同。主要分为：

（一）对总体均值进行区间估计时样本容量的确定

在总体均值的区间估计中，总体均值的置信区间为：

$$\left(\bar{x}-Z_{\alpha/2}\frac{\sigma}{\sqrt{n}},\bar{x}+Z_{\alpha/2}\frac{\sigma}{\sqrt{n}}\right)$$

其中，$Z_{\alpha/2}\frac{\sigma}{\sqrt{n}}$表示抽样极限误差，用 $\Delta_{\bar{x}}$ 表示。即有：

$$\Delta_{\bar{x}} = Z_{\alpha/2}\frac{\sigma}{\sqrt{n}} \tag{7-22}$$

在式(7-22)中，$Z_{\alpha/2}$代表可靠系数；σ^2 代表总体方差；n 代表样本容量。因此式(7-22)展现了抽样极限误差、可靠系数、总体方差与样本容量四者之间的关系。只要我们知道了其中任意三个因素，就能推算出第四个因素。因此，我们可以得到必要样本容量的计算公式为：

$$n = \frac{Z_{\alpha/2}^2\sigma^2}{\Delta_{\bar{x}}^2} \tag{7-23}$$

【观念运用 7-3-3】某住宅小区物业管理处拟对全体业主 2009 年在小区会所的平均消费额进行估计。假设经验数据表明，总体方差σ^2 为 2000000，若要求抽样极限误差不超过 500 元，试计算在 95%的置信度下，进行抽样调查时最少应调查多少名业主的消费情况。

解：根据题意，我们知道：$\sigma^2=2000000$；$\alpha=0.05$ 且 $\Delta_{\bar{x}}=500$ 元，在给定的显著性水平 $\alpha=0.05$ 下，通过查找本书后所附标准正态分布表得，临界值 $Z_{\alpha/2}=1.96$。将以上数据代入必要样本容量的计算公式(7-23)中有：

$$n = \frac{Z_{\alpha/2}^2\sigma^2}{\Delta_{\bar{x}}^2} = \frac{1.96^2 \times 2000000}{500^2} = 30.73 \approx 31$$

由计算结果可知，该物业服务企业最少应抽取 31 位业主进行抽样调查。

(二)对总体成数进行区间估计时样本容量的确定

在对总体成数进行区间估计时，计算抽样极限误差的公式为：

$$\Delta_p = Z_{\alpha/2}\sqrt{\frac{p(1-p)}{n}}$$

对该式进行简单的变换，可以得到必要样本容量的计算公式如下：

$$n = \frac{Z_{\alpha/2}^2 p(1-p)}{\Delta_p^2} \tag{7-24}$$

【观念运用 7-3-4】假设在观念运用 7-3-3 中，2008 年该物业管理处也进行过类似的调查，并计算出在会所年消费额 12000 元以上的业主占所有业主的比重为 60%，假设要求抽样极限误差不超过 8%。试计算在 95%的置信度下，为保证抽样调查的结果达到要求，至少应抽样调查多少户业主的数据。

解：由题意可得：$\alpha=0.05$；$\Delta_p=0.08$；$p=0.6$，在给定的显著性水平下，经过查找标准正态分布表可得临界值 $Z_{\alpha/2}=1.96$。将所有以上数据代入必要样本容量的计算公式(7-24)中，有：

$$n = \frac{Z_{\alpha/2}^2 p(1-p)}{\Delta_p^2} = \frac{1.96^2 \times 0.6 \times (1-0.6)}{0.08^2} = 144.06 \approx 145$$

由计算结果可以看出，该物业服务企业至少应该抽样调查 145 户业主的数据。

在统计实践中，我们很多时候并不知道 p 的值。此时，我们该如何确定必要的样本容量呢？现实中我们通常取 $p=0.5$ 进行计算。因为样本成数的方差的计算公式为：

$$\sigma^2(p)=\frac{p(1-p)}{n}$$

由该式可以看出，当 $p=0.5$ 时，方差取得最大值。由于样本容量与方差成正比，在其他条件不变的情况下，方差取得最大值时，样本容量也取得最大值。因此，在实践中，以 $p=0.5$ 代替进行计算。

以上处理方式是一种保守的做法，根据该方法计算得出的样本容量肯定比必需的样本容量要大，但是却可以保证抽样估计的精确度和可靠度。

【观念运用 7-3-5】假设在观念运用 7-3-3 中，并没有进行类似的抽样调查，也不清楚在会所年消费额 12000 元以上的业主占所有业主的比重为多少，假设要求抽样极限误差不超过 8%。试计算在 95%的置信度下，为保证抽样调查的结果达到要求，至少应抽样调查多少户业主的数据。

解：由题意可得：$\alpha=0.05$；$\Delta_p=0.08$；在给定的显著性水平下，经过查找标准正态分布表可得临界值 $Z_{\alpha/2}=1.96$，但是 p 未知，为方便处理，我们可以取 $p=0.5$ 进行计算。将以上数据代入必要样本容量的计算公式(7-24)中，有：

$$n=\frac{Z_{\alpha/2}^2 p(1-p)}{\Delta_p^2}=\frac{1.96^2\times 0.5\times(1-0.5)}{0.08^2}=150.06\approx 151$$

由计算结果可以看出，该物业服务企业至少应该抽样调查 151 户业主的数据。

将观念运用 7-3-5 的计算结果与观念运用 7-3-4 进行比较可以发现：当 p 未知时，以 $p=0.5$ 进行计算所得到的样本容量比实际必需的样本容量要大。这与前面所介绍的完全一致。

(三)计算必要样本容量时的注意事项

在计算样本容量时，有以下几个问题是值得注意的：

(1)根据以上各公式计算所得到的样本容量为最低的、必要的样本容量。

(2)在实际计算样本容量的大小时，总体方差 σ^2 以及总体成数 P 往往都是未知的。此时，有如下两种处理方法：

1)在该次抽样调查之前，若已经进行过同类问题的全面调查，则可以运用该全面调查所得的相应数据进行代替。但应该注意的是，应从所有的方差中选最大的。

2)组织试验抽样。也可以在正式的抽样调查之前，组织两次或两次以上的试验抽样，并以试验抽样所得数据计算出的方差和成数代替总体方差和成数，但应该选择所有方差中的最大者。

(3)由于样本容量必须为整数，为了确保抽样估计的精确度与可靠度，若根据公式计算出的必要样本容量不为整数时，不应按照四舍五入的规则来确定样本容量，而是应该将计算结果的整数部分再加 1 作为必要的样本容量。

任务四 如何选择抽样调查的组织方式

【任务导入】

假设物业统计课程老师给您布置实训作业，要求您利用课余时间自行组成小组对您所在城市的物业管理行业的工资水平进行调查，完成提交一份调查报告。您作为一个小组的成员，应如何编制抽样调查方案，尤其是选择好适当的抽样调查的组织方式呢?

【任务分析】

编制抽样调查方案是进行抽样调查的前提和基础，而编制抽样调查方案过程中最为重要、最为关键的工作就是选择适当的抽样调查组织方式。一般而言，抽样调查的组织方式包含以下几种：简单随机抽样、类型抽样、等距抽样、整群抽样以及多阶段抽样。以上各种抽样组织方式各自具有自身的优点、局限性以及适用对象，在统计实践中，我们应该根据抽样调查对象的特点及自身人力、物力以及财力的约束，选择出最为合适的抽样调查组织方式。

【相关知识链接】

为了快速、高质量地取得数据资料，确保抽样估计的精确度与可靠度，保证抽样估计任务的完成，我们必须根据抽样估计的目的、任务以及调查对象的特征，分别采取不同的组织方式进行抽样。

根据对总体单位的分布状况进行加工整理情况的不同，抽样调查的组织方式主要有五种，即简单随机抽样、类型抽样、等距抽样、整群抽样以及多阶段抽样。现分别介绍如下。

一、简单随机抽样

(一)简单随机抽样的概念与特点

简单随机抽样也称为纯随机抽样，是指对总体单位不做任何的分类和排队处理，按照随机原则直接从总体中抽取样本单位的抽样组织方式。常用的简单随机抽样方法有抽签法、随机数字表法等。简单随机抽样是一种最基本的抽样方式，是其他各种抽样组织方式的基础和前提。

简单随机抽样的特点是简单易行，最符合随机性原则，可以保证总体中所有相互独立的调查单位都有同等的机会被选中。当总体中单位数不多且分布比较均匀、总体中各单位的数量特征值的差异比较小或总体单位有现成的编号时，适宜采取简单随机抽样方式。

(二)简单随机抽样的局限性

值得注意的是,简单随机抽样在实际运用中也有很大的局限性。主要表现在:

(1)简单随机抽样不适用于单位数很多的全及总体。由于在抽样之前,应确定总体的范围,因此就必须对总体的每个单位都进行编号。但是在实践中,当总体单位数很多时,对其进行编号是困难的,有时候甚至是不可能的,这就使其适用性受到影响。

(2)简单随机抽样不适用于各单位标志值差异很大的全及总体。若总体中各单位标志值的差异比较大,按简单随机抽样所得样本对总体的代表性就低,抽样估计的精确度就会降低,因此,其适用性也会受到影响。

【观念运用 7-4-1】试列举一些适合采取简单随机抽样方式进行抽样调查的例子,并说明您的理由,在课堂上与同学互相交流。

二、类型抽样

(一)类型抽样的概念与特征

类型抽样也称为分层抽样或分类抽样,是指先按某一特定标志对总体单位进行分组,然后在所分的各组中采取简单随机抽样或其他抽样方式抽取样本单位的抽样组织方式。类型抽样主要适用于被研究总体在某一特定标志上存在明显差异的场合。如为研究珠海市物业管理的收费情况,就可以先对被调查对象按物业类型进行分类,然后再按简单随机抽样方式在各组中选择样本单位。

类型抽样其实是统计分组与抽样原理的有机结合。通过合理的分组,可以使各组内的各单位具有同质性;各组之间又具有差异性。通过在各组内随机抽取样本单位,可以提高所得样本对总体的代表性,减小抽样估计误差。类型抽样的关键是分组时应使各组内部各单位的差异尽可能小,而各组之间各单位之间的差异尽可能大。

类型抽样方式主要适用于被研究总体中各单位标志值存在较大差异的场合。

(二)类型抽样的分类

按照样本单位在各组中分配状况的不同,类型抽样可以分为等比例类型抽样和不等比例类型抽样两种类型。

1. 等比例类型抽样

等比例类型抽样是指按照相同的抽样比$\frac{n}{N}$来确定各组中所应抽取的样本单位数的类型抽样方式。若所分各组中的单位数为 N_i,则从中应抽取的样本单位数为 $n_i=\frac{n}{N}\times N_i$。等比例类型抽样的特点是简便易行,抽样单位的分配比较合理,且样本单位在总体中的分布比较均匀,所得的样本具有较高的代表性。因此,抽样估计误差较小。

2. 不等比例类型抽样

不等比例类型抽样是指不按照相同的抽样比来确定各组中所应抽样的样本单位数的类型抽样方式。这种类型抽样方式在实际中运用很少，只在特殊情况下使用。此种抽样方式主要适用于某组中的单位数在总体中所占的比重太小，按等比例抽样抽不到或只能抽到非常少的样本单位的场合。

【观念运用 7-4-2】假设拟对不同地区物业服务企业员工的平均工资进行调查，您应采取何种抽样组织方式呢？请说明您的理由。

三、等距抽样

（一）等距抽样的概念与特点

等距抽样也称为机械抽样或系统抽样，是指先将总体中各单位按照某一特定标志进行排序，然后按照固定的顺序与相同的间隔或抽样比抽取样本单位的抽样组织方式。

等距抽样的随机性主要体现在第一个样本单位的抽取上。第一个样本单位确定后，其余样本单位也就随之确定了，因此，一定要确保第一个样本单位抽取的随机性。

等距抽样的最大优点在于组织方便、易于实施，能使样本单位在总体中均匀地分布，所抽取样本的代表性也高，抽样估计误差较小。因此，特别适用于总体中各单位标志值变异程度较大的情形。但是，在实施等距抽样时，应注意避免抽样间隔与现象本身的周期性循环相重合引起的系统性误差。

（二）等距抽样的分类

按照对总体各单位进行排序时所采用标志的不同，等距抽样可以分为无关标志排序抽样与有关标志排序抽样两种。

1. 无关标志排序抽样

无关标志排序抽样是指对总体单位进行排序时所用的标志与被研究的问题无关的等距抽样方式。它在实质上就相当于简单随机抽样，保证了抽样的随机性。如为了考察物管专业学生物业统计课程期末考试成绩，可将学生按姓氏笔画或学号进行排序，再按相同的间隔抽取样本单位。

2. 有关标志排序抽样

有关标志排序抽样是指对总体各单位进行排序时所使用的标志与被研究的问题相关的等距抽样方式。它在实质上具有某些类型抽样的特点，因此，能保证所得样本的代表性。在对总体中各单位的变异程度有了大致了解以后，便可以将其按某标志的数值大小进行排序，然后按相同的间隔抽取样本单位。如为考察物管专业学生物业统计课程期末考试成绩，可将学生的考试成绩进行排序，再进行抽样。

【观念运用 7-4-3】假设拟对某物业服务企业员工的年龄分布情况进行调查，您作为人事部门的主管，可以采取什么方式进行抽样呢？请说明您的理由，并与同学交流。

四、整群抽样

(一)整群抽样的概念

整群抽样也称为分群抽样或集团抽样,是指将总体各单位按某一特定标志划分为若干个群,然后以群为单位按照简单随机抽样或等距抽样的方式抽取部分群,对选中群中的所有单位进行全面调查的一种抽样组织方式。

整群抽样与类型抽样具有某些方面的相似性,如都需要将总体单位进行分组。然而分组的目的和作用是不同的。在整群抽样中所分的组称为"群",目的在于扩大单位,在抽样时,抽取的基本单位不再是总体中的各个单位,而是所分的群;而在类型抽样中所分的组称为"类",它的作用在于缩小总体,减小总体中各单位标志值之间的差异,抽样时,抽取的基本单位仍然是总体单位。

(二)整群抽样的局限性

整群抽样的优点在于简化了抽样调查的工作程序,且由于其对选中群中的全部基本单位进行全面调查,因此也使得统计研究工作比较集中。但是其局限性也是很明显的,表现在样本单位的分布集中在少数群内,严重影响了总体单位的均匀分配。因此,与其他抽样方式相比,整群抽样的抽样误差较大,所得样本的代表性较低,在统计实践中,这一缺陷主要通过增大样本群的数量来弥补。

【观念运用 7-4-4】试列举出一些适合采取整群抽样方式进行抽样调查的例子,与同学一起讨论,总结该抽样方式的优缺点。

五、多阶段抽样

(一)多阶段抽样的含义

多阶段抽样又称为多级抽样,是指将抽取样本基本单位的过程划分为几个阶段,然后逐阶段抽取样本基本单位的抽样组织方式。当总体中单位数很多且分布广泛,几乎不可能直接从总体中抽取样本单位时,适合采取多阶段抽样方式。

前文所介绍的简单随机抽样、类型抽样、等距抽样以及整群抽样,由于都是直接从总体中抽取样本单位,因此均属于单阶段抽样。若先对总体进行分组,并从中随机选择一些组,然后再从选中的组中随机抽取样本单位,则称为二阶段抽样。若是对总体进行多层次分组,再从随机选中的组中按随机原则抽取样本单位,则称为多阶段抽样。

(二)多阶段抽样的优点

与其他抽样组织方式相比,多阶段抽样具有以下几个优点。

1. 便于组织

在多阶段抽样中,可以以现有的行政区划或地理区划作为各阶段的划分标志,从而简化了编制样本框的工作。

2. 可获得各阶段的调查资料

根据最基层抽样获得数据资料，我们可以进行逐级抽样估计，进而获得各级的调查资料。

3. 方式灵活

在多阶段抽样中，各阶段可以采取以上四种抽样组织方式中的任何一种。通常而言，在初级阶段多采用类型抽样或等距抽样方式，而在基层阶段多采用等距抽样或简单随机抽样方式。同时，还可以根据各阶段特点的不同，选择不同的抽样比。具体而言，方差大的阶段，相应的抽样比也大一些；方差小的阶段，抽样比也可以小一些。

4. 精确度高

多阶段抽样在简化抽样程序的同时，所抽取的样本单位分布较为广泛，所得的样本具有较高的代表性，抽样估计的误差较小，精确度高。

多阶段抽样的缺点在于分阶段进行，因此，各阶段抽样估计的误差会发生传递。

【观念运用 7-4-5】假设拟对全国物业服务企业员工的工资水平进行调查，您认为最适合的抽样调查方式是哪一种？并说明您的理由。

本模块小结

本模块主要讲述抽样以及抽样估计等相关知识，主要包括：

1. 抽样也称为抽样调查，是指从总体中抽取部分单位组成样本，并收集样本单位的数据资料的过程；抽样估计也称为抽样推断，是指在抽样调查的基础上，利用样本数据来估计或推断总体相应的数量特征的一种统计分析方法。与抽样估计相关的概念包括全及总体与样本、总体参数与样本统计量、抽样框以及抽样误差等，尤其是抽样平均误差与抽样极限误差。

2. 抽样估计的方法主要有点估计与区间估计两种，其中区间估计是抽样估计的主要方法。点估计包括矩估计法、极大似然估计法等。对于区间估计，则主要需掌握总体均值及总体成数的区间估计。

3. 必要样本容量主要受到被调查对象的变异程度、抽样估计的精确度要求、可靠度要求、抽样调查方法、抽样调查的组织方式等因素的综合影响。主要应该掌握对总体均值及总体成数进行区间估计时样本容量的确定。

4. 抽样调查的组织方式包括简单随机抽样、类型抽样、等距抽样、整群抽样以及多阶段抽样五种，我们应该综合考虑抽样调查的任务、对象的特点以及自身条件，选择最为合适的抽样调查组织方式。

关键概念

抽样估计 Sampling estimation　全及总体 Population
样本 Sample　总体成数 Overall percentage
样本成数 Sample percentage　抽样平均误差 The average sampling error
抽样极限误差 The limit of sampling error
正态分布 Normal distribution　显著性水平 Significance level
置信度 Confidence　置信区间 Confidence interval
点估计 Point estimation　区间估计 Interval estimation
必要样本容量 Necessary samplesize
简单随机抽样 Simple random sampling

复习思考题

一、填空题

1. 统计研究的根本目的在于(　　)客观现象总体的数量特征。

2. 抽样调查包括(　　)和(　　)两种类型。

3. 样本平均数是指样本中各单位(　　)标志的一般水平，一般用符号(　　)表示。

4. 统计调查中得到的(　　)现象实际的数量特征之间的差异称为统计误差。

5. 抽样误差的大小直接影响到用(　　)推断总体数量特征的(　　)。

二、判断题

1. 从某一总体中随机抽取容量大小相等的样本，并根据这些样本计算得出的某一统计量的所有可能的概率分布，称为这个统计量的抽样分布。(　　)

2. 点估计的方法很多，主要有矩估计法、顺序统计量法以及极大似然估计法等。(　　)

3. 抽样估计的可靠性要求主要是通过精确度对样本容量产生影响。(　　)

4. 按照样本单位在各组中分配状况的不同，类型抽样可以分为等比例类型抽样和不等比例类型抽样两种类型。(　　)

5. 整群抽样的优点在于简化了抽样调查的工作程序，且由于其对选中群中的全部基本单位进行全面调查，因此也使得统计研究工作比较集中。(　　)

三、简答题

1. 点估计的特点及其局限性是什么？

2. 什么是抽样极限误差？

3. 所谓置信度是指什么？

4. 等距抽样的概念是什么？

5. 什么是抽样分布？

四、计算题

1. 为了研究学生课余时间的支配情况，某高校组织了"学生每天上网时间"调查。假设该校有 20000 名学生，该次调查中总共抽取了 500 名学生作为样本，得到他们的上网时间如下表所示。

附表　某校学生每天上网时间调查数据

学生每天上网时间(小时)	学生人数(人)	学生每天上网时间(小时)	学生人数(人)
1 以下	35	3～4	148
1～2	90	4～5	60
2～3	155	5 以上	12

根据以上数据资料，试以 95% 的置信概率估计该校学生平均每天上网时间的可能范围，并分析估计的可靠程度与精确程度。

2. 为了解某住宅小区业主对物业管理服务的满意程度，某物业服务企业对该小区 6000 户业主按随机抽样抽取了 400 户业主进行调查，调查结果显示有 320 户业主对其物业服务表示满意。若要求对表示满意的业主占全体业主的比重进行估计的允许误差不超过 5%，试估计对该企业服务表示满意的业主所占比例的范围，并分析这一估计的可靠程度。若需将抽样调查的允许范围控制在 4% 的范围内，在其他条件不变的情况下，试确定调查时所需的样本容量的大小。

五、实训题

将班级同学分成若干小组，每组成员控制在 5～8 人之间，对所在学校学生的月消费支出情况进行调查。要求：

(1)根据调查任务和目的，自行确定样本容量的大小；

(2)计算该次抽样的抽样平均误差和抽样极限误差；

(3)在 95% 的置信概率下，对您所在学校学生的月消费支出情况进行区间估计，并分析该估计的可靠程度和精确程度；

(4)每小组各自提交一份调查报告，并对学生的消费情况进行适当的分析。

学习模块八 假设检验与方差分析

开篇导读

对茶叶包装过程的检验与监控

在龙津茶叶公司的工厂里，在 8 小时一班的工作时间内要完成 5000 多袋茶叶的装袋任务。平均来说，每袋茶叶的重量是袋子上的包装所标明的 100 克。然而，在实际装袋过程中，由于速度要求快及各种人为因素的影响，每袋茶叶的实际重量其实是各不相同的：有些袋子明显没装满；而有些袋子则明显超重。很显然，如果重量明显超过 100 克，则会引起公司生产成本的提高，公司的利润就会受到影响；反之，如果重量明显低于 100 克，则会被消费者投诉，有受到相关部门查处的可能，此外，公司的形象也会受到影响，这也会对公司的利润产生不良影响。

假设您是该公司的一名业务经理，需要对装袋过程中每袋茶叶的重量进行检测与控制。很显然，若将所有茶叶进行逐袋过秤，则不仅费时、费力，而且效率低下。因此，您可以每次随机抽取一定数量袋子的茶叶作为样本，并对其称重，然后计算得到它们的平均重量。对茶叶包装过程的监控就转化为：在一定的显著性水平下，您需要判断该所求得的平均重量是否是出自于一个均值为 100 克的总体，并据此做出是保持还是改变原有装袋过程的决定。

以上所描述的对茶叶装袋过程的检验与监控方法在实质上其实就是一个假设检验的问题。

知识目标

通过本模块的学习，主要掌握以下主要知识点：

1. 了解假设检验概念，熟悉与假设检验有关的几个概念，如原假设、备择假设、双侧检验、左侧检验、右侧检验、拒绝域、检验统计量、第Ⅰ类错误与第Ⅱ类错误等。

2. 熟悉对陈述正确性的检验、对研究性假设的检验以及对决策情况下的检验三种假设检验形式之间的区别，能正确确定原假设和备择假设。

3. 掌握总体方差已知和未知情况下的总体均值检验以及总体成数的假设检验。

4. 了解方差分析的基本概念及其种类，掌握运用单因素方差分析对两组或两组以上样本均值之间的差异进行分析的方法和原理。

能力目标

通过本模块知识的学习，主要获得以下技能和素质：

1. 能根据所研究问题的具体特点，选择适当的假设检验形式，对总体均值和总体成数进行假设检验；

2. 能运用单因素方法分析，检验两组或两组以上样本均值之间的差异。

任务一 如何进行假设检验

【任务导入】

为了对本专业男女学生月消费支出情况进行比较，物业统计任课教师组织物业管理专业学生进行抽样调查。现从物管专业在校生中随机抽取 50 名男生和 50 名女生作为样本，分别调查其月消费支出情况。调查结果发现女生的月平均消费额为 680 元；男生的月平均消费额为 590 元。请问：在 0.05 的概率水平下，我们能否得出该校物管专业男生比女生更加节俭的结论？试说明您的理由。

【任务分析】

该问题是一个典型的假设检验问题，所谓假设检验，是指先对总体参数提出某种假设，然后再利用相关的样本信息判断该假设是否成立的过程。在进行假设检验时，一般应遵循如下几个步骤：

(1)确定该假设检验的原假设和备择假设；

(2)确定适当的检验统计量，并根据样本数据资料，计算该检验统计量的值；

(3)在给定的显著性水平下，查找相关分布表得到相应的临界值；

(4)将计算所得的该检验统计量的值与临界值进行比较，做出接受或拒绝原假设的判断。

在以上各个步骤中，确定原假设和备择假设是非常关键的，也是难度较大的一步。实践中，我们需要根据研究问题的特点进行选择，并尽量避免发生各种错误。

根据以上所示的具体步骤，我们便可以非常方便地对以上问题进行适当的分析，判断出该校物管专业男生是否确实比女生更加节俭。

【相关知识链接】

假设检验又称为显著性检验，在统计实际中运用得相当广泛，包括经济、教育以及销售等领域都会用到假设检验。如判断两种教学方法在教学效果方面有无显著的差异；房地产开发企业需要判断两种销售方案下销售绩效是否一样等问题，都需运用假设检验。

一、假设检验概述

（一）什么是假设检验

为了对假设检验有一个感性的认识，让我们先来看一个例子。

消费者协会接到某消费者的投诉，该消费者声称某小区超市销售的某品牌瓶装饮料存在容量不足的问题，有欺诈消费者之嫌。消费者协会接到投诉后，立即展开了相关调查。对于包装上标明的容量为 1.25L 的饮料，消费者协会从该超市随机抽取了 50 瓶，测量并记录其容量，计算发现平均容量为 1.24L，小于包装上标明的容量。现在的问题是：产生容量不足的原因是生产过程中的正常波动，还是由于生产厂家的故意行为？消费者协会能否根据该样本数据，判断该饮料的生产厂家存在欺诈行为？

在上述例子中，问题的关键在于判断该品牌瓶装饮料总体平均容量是否与包装上标明的 1.25L 相等，即检验总体均值 $\mu=1.25\text{L}$ 是否成立。这便是一个假设检验问题。

要判断样本统计量与总体参数出现差异的原因究竟是抽样的随机性还是生产厂家的故意行为，关键在于判断该差异是否超出抽样误差的范围。若该差异不大，未超出抽样误差的范围，则可判断该差异是由抽样的随机性造成的，该厂家不存在欺诈行为；若差异很大，超过了抽样误差的范围，则表明该差异是由生产厂家的故意行为造成的。

假设（Hypothesis），也称为统计假设，是指对总体参数的具体数值所作的陈述。

假设检验（Hypothesis Test），是指先对总体参数提出某种假设，然后再利用相关的样本信息判断该假设是否成立的过程。

假设检验是在对被研究总体不太了解的情况下，为了对总体的某些性质做出推断，先对其提出某种假设，然后利用样本资料验证假设是否成立，从而决定是接受还是拒绝该假设。它是统计推论的反证法。

（二）与假设检验有关的几个概念

与假设检验有关的概念主要有如下几个。

1. 原假设与备择假设

对每个假设检验问题而言，首先需要同时提出两个相反的假设，即原假设和备择假设。

原假设(Null Hypothesis),也称为零假设,是指研究者欲搜集证据予以否定、反对的假设,通常用 H_0 来表示;

备择假设(Alternative Hypothesis),是指研究者欲搜集证据予以证明、支持的假设,其与原假设所陈述的内容相反,一般用 H_1 或 H_α 表示。

在实际运用中,有时用具体的公式来表示原假设和备择假设是很困难的。因此,我们在建立检验及得出检验结果时一定要非常谨慎,以便为研究或决策人员提供有用的信息。

2. 拒绝域与检验统计量

(1)拒绝域

一般而言,我们是根据样本数据的计算结果来决定是接受还是拒绝原假设。然而,在实际操作中,在根据样本数据计算结果进行判断之前,我们需要确定统计量落在哪个范围内时可以拒绝原假设,在哪个范围内时不可以拒绝原假设。也就是确定该假设检验的拒绝域。

所谓拒绝域,是指能够做出拒绝原假设这一判断的所有可能的样本取值范围。

(2)检验统计量

在运用样本数据对接受或拒绝原假设作出判断时,我们通常借助于某一统计量,且该统计量的精确或近似抽样分布是可以确定的。在给定的显著性水平及样本条件下,查找该抽样分布表便可以得到临界值,通过将计算所得的统计量值与临界值进行比较,就可以做出接受还是拒绝原假设的判断。

检验统计量是指根据样本数据计算所得的,并据此对原假设和备择假设做出判断的某种样本统计量。

3. 单侧检验与双侧检验

假设用 μ_0 表示假设检验中总体的某一特定假设值,μ 表示总体的实际值。则在假设检验中,根据确定原假设与备择假设的原则,我们可以采取以下三种形式之一进行假设检验:

(1)$H_0:\mu=\mu_0$;$H_1:\mu\neq\mu_0$。

(2)$H_0:\mu\geqslant\mu_0$;$H_1:\mu<\mu_0$。

(3)$H_0:\mu\leqslant\mu_0$;$H_1:\mu>\mu_0$。

在以上三种不同的形式中,第一种类型的假设检验称为双侧检验。所谓双侧检验是指检验统计量的取值位于其抽样分布的任何一侧范围内时拒绝原假设 H_0 的假设检验。也就是说拒绝域是由抽样分布的两侧共同构成的。第二、第三种类型的假设检验称为单侧检验。所谓单侧检验是指检验统计量的取值位于其抽样分布的某一侧范围内时拒绝原假设 H_0 的假设检验。也就是说,其拒绝域是由抽样分布的某一侧构成的。

根据拒绝域在抽样分布中的具体位置的不同,单侧检验又可以分为左侧检验和右侧检验两种。拒绝域位于抽样分布左侧的单侧检验称为左侧检验；拒绝域位于抽样分布右侧的单侧检验称为右侧检验。

在实际中，对某一问题进行假设检验时，究竟是采用单侧检验还是双侧检验，左侧检验还是右侧检验，应取决于所研究问题的性质。只要原假设和备择假设一经确定，假设检验的类型也就随之确定了。

（三）假设检验的类型

假设检验一般包括三种类型，以下分别进行详细的介绍，并列举出具体的例子加以说明。

1. 对陈述正确性的检验

一般而言，对于这一类型的假设检验问题，我们都是先假定该陈述是正确的。

【观念运用 8-1-1】某小区会所室内游泳池的管理者做出承诺：该泳池内的水温不低于 26 摄氏度。为了对其陈述进行检验，我们在一段时间内抽取泳池的水样进行调查。假设该游泳池水温的实际值为 μ，则我们可以分别确定如下的原假设 H_0 和备择假设 H_1。

原假设 $H_0:\mu\geqslant 26$（该小区会所游泳池的水温不低于 26 摄氏度）；

备择假设 $H_1:\mu<26$（该小区会所游泳池的水温低于 26 摄氏度）。

如根据样本数据计算的结果不能拒绝原假设 H_0，那么，我们应接受原假设 H_0，即认为该管理者的陈述是属实的。但是，若根据样本数据计算的结果表明应该拒绝原假设 H_0，那么，我们就应该接受备择假设 H_1，即认为会所管理者的陈述是不属实的，游泳池的水温将低于 26 摄氏度。

在通常情况下，若需要对陈述的正确性进行假设检验，我们一般都将原假设 H_0 确定为该陈述是正确的，在此基础上再确定备择假设，为拒绝原假设 H_0 搜集证据，从而证明该陈述是错误的。只要我们拒绝了原假设 H_0，就应再进一步考虑如何采取一定的措施来对这个错误的陈述进行修正。

2. 对研究性假设的检验

在这种类型的假设检验中，我们一般将研究型假设设置成为备择假设 H_1。

【观念运用 8-1-2】某研究机构预测，珠海市的商品房空置率超过了该市政府部门规定的商品房空置率的上限值 25%。为了对这一预测的准确性进行验证，该研究机构采取随机抽样方式抽取样本，并进行检验。假设珠海市商品房空置率的实际水平为 μ，则我们可以将分析该问题的原假设 H_0 及备择假设 H_1 分别设置如下。

原假设 $H_0:\mu\leqslant 25\%$（商品房空置率不超过 25%）；

备择假设 $H_1:\mu>25\%$（商品房空置率超过 25%）。

如根据样本数据计算的结果不能拒绝原假设 H_0，那么，我们应接受原假设 H_0，即认为商品房的空置率不超过 25%。但是，若根据样本数据计算的结果表明应该拒绝原假设 H_0，那么，我们就应该接受备择假设 H_1，即认为该城市的商品房空置率已经超过了25%，相关政府当局应该采取一定的措施来降低其商品房空置率。

在对研究性假设进行检验时，我们应该将研究性假设确定为备择假设 H_1，并在此基础上确定原假设 H_0。如果根据样本数据得到的结果拒绝原假设 H_0，样本数据所得出的结论将会得到支持，且需要针对该问题采取一些相应的行动和措施。

3. 对决策情况下的检验

在对陈述正确性的检验以及对研究性假设的检验中，只有在原假设 H_0 被拒绝的情况下，才需要采取相应的措施。然而，在很多情况下，如某个决策者需要从两种方案中进行选择时，无论原假设 H_0 被拒绝还是接受，都需要采取一定的措施。

【观念运用 8-1-3】某物业服务企业的采购部欲采购某种类型的零件，该零件的标准长度为12厘米，若长度大于或小于12厘米，则不能满足该企业的需要。该企业现收到由供应商提供的一批零件，假设您是该企业采购部的经理，你该如何决定接受这批零件，或者以不符合规格为由将零件退回给供应商呢？

解：您首先需要做的是从该批零件中随机抽取一定数目的零件作为样本，假设该批零件的实际长度为 μ，则我们可以将分析该问题的原假设 H_0 及备择假设 H_1 分别设置如下。

原假设 $H_0:\mu=10$（零件的长度为10厘米）；

备择假设 $H_1:\mu\neq10$（零件的长度不为10厘米）。

如果根据样本数据的计算结果不能拒绝原假设 H_0，那么，我们就应该接受原假设。也就是说，我们并没有足够的理由怀疑该批零件的长度不符合规格，因此需接受该零件。相反，若根据样本数据的计算结果表明应该拒绝原假设 H_0，那么，我们就应该接受备择假设 H_1，也就是说，我们就有足够的理由确定该批零件的长度不符合规格，因此可以将其退回给供货商。由此可见，在对决策情况下的检验中，我们无论是接受还是拒绝原假设 H_0，都必须采取相应的措施。

在统计实践中，要确定原假设 H_0 和备择假设 H_1 往往并不容易，而是需要进行详细的分析、判断才能最终决定选择哪一种检验类型。在确定了检验类型以后，一般是先确定备择假设 H_1，在此基础上确定 H_0。由统计知识看到，原假设 H_0 与备择假设 H_1 一起构成一个完备事件组。也就是说，在一次假设检验中，原假设 H_0 与备择假设 H_1 必有一个且只有一个成立，二者不能同时成立。

（四）假设检验中的两类错误

假设检验的目的在于根据样本信息对原假设和备择假设做出判断。如前所述，原假设和备择假设一起构成一个完备事件组，两者不能同时成立。因此，在假设检验中，最理想的状况便是：若原假设 H_0 为真，则接受 H_0；若备择假设 H_1 为真，则拒绝 H_0。遗憾的是，以上理想状况并不总是能发生的。因为我们是基于样本信息来进行判断的，样本的随机性就有可能使我们犯一些错误。在假设检验中可能发生的错误包括以下两种。

1. 第Ⅰ类错误

第Ⅰ类错误(Type Ⅰ Error),也称为弃真错误或α型错误,是指原假设为真时却拒绝了原假设。犯第Ⅰ类错误的概率通常用α表示。

2. 第Ⅱ类错误

第Ⅱ类错误(Type Ⅱ Error),也称为取伪错误或β型错误,是指原假设为假时却没有拒绝原假设。犯第Ⅱ类错误的概率通常用β表示。

我们可以将假设检验的结果及其发生的错误情况列于表 8-1-1 中。

表 8-1-1 假设检验中所得的正确与错误的结论

所得结论	总体实际情况	
	原假设 H_0 为真	备择假设 H_1 为真
未拒绝原假设 H_0	正确的结论	犯第Ⅱ类错误
拒绝原假设 H_0	犯第Ⅰ类错误	正确的结论

如表 8-1-1 所示,在表的第二行中显示出,若原假设 H_0 为真,且得出的结论是接受 H_0,那么这个结论就是正确的;但是,若备择假设 H_1 为真,得出的结论却是接受 H_0,则我们就犯了第Ⅱ类错误。同理,表的第三行显示出,若原假设 H_0 为真,所得的结论却拒绝了 H_0,则我们就犯了第Ⅰ类错误;相反,若备择假设 H_1 为真,即原假设 H_0 为假,所得结论是拒绝 H_0,则这个结论就是正确的。

【观念运用 8-1-4】在观念运用 8-1-2 中该研究机构为了验证"珠海市商品房空置率超过了市政府部门规定的商品房空置率的上限值 25%"的正确性时,将原假设 H_0 和备择假设 H_1 分别设置如下。

原假设 H_0:$\mu\leqslant 25\%$(商品房空置率不超过 25%);

备择假设 H_1:$\mu>25\%$(商品房空置率超过 25%)。

具体而言,在本例中,犯第Ⅰ类错误就是:当珠海市的实际商品房空置率不超过 25%时,该研究机构却得出了该市商品房空置率超过 25%的结论。与此相反,犯第Ⅱ类错误就是:当珠海市的实际商品房空置率超过 25%时,该研究机构却得出该市的商品房空置率不超过 25%的结论。

在统计实践中,假设检验所得结论正确与否是非常重要的,尤其是做出错误判断时,其后果往往是非常严重的。因此,在无法避免不犯错误的情况下,我们所追求的是犯这两类错误的概率越小越好。但是对于一定的样本容量 n 来说,做到同时减少犯两类错误的概率是不可能的。也就是说,减小犯第Ⅰ类错误的概率α的同时,就会增加犯第Ⅱ类错误的概率β;减小犯第Ⅱ类错误的概率β的同时,就会增加犯第Ⅰ类错误的概率α。我们所能做的只是在两类错误的发生概率之间进行权衡,如图8-1-1所示。

要使α和β同时减小,唯一的方法便是增加样本容量 n。但是,样本容量也不能

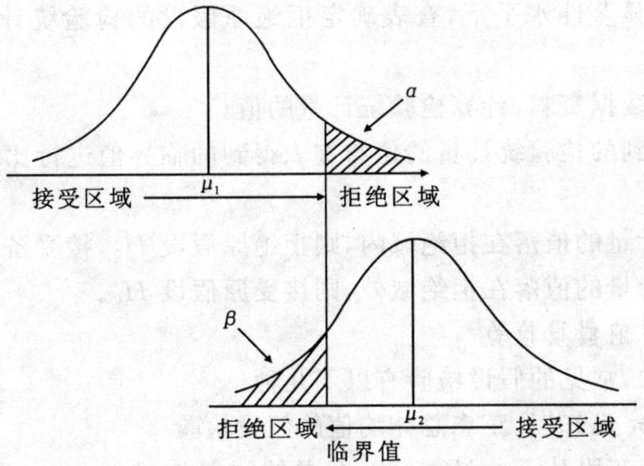

图 8-1-1 假设检验中犯两类错误的图示

无限制地增加,否则便失去了抽样的意义。因此,在统计实践中,我们必须确定将控制哪一类错误发生的概率作为首要目标。

通常而言,我们在进行假设检验时,首先控制的是犯第Ⅰ类错误发生的概率 α,即确定允许犯第Ⅰ类错误的概率 α 的最大值,这在统计学中称为检验的显著性水平,一般选择为 0.05 或 0.01。具体在表 8-1-1 中,当我们通过设定显著性水平来控制第Ⅰ类错误发生的概率后,便可以得出置信度很高的结论:拒绝原假设 H_0 是正确的。在这种情况下,我们有足够的证据支持以下结论:原假设 H_0 为假,则备择假设 H_1 为真,备择假设支持的任何判断都是正确的。

通过以上方法,我们虽然能够控制犯第Ⅰ类错误发生的概率 α,但是并不能控制犯第Ⅱ类错误发生的概率 β。也就是说,若我们决定接受原假设 H_0,我们并不能确定有多大的把握可以做出这个结论。因此,在假设检验中,严格的统计术语应这样表述:不拒绝原假设 H_0,而不是接受原假设 H_0,也就是通过不直接接受来避免第Ⅱ类错误的发生。只要犯第Ⅱ类错误发生的概率 β 未经确定和控制,我们就不能做出"接受原假设 H_0"的判断,而应该做出"不拒绝原假设 H_0"的判断。

【思维拓展 8-1-1】在假设检验中,若选择的显著性水平为 0.01,则说明犯第Ⅰ类错误发生的概率 α 为多大?而所得出的结论是正确的概率又是多大?

二、几种常见的假设检验

(一)假设检验的步骤

一个完整的假设检验过程往往包含以下几个步骤。

(1)建立适当的原假设 H_0 和备择假设 H_1。

(2)确定用以决定是否拒绝原假设 H_0 的检验统计量,并确定其分布形式。

(3)给定检验的显著性水平 α。

(4)在给定的显著性水平下，查表确定拒绝原假设的检验统计量的临界值和拒绝域。

(5)根据样本数据资料，计算检验统计量的值。

(6)将计算得到的检验统计量的值与查表得到的临界值进行比较，并根据以下标准作出判断：

1)若检验统计量的值落在拒绝域内，则拒绝原假设 H_0，接受备择假设 H_1；

2)若检验统计量的值落在拒绝域外，则接受原假设 H_0。

(二)几种常见的假设检验

在统计实践中，常见的假设检验有以下几种。

1. 总体方差 σ^2 已知时，正态总体均值的假设检验

假设总体的分布服从 $X \sim N(\mu, \sigma^2)$，且总体的方差 σ^2 已知，$x_1, x_2, \cdots, x_n$ 为从总体随机抽取的一个样本，其样本均值为 $\bar{x}$。现要检验样本是否由该总体中抽取而来，也就是要检验样本均值 $\bar{x}$ 与总体均值 μ 之间是否存在显著的差异。

根据抽样分布定理可知，样本均值 $\bar{x}$ 的分布为：$\bar{x} \sim N(\mu, \sigma^2/n)$。

因此，在原假设 H_0 成立的条件下，可以构造如下的 Z 统计量：

$$Z = \frac{\bar{x} - \mu}{\sigma / \sqrt{n}} \tag{8-1}$$

则该 Z 统计量服从标准正态分布，即有：$Z \sim N(0,1)$。

以上利用 Z 统计量进行假设检验的方法称为 Z 检验法。根据 Z 检验法，在给定的显著性水平 α 下，通过查找标准正态分布表即可以得到临界值 $Z_{\alpha/2}$ 或 Z_α，将计算所得的 Z 统计量的值与该临界值进行比较，便可以做出接受还是拒绝原假设 H_0 的判断。具体准则如下：

若采用双侧检验，则原假设 $H_0: \bar{x} = \mu$，备择假设 $H_1: \bar{x} \neq \mu$，临界值为 $-Z_{\alpha/2}$ 或 $Z_{\alpha/2}$，若 $|Z| > Z_{\alpha/2}$，则拒绝原假设 H_0；否则，则接受原假设 H_0。

若采用左侧检验，则原假设 $H_0: \bar{x} \geqslant \mu$，备择假设 $H_1: \bar{x} < \mu$，临界值为 $-Z_\alpha$，若 $Z < -Z_\alpha$，则拒绝原假设 H_0；否则，则接受原假设 H_0。

若采用右侧检验，则原假设 $H_0: \bar{x} \leqslant \mu$，备择假设 $H_1: \bar{x} > \mu$，临界值为 Z_α，若有 $Z > Z_\alpha$，则拒绝原假设 H_0；否则，则接受原假设 H_0。

当总体方差 σ^2 已知时，利用正态分布来检验总体均值可以分为两种情况：

(1)当样本容量 $n \geqslant 30$ 时的正态分布总体(根据中心极限定理)；

(2)当样本容量 $n < 30$ 时的正态分布总体。

现用一个具体的例子来说明当总体方差 σ^2 已知时，如何对总体均值进行假设检验。

【观念运用 8-1-5】某物业服务企业声称其应收账款的金额为 360 万元，审计师希望通过选取一个容量 $n=36$ 的样本，并通过计算样本均值来检验是否如此。显然，

只有当样本均值与 360 万元之间差异比较大时，审计师才会拒绝该假设。再假设应收账款的标准差为 $\sigma=65.42$，试计算在 $\alpha=0.05$ 的显著性水平下假设检验的样本均值临界值。

解：首先确定原假设和备择假设，$H_0:\mu=360.00$；$H_1:\mu\neq360.00$。

在 $\alpha=0.05$ 的显著性水平下，查找标准正态分布表，得到临界值 $Z_{\alpha/2}=1.96$。

又已知样本容量 $n=36$、标准差 $\sigma=65.42$，因此，容易得到样本均值的临界值为：

$$\text{样本均值的临界值}=\mu\pm Z_{\alpha/2}\sigma(\bar{x})=360.00\pm1.96\times\frac{65.42}{\sqrt{36}}$$

$$=360.00\pm21.37=(338.63,381.37)$$

由计算结果可知，要拒绝原假设，必须使得样本均值的值小于 338.63 万元或大于 381.37 万元。因此，在进行双侧检验时，存在两个拒绝域，如图 8-1-2 所示。

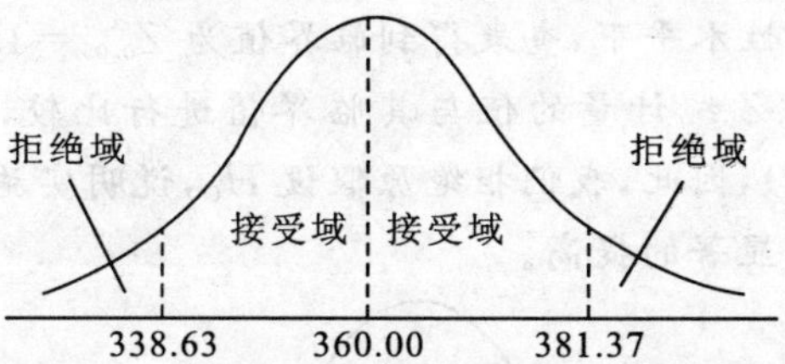

图 8-1-2　双侧检验时的接受域与拒绝域

【观念运用 8-1-6】在观念运用 8-1-5 所示的情形中进行假设检验，若样本均值为 $\bar{x}=330.00$，在 $\alpha=0.05$ 的显著性水平下，试运用 Z 检验法判断是该接受还是拒绝原假设。

解：在 $\alpha=0.05$ 的显著性水平下，查找相应的标准正态分布表可得临界值为：

$$-Z_{\alpha/2}=-Z_{0.025}=-1.96\text{ 及 }Z_{\alpha/2}=Z_{0.025}=1.96$$

计算 Z 统计量的值 $Z=\dfrac{\bar{x}-\mu}{\sigma/\sqrt{n}}=\dfrac{330.00-360.00}{65.42/\sqrt{36}}=-2.75$

将计算所得的 Z 统计量的值与临界值进行比较可得：$Z=-2.75<-Z_{\alpha/2}=-1.96$，处于拒绝域内，因此，应拒绝原假设 H_0，也就是说有 95％的可靠程度拒绝原假设 H_0，如图 8-1-3 所示。

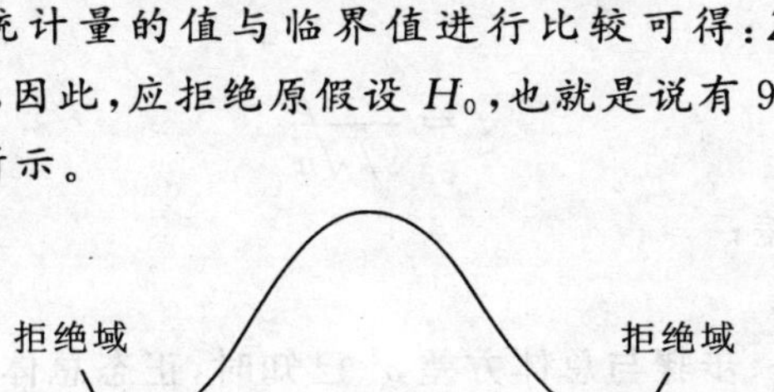

图 8-1-3　双侧检验时的接受域与拒绝域

将样本均值 $\bar{x}=330.00$ 与图 8-1-2 中所示的样本均值的临界值进行比较后发

现，两者可以得到相同的结论。

【观念运用 8-1-7】某房地产开发企业 2008 年每季度的销售额服从均值为 $\mu=6475$ 万元，方差 $\sigma^2=453$ 的正态分布。为了提高销售额，该企业采取了一套新的销售方案。为了检验新的销售方案是否使销售额有所提高，该企业收集了 2009 年四个季度的销售额数据，求得每季度平均销售额为 6800 万元，假定方差保持不变。试确定在 $\alpha=0.05$ 的显著性水平下，新的销售方案对季度销售额是否有显著的影响。

解：确定原假设和备择假设，$H_0:\mu\leqslant 6475$；$H_1:\mu>6475$。

已知样本容量 $n=4$，$\sigma^2=453$，且总体服从正态分布，因此，在原假设为真的条件下，我们计算得到 Z 统计量的值为

$$Z=\frac{\overline{x}-\mu}{\sigma/\sqrt{n}}=\frac{6800-6475}{\sqrt{453}/\sqrt{4}}=30.54$$

在 $\alpha=0.05$ 的显著性水平下，查表得到临界值为 $Z_{0.05}=1.645$。

通过将计算得到的 Z 统计量的值与其临界值进行比较，有 $Z=30.54>Z_{0.05}=1.645$（如图 8-1-4 所示），因此，我们拒绝原假设 H_0，说明实施新的销售方案后，该房地产企业季度销售额有显著的提高。

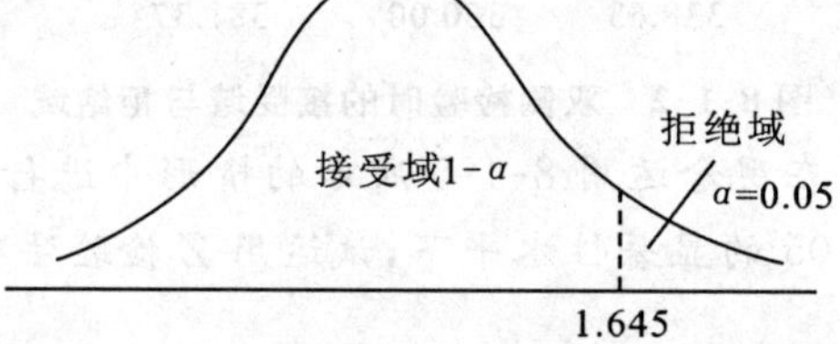

图 8-1-4　单侧检验时的接受域与拒绝域

2. 总体方差 σ^2 未知时，正态总体均值的检验

当总体方差 σ^2 未知时，我们只能用样本方差 s^2 来代替总体方差 σ^2。但此时，计算得到的统计量就不再服从标准正态分布了，而是服从自由度为 $n-1$ 的 t 分布。t 统计量的计算公式为：

$$t=\frac{\overline{x}-\mu}{s/\sqrt{n}} \tag{8-2}$$

式中　s——样本标准差；

　　　n——样本容量。

其假设检验的方法、步骤与总体方差 σ^2 已知时，正态总体均值的检验相似，在此不做重复。

当总体方差 σ^2 未知时，对总体均值的假设检验也包括两种情况：

(1) 当样本容量 $n\geqslant 30$ 时，根据中心极限定理，假定样本均值的分布近似于正态分布；

(2) 当样本容量 $n<30$，但样本均值服从正态分布。

现以一些具体的例子来说明当总体方差 σ^2 未知时，如何对总体均值进行假设检验。

【观念运用 8-1-8】某品牌笔记本电脑零售商在某小区内开展促销活动，声称该品牌电脑电池的平均充电次数可以达到 4500 次。为了验证它的真实性，现随机抽取容量为 $n=10$ 的样本进行调查，计算所得结果显示该样本的充电次数均值为 $\bar{x}=4400$ 次，样本的标准差为 $s=250$。假设通常情况下，笔记本电脑电池的充电次数服从正态分布。试确定在 $\alpha=0.05$ 的显著性水平下，该笔记本零售商的说法是否属实。

解：首先提出原假设与备择假设，$H_0:\mu\geqslant 4500$；$H_1:\mu<4500$。

已知样本容量 $n=10$、样本标准差 $s=250$，且总体服从方差 σ^2 未知的正态分布。因此，在原假设为真的条件下，根据公式(8-2)，我们可以计算得到 t 统计量的值为：

$$t=\frac{\bar{x}-\mu}{s/\sqrt{n}}=\frac{4400-4500}{250/\sqrt{10}}=-1.265$$

在 $\alpha=0.05$ 的显著性水平下，查找分布表得到临界值为：$t_{0.05}(n-1)=t_{0.05}(9)=-1.833$。

计算得到统计量的值与临界值进行比较发现：$t=-1.265>t_{0.05}(9)=-1.833$，因此，我们可以接受原假设 H_0，也就是说，该品牌笔记本电脑电池的充电次数可以达到 4500 次，该零售商的说法属实。具体判断可参见图 8-1-5 所示。

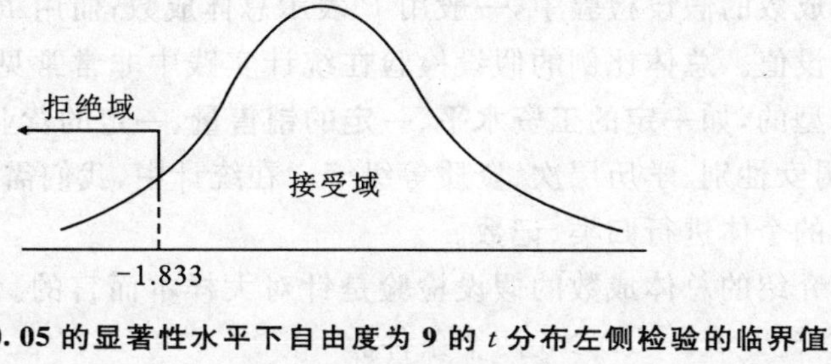

图 8-1-5　0.05 的显著性水平下自由度为 9 的 t 分布左侧检验的临界值

【观念运用 8-1-9】某物业服务企业根据以往经验发现，每天对小区内垃圾桶进行 20 次清理是比较合适的。若每天清理次数少于 20 次则会引起业主的不满；而若每天清理的次数多于 20 次则会使企业的成本增加、利润减少。为了对服务过程进行监控，该小区物业管理处随机抽取了 8 天的数据，计算得到样本均值为每天 20.4 次，标准差为 0.8 次。在显著性水平为 $\alpha=0.05$ 的情况下，试判断该物业服务企业的运转过程是否正常(假设每天的垃圾清理次数服从正态分布)。

解：首先提出原假设和备择假设，$H_0:\mu=20$；$H_1:\mu\neq 20$。

已知样本容量 $n=8$、样本标准差 $s=0.8$，且总体服从方差 σ^2 未知的正态分布。因此，在原假设为真的条件下，根据公式(8-2)，我们可以计算得到 t 统计量的值为：

$$t=\frac{\bar{x}-\mu}{s/\sqrt{n}}=\frac{20.4-20}{0.8/\sqrt{8}}=1.414$$

该统计量服从自由度为 $n-1=8-1=7$ 的 t 分布。

在 $\alpha=0.05$ 的显著性水平下，查找 t 分布表得到临界值为：$-t_{0.025}(7)=-2.365$ 及 $t_{0.025}(7)=2.365$。

计算得到 t 统计量的值与临界值进行比较发现：$t=1.414<t_{0.025}(7)=2.365$，因此，$t$ 统计量的值不在拒绝域内，我们可以接受原假设 H_0，也就是说，该物业服务企业的服务过程正常，没有充足的理由来改变每天垃圾清理的次数。具体判断可参见图 8-1-6 所示。

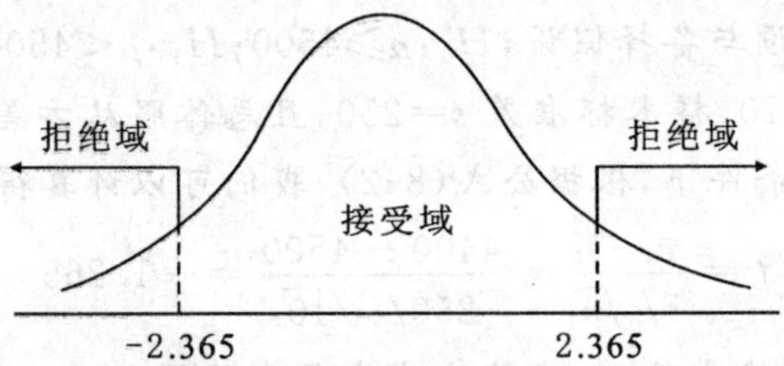

图 8-1-6　0.05 的显著性水平下自由度为 7 的 t 分布双侧检验临界值

3. 总体成数的假设检验

总体成数，也称为总体比例，是指总体中具有某种相同特征的单位数在总单位数中所占的比重。

在总体成数的假设检验中，一般用 P 表示总体成数；而用 P_0 来表示总体比例的某一特定假设值。总体比例的假设检验在统计实践中非常常见，总体中的某种特征可以是数值型的，如一定的工资水平、一定的销售量、一定的营业收入等；也可以是品质型的，如男女性别、学历层次、资质等级等。在统计中，我们需要做的是按照这些特征对总体中的个体进行归类、记数。

本书中介绍的总体成数的假设检验是针对大样本而言的。所谓大样本，是指同时满足 $nP\geqslant 5$ 及 $n(1-P)\geqslant 5$ 两个条件。

在总体成数的假设检验中，我们也可以分别采取双侧检验、左侧检验以及右侧检验的方法。其原假设和备择假设分别为：

(1) $H_0: P=P_0$；$H_1: P\neq P_0$；

(2) $H_0: P\geqslant P_0$；$H_1: P<P_0$；

(3) $H_0: P\leqslant P_0$；$H_1: P>P_0$。

究竟采取哪一种形式则主要取决于我们所研究的问题。

总体成数的假设检验取决于样本成数 p 与总体成数的假定值 P_0 之间的差异，其假设检验方法与总体均值的假设检验方法是类似的，唯一不同的是：在总体成数的假设检验中，我们计算 Z 检验统计量时，使用的是样本成数 p 以及样本成数的标准差 $\sigma(p)$。

对总体成数进行假设检验的步骤如下：

(1)确定总体成数假设检验的原假设 H_0 和备择假设 H_1。

(2)利用样本成数 p 以及样本成数的标准差 σ_p 来计算 Z 统计量。其计算公式如下：

$$Z=\frac{p-P_0}{\sigma(p)}=\frac{p-P_0}{\sqrt{\frac{P_0(1-P_0)}{n}}} \tag{8-3}$$

式中 P_0——总体成数的特定假设值；

p——样本成数；

n——样本容量。

在大样本条件下，中心极限定理保证了 Z 统计量近似服从标准正态分布，即 $Z\sim N(0,1)$。

(3)在给定的显著性水平下，查找标准正态分布表，得到统计量的临界值。

(4)将计算所得到的 Z 统计量的值与临界值进行比较，进而判断是接受还是拒绝原假设。

下面以一个具体例子来说明如何对总体成数进行假设检验。

【观念运用8-1-10】某小区会所通过对过去几个月的数据进行统计发现，前来会所游泳的人中，女性占25%。为了提高女性前来游泳的比例，该小区会所采取了一系列针对女性的优惠措施。半个月以后，随机抽取了400名游泳者作为样本，发现其中有280名男性和120名女性。假设你是该小区会所的一名工作人员，该小区主任要你判断，在0.05的显著性水平下，前来会所游泳的女性所占的比例是否有所提高。

解：首先提出原假设和备择假设，$H_0: P_0\leqslant 0.25$；$H_1: P_0>0.25$。

由于 $nP=0.25\times 400=100\geqslant 5$ 且 $n(1-P)=400\times(1-0.25)=300\geqslant 5$，因此，满足大样本的条件，计算所得的统计量近似服从标准正态分布。

将 $p=\frac{120}{400}=0.30$、$P_0=0.25$ 及 $n=400$ 分别代入 Z 统计量的计算公式(8-3)中有：

$$Z=\frac{p-P_0}{\sqrt{\frac{P_0(1-P_0)}{n}}}=\frac{0.30-0.25}{\sqrt{\frac{0.25\times(1-0.25)}{400}}}=2.309$$

在显著性水平 $\alpha=0.05$ 的情况下，通过查找标准正态分布表可得，临界值 $Z_{0.05}=1.645$。

通过将计算所得的 Z 统计量与其临界值进行比较，可以发现：$Z=2.309>Z_{0.05}=1.645$，因此，Z 统计量处于拒绝域内，我们可以拒绝原假设 H_0，接受备择假设 H_1。即我们可以得出结论：在采取相关优惠措施以后，前来该会所游泳的女性所占的比例有了明显的提高。具体判断可以参见图8-1-7所示。

至于小样本情况下总体成数的假设检验则不在本书的讨论范围之内。因为在小

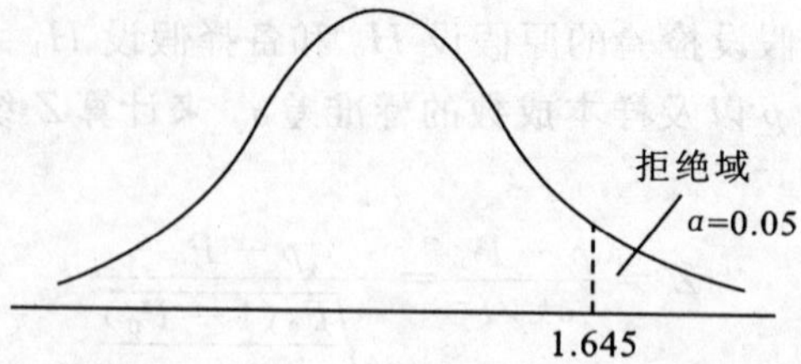

图 8-1-7　对前来小区会所游泳的女性比例进行假设检验的拒绝域

样本的条件下，样本成数 p 的抽样分布将不服从正态分布，而是服从二项分布。而且，在统计实践中，在小样本的情况下对总体成数进行假设检验的情况也是非常少见的。

任务二　如何进行方差分析

【任务导入】

某学院物业管理专业 2009 级共有 4 个班级，某教师为了比较各个班级物业统计课程期末考试的平均成绩，现从每个班级中随机抽取了 6 名学生作为样本，记录每名被抽取学生的考试成绩，得到如表 8-2-1 所示的数据。

表 8-2-1　物业管理专业 24 名学生物业统计考试成绩数据　　单位：分

学生编号	1 班	2 班	3 班	4 班
01	92	81	78	66
02	83	75	74	79
03	85	87	92	86
04	72	84	87	89
05	65	69	84	84
06	80	91	80	86

若您是该任课老师，该如何判断在 0.05 的显著性水平下，物业管理专业 4 个班级物业统计期末考试的平均成绩是否相等。

【任务分析】

对若干个总体均值之间的差异进行检验最常用的方法便是方差分析。在进行方差分析时，一般按照以下步骤来进行：

(1)提出原假设和备择假设，原假设：所有总体均值都相等；备择假设：不是所有总体的均值都相等。

(2)根据各个样本的均值和方差，分别计算总体方差 σ^2 的样本间估计值 $MSTR$

及总体方差σ^2的样本内估计值MSE,然后将二者进行比较便得到F统计量的值。

(3)在给定的显著性水平下,通过查找F分布的临界值表,得到分子自由度为$(k-1)$、分母自由度为(n_T-k)的F分布的临界值。将F统计量的值与临界值进行比较,并根据以下标准决定接受原假设还是拒绝原假设:

1)若F统计量的值<F分布的临界值,则接受原假设;

2)若F统计量的值>F分布的临界值,则拒绝原假设,接受备择假设。

【相关知识链接】

一、方差分析

(一)什么是方差分析

方差分析的基本原理是由英国统计学家罗纳德 A. 费希尔(Ronald A. Fisher)在进行实验设计时为了对实验数据进行解释而首先提出来的。它是对几个不同总体的均值之间是否存在差别进行检验时最常用的一种统计方法。

在方差分析中,原假设是几个不同总体的均值彼此相等,采取的抽样方法是独立地从每个分类范畴(处理水平)中抽取。

(二)方差分析的基本假设

在进行方差分析时,我们一般要做如下三个方面的假设:

(1)各个总体均服从正态分布。也就是说,对于各因素的每一水平,其观测值是采取简单随机抽样从正态分布总体中所抽取的样本。

(2)各个总体必须具有相同的方差。也即是说,由各观测值所组成的样本是从具有相同方差的总体中抽取得到的。

(3)各个观测值之间是相互独立的。

在统计实际中,完全满足以上三个条件是非常困难或者不可能的,但是,在总体分布是单峰的,且样本容量大致相同的情况下,即使总体不服从正态分布,方差分析也不会受到很大的影响。对于一个正态分布而言,主要是由均值和方差(或标准差)这两个参数来决定的。方差分析的原假设是各个总体的均值相等,因此,各个总体具有相同方差的基本假设也就意味着在实际运用中,进行方差分析其实就要检验这些均值是否来自于同一个总体。

(三)方差分析的种类

在方差分析中,我们将那些影响实验指标的条件称为因素;而将各个因素所处的条件称为水平。根据所研究问题所涉及的影响因素的多少,可以将方差分析分为单因素分析以及多因素分析两种。

1. 单因素分析

单因素方差分析是指对只涉及一个影响因素的问题所进行的方差分析,它只检验一个因素的影响，是最简单的方差分析，也是进行多因素方差分析的基础。

2. 多因素分析

多因素方差分析是指对涉及两个或两个以上影响因素的问题所进行的方差分析。它检验两个或两个以上因素的影响，是单因素方差分析的继续和扩展。

二、方差分析的具体运用

作为一种最简单的方差分析形式，单因素方差分析可以用于检验两个或两个以上样本均值之间的差异。现以对三个样本均值之间是否存在差异的检验来详细说明单因素方差分析的具体运用。

【观念运用 8-2-1】某物业服务企业分别承接了写字楼、别墅以及普通住宅小区三种类型的物业，该企业为了掌握在上述三种物业类型工作的员工的服务意识的强弱，现从每种物业的管理处随机抽取 7 名员工组成一个样本，并对样本内的每一名员工进行服务意识测试（该测试得分以百分制计算）。现得到这 21 名员工测试所得分数数据，如表 8-2-2 所示。

表 8-2-2　某物业服务企业 21 名员工服务意识测试得分数据　　单位：分

员工编号	写字楼管理处员工	别墅管理处员工	住宅小区管理处员工
01	71	85	59
02	75	75	64
03	73	82	62
04	74	76	69
05	69	71	75
06	82	85	67
07	74	79	66

若您是该物业服务企业客服部的经理，如何利用该数据检验在 0.05 的显著性水平下，三种类型物业管理处员工参加测试所得分数的平均值是否相等。

解：我们可以定义写字楼、别墅以及住宅小区三种类型物业管理处的所有员工构成的总体分别为总体 1、2 和 3，该三个总体的平均值分别表示为 μ_1、μ_2 和 μ_3。

令原假设 $H_0: \mu_1 = \mu_2 = \mu_3$；备择假设 H_1：所有总体的均值不完全相等。

通过简单的计算，我们便可以得到三个样本的均值及方差。具体计算过程本书将不做介绍，结果列于表 8-2-3 中。

表 8-2-3　三种类型物业管理处员工得分的均值与方差

测度指标	写字楼管理处员工	别墅管理处员工	住宅小区管理处员工
样本均值	74	79	66
样本方差	16.67	28.33	26.67

根据表 8-2-3 所示的计算结果可知，三个样本的均值 $\bar{x}_1 = 74$、$\bar{x}_2 = 79$、$\bar{x}_3 = 66$；三个样本的方差 $s_1^2 = 16.67$、$s_2^2 = 28.33$、$s_3^2 = 26.67$。

根据样本均值和方差，我们可以估计抽样分布的均值和方差。总样本均值为三个样本均值的平均值，即：$\bar{\bar{x}}=\frac{\bar{x}_1+\bar{x}_2+\bar{x}_3}{3}=\frac{74+79+66}{3}=73$。

$$s_{\bar{x}}^2=\frac{\sum_{i=1}^{n}(\bar{x}_i-\bar{\bar{x}})^2}{n-1}=\frac{(74-73)^2+(79-73)^2+(66-73)^2}{3-1}=\frac{86}{2}=43$$

对于总体的方差 σ^2 的估计，我们可以采取样本间估计(Mean Square Among Treatment Groups，MSTR)进行计算。即：

$$MSTR=s^2=ns_{\bar{x}}^2=7\times 43=301$$

以上采取样本间估计对总体方差 σ^2 进行估计是建立在原假设为真的基础之上的。在原假设为真的情况下，所有样本均来自于同一总体，且只有一个样本均值的抽样分布。但是，当原假设为假时，所有样本均值之间存在差异，则所有样本来自于均值不同的正态总体，此时，存在三个不同的样本均值的抽样分布。

根据以上计算公式可知，$s_{\bar{x}}^2$ 越大，则总体方差 σ^2 的样本间估计越大。一般而言，如果样本均值不相等，采取样本间估计时，会高估总体的方差 σ^2。

此外，方差分析的结论还会受到每个样本内的差异的影响。采取简单随机抽样从每一个总体中抽取样本时，则每个样本的方差都是总体方差 σ^2 的无偏估计。因此，我们可以将各个总体方差 σ^2 的估计值结合或合并起来得到一个全面的估计值。我们称用上述方法计算得到的总体方差 σ^2 估计值为 σ^2 的合并估计值或样本内估计或误差均方(Mean Square Error，MSE)。因为每个样本方差提供的 σ^2 的估计值都仅仅是基于每个样本内的差异，因此，σ^2 的样本内估计就不受总体均值的影响。当样本容量相等时，我们可以通过计算单个样本方差的平均数来求得总体方差 σ^2 的样本内估计值。计算公式为：

$$MSE=\frac{(n_1-1)s_1^2+(n_2-1)s_2^2+(n_3-1)s_3^2}{n_1+n_2+n_3-3} \tag{8-4}$$

将以上数据代入总体方差 σ^2 的样本内估计值的计算公式(8-4)中，得：

$$MSE=\frac{(7-1)\times 16.67+(7-1)\times 28.33+(7-1)\times 26.67}{7+7+7-3}=\frac{430.02}{18}=23.89$$

将总体方差 σ^2 的样本间估计值与样本内估计值的计算结果进行比较可以发现，样本间估计值($MSTR=301$)比样本内估计值($MSE=23.89$)大得多。

如果原假设为真，则样本间估计值与样本内估计值都是总体方差 σ^2 的无偏估计。对于正态分布而言，总体方差 σ^2 的两个独立估计之间的比值的抽样分布应该服从 F 分布。因此，如果方差分析时的原假设为真，则 $MSTR/MSE$ 的比值就服从分子自由度为$(k-1)$、分母自由度为(n_T-k)的 F 分布。

因此，F 统计量的值为：

$$F=MSTR/MSE=301/23.89=12.60$$

在显著性水平 $\alpha=0.05$ 的情况下，查找书后附录给出的 F 分布的临界值表，可得分子自由度为 $k-1=3-1=2$；分母自由度为 $n_T-k=21-3=18$ 时 F 分布的临界值。有：

$$F_{(0.05)}=3.55$$

将计算所得的 F 统计量的值与查表所得的临界值进行比较，可以发现：

$$F=12.60>F_{(0.05)}=3.55$$

因此，我们可以拒绝原假设，接受备择假设。具体可以参考图 8-2-1 所示。

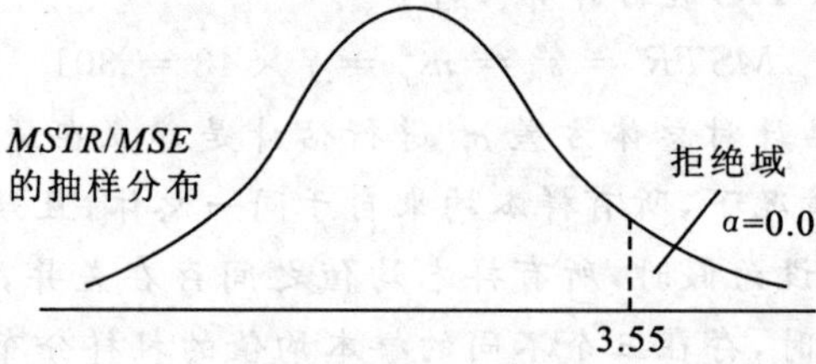

图 8-2-1　*STE/MSE* 的抽样分布；拒绝原假设均值相等的临界值

根据以上的计算结果，我们可以得出以下结论：三种不同类型物业的管理处员工参加服务意识测试的总体均值是不相等的。

将三组样本的单因素方差分析进行扩展，我们就可以将其用于对三组以上样本均值之间的差异进行检验。

在多因素方差分析的场合，若所研究的问题仅涉及两个影响因素，则对该问题的分析称为双因素方差分析。如对某物业服务企业举行的某个培训项目的效果进行分析时，我们可以采取双因素方差分析，既考虑培训方法的效果，也考虑该企业员工在参加培训前的能力所造成的影响。若所研究的问题涉及两个以上因素的影响，则对该问题的分析称为多因素方差分析。多因素方差分析的具体内容不在本书的范围之内。

本模块小结

本模块主要讲述了假设检验与方差分析两部分主要内容。

1. 假设检验是指先对总体参数提出某种假设，然后再利用相关的样本信息判断该假设是否成立的过程。假设检验主要有三种形式，即对陈述正确性的检验、对研究性假设的检验以及对决策情况下的检验。

2. 与假设检验相关的主要概念有原假设、备择假设、拒绝域、显著性水平、检验统计量、双侧检验、左侧检验、右侧检验、第Ⅰ类错误与第Ⅱ类错误等。

3. 在以上几个主要概念中，原假设和备择假设的确定是非常重要的，且在假设检验中，我们并不能同时减少第Ⅰ类错误与第Ⅱ类错误发生的概率，我们所能做的只是根据具体情况对二者的重要性进行权衡。

4. 重点应掌握进行假设检验的具体步骤，能够在总体方差已知和未知两种不同的情况下分别对总体均值进行假设检验以及对总体成数进行假设检验。

5. 方差分析是对几个不同总体的均值之间是否存在差别进行检验时最常用的一种统计方法。其运用必须满足总体服从正态分布、总体方差相同及各观测值相互独立三个基本假设。根据所涉及影响因素的多少，方差分析可以分为单因素方差分析与多因素方差分析两种。本书主要介绍了单因素方差分析在判断两组或两组以上样本均值之间差异上的运用。

关键概念

假设检验　Hypothesis test　　原假设　Null hypothesis
备择假设　Alternative hypothesis　　拒绝域　Refusing domain
检验统计量　Test statistic　　显著性水平　Significance level
双侧检验　Two-sided test　　左侧检验　Left side test
右侧检验　Right side test　　第Ⅰ类错误　Type Ⅰ error
第Ⅱ类错误　Type Ⅱ error　　方差分析　Analysis of variance

复习思考题

一、填空题

1. 检验统计量是指根据样本数据计算所得的，并据此对（　　）和（　　）做出判断的某种样本统计量。

2. 单因素方差分析是指对只涉及一个（　　）的问题所进行的方差分析，它只检验一个因素的影响，是最简单的方差分析，也是进行多因素方差分析的基础。

3. 假设检验(Hypothesis Test)，是指先对（　　）提出某种假设，然后再利用相关的样本信息判断该假设是否成立的过程。

4. 根据拒绝域在抽样分布中的具体位置的不同，单侧检验又可以分为（　　）和（　　）两种。

5. 根据所研究问题所涉及的影响因素的多少，可以将方差分析分为（　　）以及（　　）两种。

二、判断题

1. 假设检验又称为显著性检验，在统计实际中运用相当广泛，包括经济、教育以及销售等领域都会用到假设检验。（　）

2. 拒绝域，是指不能够做出拒绝原假设这一判断的所有可能的样本取值范围。

( )

3. 第Ⅰ类错误(Type Ⅰ Error),也称为弃真错误或α型错误,是指原假设为假时却拒绝了原假设。( )

4. 在方差分析中,原假设是几个不同总体的均值彼此相等,采取的抽样方法是独立地从每个分类范畴(处理水平)中抽取。( )

5. 总体成数,也称为总体比例,是指总体中具有某种相同特征的单位数在总单位数中所占的比重。( )

三、简答题

1. 什么是检验统计量?

2. 什么是假设检验?

3. 假设检验的类型有哪些?

4. 试简单叙述单因素分析、多因素分析的概念及其区别。

5. 什么是双侧检验?

四、计算题

1. 某物业服务企业人力资源部的经理认为,该企业员工对目前工资水平表示不满意的人数至少占该企业全体员工人数的30%。作为企业的总经理,您想对该部门经理的说法是否属实进行判断。因此,您从企业的全体员工中随机抽取了200名组成样本,经过调查后发现有34名员工对现有的工资水平不满意。试回答以下问题:

(1)在0.10的显著性水平下,您根据该次调查的结果是否会同意该人力资源部经理的说法?

(2)若显著性水平改为0.05,您得到的结果又将是怎样的?

2. 某学校物业管理专业2009级共招有两个班级,为了了解两个班级学生的身高情况,现分别从每个班级抽取10名学生组成样本,测得其身高数据如下(单位:厘米)。

1班:160 165 168 170 171 180 174 178 172 173

2班:176 159 172 172 168 183 174 165 177 160

现假设两个班级学生的身高都服从正态分布,且具有相同的方差。试在$\alpha=0.05$的显著性水平下,判断两个物管专业班级学生的平均身高是否存在差异。

五、实训题

将班级学生分成若干个小组,每组成员5～8人,对自己所在学校物业管理专业毕业学生的就业工资情况进行调查。采取随机抽样方式分别从2008届及2009届毕业学生抽取20名作为样本,并调查其工资水平数据。分别计算各届毕业学生的平均工资水平及其标准差,假设毕业学生的工资水平服从正态分布。试根据计算结果对这两届物管专业毕业学生的就业工资情况进行比较分析,并提交调查数据及分析报告。

学习模块九　相关与回归分析

开篇导读

某企业生产成本的管理与预测

以下案例是某企业在生产经营活动中，其管理人员根据企业经营情况的数据资料，建立月产量与生产成本之间的一元线性回归模型，并在此基础上对其进行分析和预测的例子。现实生活中的许多变量之间的数量关系也都可以采取类似的方法来处理和研究。

为了加强企业内部管理、提高经济效益，珠海市某企业决定从2009年开始逐步规范会计管理。企业财务部的林经理找到负责企业成本核算的会计小张，要求他对企业的经营成本进行分析。于是，小张收集了该企业2008年的相关经营数据资料，如下表所示。

附表　某企业2009年度的月产量与生产成本数据

月份	产量(千吨)	生产成本(万元)	月份	产量(千吨)	生产成本(万元)
01	1.2	62	07	3.8	110
02	3.1	80	08	8.4	159
03	5.0	115	09	6.1	132
04	8.0	160	10	2.0	86
05	9.4	173	11	7.2	135
06	11.2	196	12	10.5	187

通过简单的分析，小张发现，企业的生产成本与产量之间存在着高度的线性相关关系，进一步计算两者的相关系数得到 $\rho=0.97$。在此基础上，小张以产量为解释变量、生产成本为被解释变量建立了一元线性回归模型，经参数估计得到如下方程：

$$\hat{y}=51.3+12.9x$$

在以上的例子中，小张是怎样判断产量与生产成本之间存在线性相关的，相关系数是如何计算出来的，一元线性模型如何建立，其参数是如何估计出来的等等这类问题,都是本学习模块需要解决的问题。通过本模块的学习,你也可以像案例中的小张一样,非常方便地对变量之间的数量关系进行研究。

知识目标

通过本模块知识的学习,主要掌握以下一些基本知识点:

1. 了解相关分析的概念、种类及其内容,领会相关关系与函数关系的区别。

2. 掌握三种测定相关关系的方法,即相关表、相关图与相关系数。尤其是掌握相关的计算及其检验,能根据计算所得相关系数绝对值的大小判断相关关系的紧密程度。

3. 了解回归分析的概念、种类及其与相关分析的区别,掌握一元线性回归模型的建立及其参数估计。

4. 了解多元线性回归模型。

能力目标

通过本学习模块的学习,主要能掌握以下几项基本技能:

1. 根据已给数据,能通过编制相关表、绘制相关图或计算相关系数等方法,判断变量之间相关关系的方向、形式以及紧密程度;

2. 能对具有线性关系的两个变量进行一元线性回归,并估计其参数。

任务一 判断相关关系的形式、方向与紧密程度

【任务导入】

为了对物业服务企业的年均资金投入与利润总额之间是否存在相关性进行判断和研究,某咨询机构抽样调查了某地 10 家代表性的物业服务企业,他们的年平均资金投入与利润总额的数据如表 9-1-1 所示。

表 9-1-1 物业服务企业年均资金投入与利润总额数据 单位:万元

企业编号	年平均资金投入	利润总额
1	318	52
2	910	101
3	200	64
4	409	82

续表 9-1-1

企业编号	年平均资金投入	利润总额
5	415	92
6	502	93
7	314	160
8	1210	151
9	1022	122
10	1225	162

试回答以下问题：

(1)判断年平均资金投入与利润总额之间是否存在相关关系，如存在，是何种相关关系？

(2)测定并检验两者之间的相关系数($\alpha=0.05$)。

【任务分析】

要完成以上学习任务，学生应掌握以下主要知识点。

(1)所谓相关关系，是指诸变量之间存在的、非确定性的数量关系，它不是一种严格的函数关系。依据不同的标准，相关分析可以分为不同的类型，本任务所要分析的是单相关。测定相关关系的方法主要包括编制相关表、绘制相关图以及计算相关系数法。相关表和相关图都只能粗略地判断相关关系的存在及其方向；只有通过计算相关系数才能精确判断相关关系的方向及其紧密程度。

(2)由相关系数的计算公式可以看出，其大小受到样本容量以及样本的代表性这两个因素的影响。在实践中，我们往往需要检验样本相关系数是否能够代表总体相关系数。在假设变量均值服从正态分布的前提下，我们可以通过 t 值检验来判断相关系数的显著性。

【相关知识链接】

在实际的运用中，作为统计学中研究变量之间数量关系的分析工具，函数关系与相关关系两者之间既存在联系，也存在着差别。

一、相关分析概述

(一)什么是相关关系

在现实经济生活中，普遍存在着两种类型的数量关系：一种是函数关系；另一种是相关关系。

1. 函数关系

函数关系是指变量之间存在的确定性的数量关系，且这种关系可以用数学表达式进行严格的描述。

在函数关系中的变量有自变量和因变量之分。当自变量发生变化时，因变量的值随之按确定的规律发生变化，两者之间存在一一对应的关系。

【观念运用 9-1-1】根据数学知识，圆的面积 S 与其半径 R 之间存在着确定的数量关系，可用数学表达式表示为 $S=\pi R^2$；同理，在销售价格(P)既定的情况下，销售额(M)与销售量(Q)之间也存在确定性的数量关系 $M=P\times Q$。因此，以上均为一种函数关系。

【思维拓展 9-1-1】试列举出一些自己所熟悉的函数关系。

2. 相关关系

相关关系是指诸变量之间存在的非确定的数量关系，其不是一种严格的函数关系。

在相关关系中，一个(几个)变量发生变化时，另一变量的值也随之发生变化，但与函数关系不同的是，该变量的值是不确定的。对应于同一变量的值，另一变量往往有一组不尽相同的值与之相对应，这些不同的数值围绕其平均值上下波动。

【观念运用 9-1-2】就居民家庭的月可支配收入与消费支出的关系而言，就是一种典型的相关关系。一般而言，居民家庭的月可支配收入越高，其消费支出也就越高。但居民家庭的消费支出并不是由其月可支配收入唯一决定的，消费支出还往往受到人们的消费倾向、心理因素以及初始财富等诸多因素的影响和制约。

【思维拓展 9-1-2】与同学讨论，试列举出一些常见的相关关系的例子。

3. 函数关系与相关关系的区别与联系

作为两种不同类型的变量之间的数量关系，一方面，由于观测与测量误差等原因，函数关系往往通过相关关系的形式表现出来；另一方面，为了研究相关关系，通常也需要利用确定的数学表达式来展现变量间的相关方式及其数量关系。因此，函数关系可以作为相关关系的研究工具。

(二)相关关系的分类

依据不同的标准，相关关系可以划分为不同的类型。在统计实践中，相关关系可做如下划分。

1. 根据变量之间相关的程度划分，相关关系可以分为不相关、不完全相关和完全相关

若某一变量的值完全不受另一个(几个)变量取值的影响，其数值变化相互独立，则称变量之间不相关。如股票价格与温度之间一般是不相关的。若某一变量的值完全是由另一个(几个)变量的取值所决定时，则称变量之间完全相关。如观念运用 9-1-1 中所示的圆的面积 S 与其半径 R 之间的关系即为完全相关。不完全相关是介于不相关与完全相关之间的一种中间状态，是指某一变量的值不仅与另一个(几个)变

量的取值有关，而且还受到随机因素的影响。

显然，不相关与完全相关是相关关系中的特例。现实经济生活中，变量之间的关系往往表现为不完全相关的形式，它是相关分析的主要研究对象。

【观念运用 9-1-3】 试判断以下变量之间的关系是不相关、完全相关还是不完全相关：学生的身高与体重；广告投入与商品销售额；甲国的国内生产总值与乙国的国内生产总值。

2. 按照变量间相关的方向划分，相关关系可以分为正相关和负相关

当一个变量的值与另一个（几个）变量的取值按相同的方向变化时，则称变量之间存在正相关。如观念运用 9-1-2 中所示的居民家庭的月可支配收入与消费支出之间的关系即为正相关。一般而言，随着居民家庭的月可支配收入的提高，居民消费支出也会随之增加。当某一变量的值与另一个（几个）变量的取值按相反的方向变化时，称变量之间存在负相关。如肺癌患者的治愈率与其吸烟时间的长短之间是负相关关系，两者变化方向相反。

【思维拓展 9-1-3】 必须注意到的是，在现实中，变量间的正、负相关关系仅在一定范围内存在。如小麦的产量与施肥量之间的关系，当施肥量在适量的范围内时，两者正相关，小麦产量随着施肥量的增加而提高；而当施肥量超量时，两者负相关，小麦产量随着施肥量的增加反而减少。

3. 按照相关涉及的变量多少划分，相关关系可以分为单相关和复相关

若某一变量的值只受另一个变量取值的影响，称两变量间为单相关。如学生的学习成绩与学习时间、可支配收入与消费支出之间就属于单相关关系。若某一变量的值受到另外几个变量取值的影响，称这些变量间为复相关。如某种商品的需求量与其价格、收入水平以及替代品的价格之间就属于复相关。

【思维拓展 9-1-4】 结合生活实际，试列举出一些单相关与复相关的例子，并与同学讨论。

4. 按变量间相关的表现形态划分，相关关系可以分为线性相关和非线性相关

若某一变量的值随着另一个（几个）变量取值的变化而发生大致均等的变化，在平面直角坐标系中大致呈现出一条直线的相关关系称为线性相关。相反，若某一变量的值随着另一个（几个）变量取值的变化而发生非均等的变化，在平面直角坐标系中呈现出一条曲线的相关关系称为非线性相关。

【观念运用 9-1-4】 大致说来，居民家庭的消费支出与月可支配收入之间大致就是一种线性相关关系；而产品的生产总成本与产量就表现为一种非线性相关关系。

（三）相关分析的内容

研究变量之间的相关关系，主要目的在于明确其相互之间相关的紧密程度以及变化规律，以便做出判断，进行预测和控制。在实际的统计工作中，相关分析主要包括以下主要内容。

1. 判断变量之间是否存在相关关系及其表现形式

判断变量之间是否存在相关关系是进行相关分析的重要前提和出发点。若通过定性分析的方法，初步确定变量之间存在相关关系，则可以进一步运用编制相关表、绘制相关图等方法确定变量之间相关关系的表现形式，以便运用相应的相关分析方法进行研究，不至于发生认知上的偏差，得出错误结论。

2. 确定变量间相关的紧密程度

运用定性分析方法，编制相关表、绘制相关图等方法都不能确切地表现变量之间相关的紧密程度。在统计实务中，为了确定变量间相关的紧密程度，主要方法是通过计算相关系数。若相关系数表明相关关系很紧密，则必须进行相应的回归分析。

3. 建立相关关系的数学表达式

为了确定变量之间数量变化方面的一般关系，通常需要借助数学公式来描述相关关系，进而进行判断、推算及预测。若变量之间存在线性相关，则采用拟合线性方程的方法；若变量之间存在非线性关系，则采取拟合曲线方程的方法。这在统计学中也被称为回归分析。

4. 根据实际值，计算变量估计值的误差程度

根据拟合的线性方程或曲线方程，当给定某一个(几个)变量的若干值，可以求出另一个变量相应的若干值。通常而言，估计值与实际值之间是存在差距的，统计学中用估计标准误差来描述变量估计值误差程度的大小。估计标准误差越大，表明估计值与实际值的差距越大，估计越不准确；相反，估计标准误差越小，表明估计值与实际值的差距越小，估计越准确。估计标准误差的大小一般与被研究变量之间相关关系的紧密程度有密切关系。

二、相关关系的测定

在统计学中，测定相关关系的方法大致有相关表、相关图及相关系数三种。作为研究相关关系的直观工具，在进行定量分析之前，可以运用它们来对变量之间相关关系的方向、形式以及紧密程度等做出大致的判断，进而运用相关系数来定量描述变量之间的相关程度。

(一)相关表

相关表是指将被研究变量的观测值按照一定的顺序排列在同一张表中，以表明变量之间的相关关系所形成的表格。它是描述相关关系最基本的形式。

按照数据资料是否分组，相关表有简单相关表和分组相关表两种。

1. 简单相关表

简单相关表是指未将数据分组，直接将某一变量的取值按照从小到大的顺序排列，再将另一与其相关变量的取值一一对应平行排列所形成的表格。

【观念运用 9-1-5】为了研究学生周自学小时数与平均成绩的关系，某教师组织

物业管理专业的学生对本专业学生进行抽样调查，收集到如表 9-1-2 所示的原始数据。试为这份数据编制一个简单相关表。

表 9-1-2　20 名物业管理专业学生周自学小时数与平均成绩数据

学号	周自学小时数(小时)	平均成绩(分)	学号	周自学小时数(小时)	平均成绩(分)
01	10	60	11	14	72
02	8	48	12	16	84
03	14	65	13	14	78
04	12	58	14	14	84
05	12	69	15	10	60
06	10	72	16	12	82
07	8	60	17	12	73
08	16	85	18	12	72
09	12	72	19	18	96
10	12	78	20	14	87

解：将周自学小时数按照从小到大的顺序排列，重新编制表格，便可以得到如表 9-1-3 所示的简单相关表。

表 9-1-3　物业管理专业学生周自学小时数与平均成绩的相关表

学号	周自学小时数(小时)	平均成绩(分)	学号	周自学小时数(小时)	平均成绩(分)
02	8	48	17	12	78
07	8	60	18	12	82
01	10	60	03	14	65
06	10	60	11	14	72
15	10	72	13	14	78
04	12	58	14	14	84
05	12	69	20	14	87
09	12	72	08	16	84
10	12	72	12	16	85
16	12	73	19	18	96

从表 9-1-3 可以看出，随着周自学小时数的增加，学生的平均成绩呈提高的趋势，说明两者之间存在明显的正相关关系。即使在周自学小时数相同的情况下，学生的平均成绩存在差异，但仍然能体现出周自学小时数与学习成绩之间的相关关系。

2. 分组相关表

分组相关表是指将原始数据进行分组，整理而成的相关表。根据分组的情况，分组相关表又有单变量分组相关表和双变量分组相关表之分。

(1)单变量分组相关表

单变量分组相关表是指在编制分组相关表时，只对具有相关关系的变量中的一个变量进行分组，列出各组频数，另外变量不变所形成的相关表。

【观念运用 9-1-6】以观念运用 9-1-5 所示的数据为例，对周自学小时数进行分组编制而成的分组相关表如表 9-1-4 所示。

表 9-1-4　周自学小时数与学生平均成绩的分组相关表

周自学小时数(小时)	学生数(人)	各组平均成绩(分)
8	2	54
10	3	64
12	7	72
14	5	77.2
16	2	84.5
18	1	96
合计	20	—

由表 9-1-4 可以清晰地看出，周自学小时数与平均成绩之间存在明显的正相关关系，随着周自学小时数的增加，学生平均成绩越高。

(2)双变量分组相关表

双变量分组相关表是指在编制相关表时，将具有相关关系的两个变量同时进行分组，一个分组设置在主体栏，另一个分组设在叙述栏所形成的分组相关表。双变量分组相关表在统计实践中运用得不是很多，在此不做详细介绍。

对比表 9-1-3 及表 9-1-4 可以发现，分组相关表相对于简单相关表更能清晰地反映出变量之间的相关关系。

(二)相关图

作为粗略表现变量之间相关关系的工具之一，相关图也是进行深入相关分析的基础和依据。根据已有的相关表，我们可以将其绘制成相应的相关图，以便能更加清晰、直观地反映变量之间的相关关系。

相关图又称为散点图、散布图，是指将两变量相对应的观测值在平面直角坐标系中用坐标点的形式描绘出来，以反映变量之间相关关系的图形。

各种相关关系所对应的相关图如图 9-1-1、图 9-1-2 以及图 9-1-3 所示。

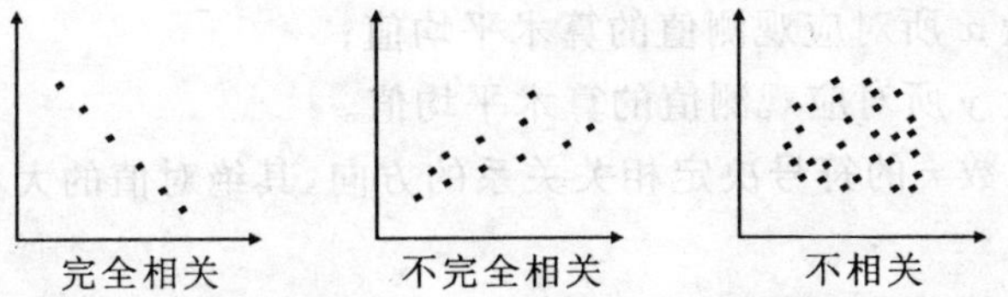

图 9-1-1 完全相关、不完全相关和不相关的图形表现

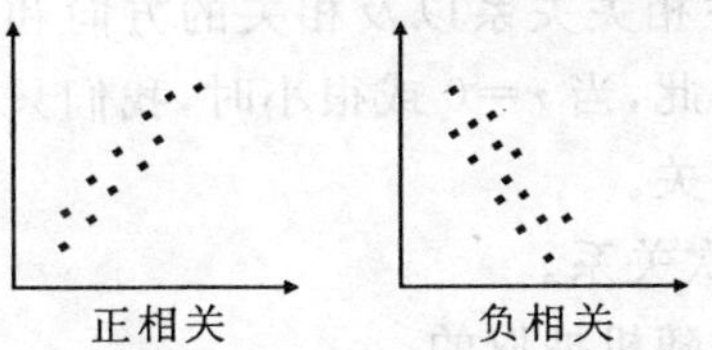

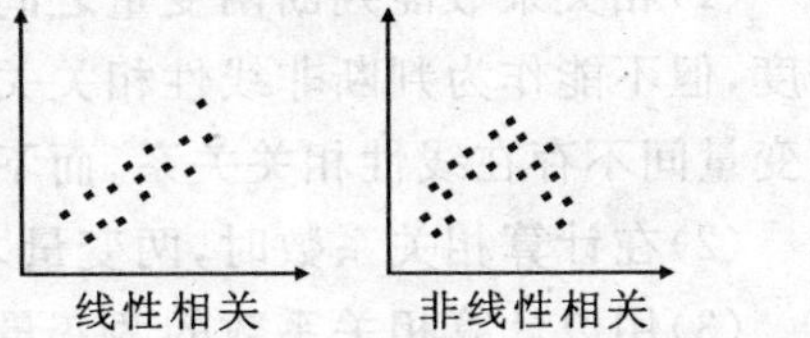

图 9-1-2 正、负相关的图形表现 **图 9-1-3 线性与非线性相关的图形表现**

【观念运用 9-1-7】根据表 9-1-4 所示的物业管理专业学生周自学小时数与平均成绩的分组相关表，运用统计软件，很容易得出如图 9-1-4 所示的相关图。

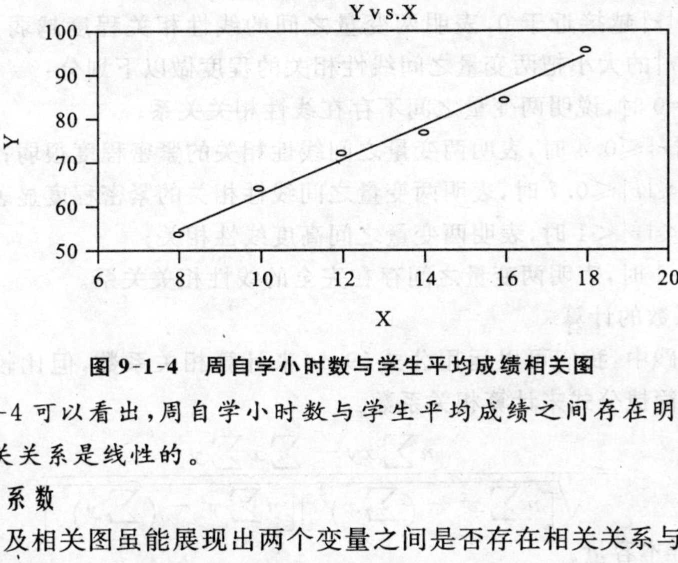

图 9-1-4 周自学小时数与学生平均成绩相关图

由图 9-1-4 可以看出，周自学小时数与学生平均成绩之间存在明显的正相关关系，且这种相关关系是线性的。

(三)相关系数

相关表以及相关图虽能展现出两个变量之间是否存在相关关系与相关的形式和方向，但并不能在数值上表明相关关系的紧密程度。当两变量间线性相关时，为确切地判断相关的紧密程度，统计学上通常借助于英国统计学家卡尔·皮尔逊(Karl Pearson)所提出的相关系数这一概念。

1. 什么是相关系数

相关系数是指反映两个变量之间线性相关紧密程度以及方向的统计指标，一般用 r 表示。其计算公式为：

$$r=\frac{\sum(x-\bar{x})(y-\bar{y})}{\sqrt{\sum(x-\bar{x})^2\sum(y-\bar{y})^2}} \tag{9-1}$$

式中 $\bar{x}$——变量 x 所对应观测值的算术平均值；

$\bar{y}$——变量 y 所对应观测值的算术平均值。

其中，相关系数 r 的符号决定相关关系的方向，其绝对值的大小决定相关的紧密程度。

一般而言，相关系数具有以下几个性质。

(1)相关系数能判断两变量之间是否存在线性相关关系以及相关的方向和紧密程度，但不能作为判断非线性相关关系的依据。因此，当 $r=0$ 或很小时，我们只能说两变量间不存在线性相关关系，而不能说它们不相关。

(2)在计算相关系数时，两变量之间不存在主次关系。

(3)用以计算相关系数的两变量的数据必须是随机抽取的。

(4)相关系数是有正负之分的。相关系数为正，表明两变量之间正相关；反之，相关系数为负，表明两变量之间负相关。

(5)r 的取值范围为：$|r|\leqslant 1$。$|r|$ 越接近于1，表明两变量之间的线性相关程度越紧密；反之，$|r|$ 越接近于0，表明两变量之间的线性相关程度越弱。在统计实践中，一般根据 $|r|$ 的大小把两变量之间线性相关的程度做以下划分：

1)当 $|r|=0$ 时，说明两变量之间不存在线性相关关系；

2)当 $0<|r|\leqslant 0.4$ 时，表明两变量之间线性相关的紧密程度很弱；

3)当 $0.4<|r|\leqslant 0.7$ 时，表明两变量之间线性相关的紧密程度显著；

4)当 $0.7<|r|<1$ 时，表明两变量之间高度线性相关；

5)当 $|r|=1$ 时，表明两变量之间存在完全的线性相关关系。

2. 相关系数的计算

在统计实践中，我们可以运用公式(9-1)来计算相关系数，但比较复杂。因此，通常采用以下简捷公式来计算相关系数：

$$r=\frac{n\sum xy-\sum x\sum y}{\sqrt{\left[n\sum x^{2}-\left(\sum x\right)^{2}\right]\left[n\sum y^{2}-\left(\sum y\right)^{2}\right]}} \tag{9-2}$$

式中 n——样本容量。

【观念运用9-1-8】运用相关系数的计算公式，判断任务一中所示数据中年资金投入与利润总额之间是否存在相关关系，若存在，为何种相关关系，紧密程度如何？

解：根据表9-1-1所示的数据，可以得出如图9-1-5所示的相关图。

由图9-1-5可以看出，随着年平均资金投入的增加，物业服务企业的利润总额呈增大趋势，两者之间存在正相关关系，从相关图来看，两者间的相关是线性的。因此，我们可以通过计算相关系数来判断两者相关的紧密程度。假设年平均资金投入用 x 表示，利润总额用 y 表示，则很容易得到表9-1-5。

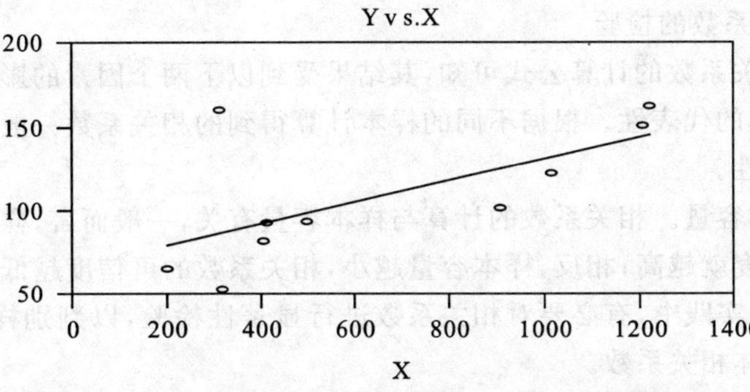

图 9-1-5　年平均资金投入与利润总额之间的相关图

表 9-1-5　10 家物业服务企业年平均资金投入与利润总额间相关系数计算表

企业编号	年均资金投入 x(万元)	利润总额 y(万元)	x^2	y^2	xy
1	318	52	101124	2704	16536
2	910	101	828100	10201	91910
3	200	64	40000	4096	12800
4	409	82	167281	6724	33538
5	415	92	172225	8464	38180
6	502	93	252004	8649	46686
7	314	160	98596	25600	50240
8	1210	151	1464100	22801	182710
9	1022	122	1044484	14884	124684
10	1225	162	1500625	26244	198450
合计	6525	1079	5668539	130367	795734

将表 9-1-5 中计算出的 $\sum x$、$\sum y$、$\sum x^2$、$\sum y^2$ 以及 $\sum xy$ 的值代入相关系数的计算公式(9-2)，得相关系数：

$$r=\frac{n\sum xy-\sum x\sum y}{\sqrt{\left[n\sum x^2-\left(\sum x\right)^2\right]\left[n\sum y^2-\left(\sum y\right)^2\right]}}$$

$$=\frac{10\times 795734-6525\times 1079}{\sqrt{(10\times 5668539-6525^2)\times(10\times 130367-1079^2)}}=0.90$$

计算结果显示，相关系数 $r=0.90$，接近于 1。表明年平均资金投入与利润总额之间存在高度的线性相关关系。

3. 相关系数的检验

根据相关系数的计算公式可知，其结果受到以下两个因素的影响。

(1)样本的代表性。根据不同的样本计算得到的相关系数一般也是不同的，具有一定的随机性。

(2)样本容量。相关系数的计算与样本容量有关，一般而言，样本容量越大，相关系数的可信度就越高；相反，样本容量越小，相关系数的可信度越低。

因此，在实践中，有必要对相关系数进行显著性检验，以判别样本相关系数是否能够代替总体相关系数。

可以证明，在变量均服从正态分布的假设条件下，我们可以进行 t 值检验，以判别相关系数的显著性。具体步骤如下。

(1)提出原假设和备择假设

$H_0:\rho=0$(相关系数为0，变量在总体上不存在线性相关)；

$H_1:\rho\neq0$(相关系数不为0，变量在总体上存在线性相关关系)。

(2)计算 t 统计量的值

$$t=\frac{r\sqrt{n-2}}{\sqrt{1-r^2}} \tag{9-3}$$

可以证明：当原假设成立时，t 统计量服从自由度为 $n-2$ 的 t 分布。即：

$$t=\frac{r\sqrt{n-2}}{\sqrt{1-r^2}}\sim t(n-2)$$

(3)根据给定的显著性水平 α 和自由度，查 t 分布表得到临界值 $t_{\frac{\alpha}{2}}(n-2)$，并将计算得到的 t 统计量的值与临界值进行比较。

若 $|t|\leqslant t_{\frac{\alpha}{2}}(n-2)$，则接受原假设 H_0，表明变量之间的线性相关关系在总体上不显著；

若 $t>t_{\frac{\alpha}{2}}(n-2)$，则拒绝原假设 H_0，接受备择假设 H_1，表明变量之间的线性相关在总体上显著。

【观念运用 9-1-9】试判断观念运用 9-1-8 中计算所得的年均资金投入与利润总额之间的相关系数是否显著(显著性水平为 $\alpha=0.05$)？

解：(1)提出原假设和备择假设，$H_0:\rho=0$；$H_1:\rho\neq0$。

(2)计算 t 统计量的值：$t=\frac{r\sqrt{n-2}}{\sqrt{1-r^2}}=\frac{0.90\times\sqrt{10-2}}{\sqrt{1-0.90^2}}=5.8501$。

(3)在给定的显著性水平 $\alpha=0.05$ 下，查 t 分布表得临界值 $t_{0.025}(8)=2.306$。因 $|t|=5.8501>t_{0.025}(8)=2.306$，因此，可以得出年均资金投入与利润总额之间的相关关系在总体上显著的结论。

任务二　如何进行一元线性回归分析

【任务导入】

某市物业管理协会为了调查该行业中企业总收入与纯利润总额之间的关系，采取随机抽样的方法抽取了该市 20 家物业服务企业作为样本，记录其总收入与纯利润总额这两项经济指标，得到如表 9-2-1 所示的数据资料。

表 9-2-1　某地 20 家物业服务企业的几项经济指标数据　单位：万元

企业编号	总收入	纯利润
1	170	4.1
2	200	7.5
3	140	8.1
4	2000	10.6
5	900	18.1
6	400	21.8
7	420	25.0
8	180	26.0
9	1200	40.0
10	230	51.0
11	500	52.5
12	660	55.7
13	1500	57.5
14	960	60.0
15	590	66.5
16	1680	79.0
17	2210	90.1
18	790	90.8
19	2600	97.2
20	750	99.8

试根据以上资料：

(1)计算总收入与纯利润之间的相关系数；

(2)试建立纯利润对总收入的回归直线方程，并说明参数的实际意义；

(3)预测当总收入为 2680 万元时，纯利润的理论值为多少；

(4)计算所作回归估计的标准误差。

【任务分析】

对该问题中需要完成的各项任务,我们做以下简要的分析。

(1)运用相关系数不仅可以判断出变量之间是否存在相关关系,而且可以反映相关关系的方向及其紧密程度。相关关系的具体计算方法与显著性检验在任务一中有详细的介绍。只有经过计算相关系数确定变量之间存在相关关系时,才能建立回归模型进行分析。

(2)在一元线性回归分析中,首先应该确定解释变量和被解释变量,建立一元线性回归模型,通过对参数进行估计,得到具体的回归方程。此时,只要给定某一解释变量的值,我们就可以进行相应的预测。

(3)回归估计的标准误差是指被解释变量实际值与估计值的平均离差,是一个常用的用以是衡量回归直线对相关关系的代表性大小的统计分析指标。

【相关知识链接】

一、回归分析概述

(一)什么是回归分析

回归(Regression)一词源于 19 世纪英国生物学家葛尔登(Francis Galton, 1822—1911)对人体遗传特征的实验研究。通过实验,他发现高个子双亲,其子女身高也较高,但平均而言,子女不及他们的双亲高;同样,矮个子双亲,其子女身高也较矮,但平均而言,子女不如他们双亲矮。他把这种人的身高趋向于平均值的现象称为"回归",并作为统计学中的概念加以运用。随着科学的发展,回归这一概念已突破生物学的范畴,普遍适用于研究一切领域内变量之间的依存关系。

在现代统计学上,回归分析是指对于具有相关关系的变量,根据其相关的形式,选择一个恰当的数学模型(也称为回归方程),用以近似描述变量间的平均变化关系的一种统计分析方法。

通过相关分析可以明确变量之间相关的形式、方向和紧密程度;而通过回归分析可以根据一个(几个)变量的数值或变动来预测另一个变量的数值或变动。

(二)相关分析与回归分析的比较

1. 相关分析与回归分析的联系

(1)相关分析是回归分析的前提和基础。只有在存在相关关系的变量之间才能进行回归分析,且相关的紧密程度越高,回归分析的结果越理想。

(2)回归分析是相关分析的继续和深化。仅仅通过相关分析得到了有关变量之间相关关系的形式、方向及紧密程度的信息是远远不够的。只有通过回归分析得到回归方程，才能进行相应的预测和控制，为科学决策做好准备。

2. 相关分析与回归分析的区别

(1)在相关分析中，各个变量之间的地位是平等的，没有主次之分；而在回归分析中，根据研究目的以及自身性质的不同，变量被区分为自变量(解释变量)和因变量(被解释变量)两类。

(2)在相关分析中，所有的变量都必须是随机变量；而在回归分析中，解释变量必须是确定性变量，是可以控制的，而被解释变量需为随机变量。

(三)回归分析的种类

在回归分析实践中，根据统计数据建立起来的回归方程形式多种多样。依据不同的标准，回归分析可以分为不同的类型。

1. 按照自变量的个数，可以分为一元回归和多元回归

一元回归是最简单的回归模型，只包含两个变量，其中一个为解释变量，为确定性变量；另外一个为被解释变量，其取值受到偶然因素的影响，具有不确定性，为随机变量。多元回归是指回归方程中含有两个或两个以上解释变量的情形。

2. 按照回归线形态的不同，可以分为线性回归和非线性回归

线性回归是指变量之间的变化规律呈线性形式，反映在平面直角坐标系中就是回归线接近于一条直线；非线性回归是指变量之间的变化规律呈非线性关系，表现在平面直角坐标系中就是回归线为一条曲线，如图 9-2-1 所示。

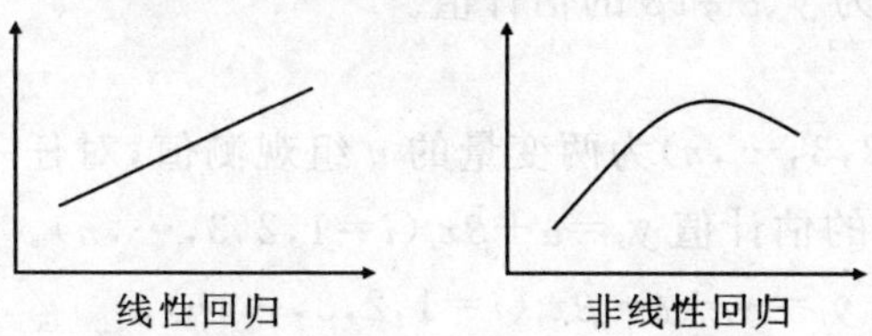

图 9-2-1　线性回归与非线性回归图示

本书只讨论两种线性回归，即一元线性回归和多元线性回归。

二、一元线性回归分析

(一)什么是一元线性回归

一元线性回归是指对具有线性相关关系的两个变量之间数量变化的一般规律进行测定，确定一个与之相应的线性方程，以便进行预测和控制。

一元线性回归分析最大的特点是研究对象只包含两个变量，一个是解释变量；另一个是被解释变量，且两个变量之间具有线性关系。

【观念运用 9-2-1】现实生活中，一元线性回归的例子很多。例如研究物业服务企业的利润与成本之间的关系、人均可支配收入与人均居住面积的关系、物业服务企业利润总额与企业经理年薪之间的关系等等，都可以运用一元线性回归分析的方法。

(二)一元线性回归模型的建立及参数估计

1. 一元线性回归模型的建立

对于具有线性关系的两个变量，因为受到随机因素的干扰，因此，在建立模型时应考虑随机扰动项μ_1。即一元线性回归模型可以表示为：

$$y_t = \alpha + \beta x_t + \mu_1 \tag{9-4}$$

式中 y_t——被解释变量的观测值；

x_t——解释变量的观测值；

α、β——待估计参数，α为截距，β为斜率；

μ_1——随机扰动项。

在实践中，μ_1是不可观测的，通常假设其服从均值为0、方差为σ^2的正态分布，即：$\mu_1 \sim N(0,\sigma^2)$。因此，平均意义而言，总体线性回归可以表示为：

$$E(y) = \alpha + \beta x \tag{9-5}$$

一般而言，变量的总体数据往往是不可得到的，而只是得到变量的样本观测值(x_1, y_1)、(x_2, y_2)、…、(x_n, y_n)。我们可以通过这些样本观测值得到参数α和β的估计值$\hat{\alpha}$和$\hat{\beta}$，进而得到样本回归方程，并以此作为对总体回归方程的估计。样本回归方程也被称为一元线性回归方程，其表达形式为：

$$\hat{y} = \hat{\alpha} + \hat{\beta} x \tag{9-6}$$

其中，$\hat{y}$、$\hat{\alpha}$、$\hat{\beta}$分别为y、α和β的估计值。

2. 参数估计

设$(x_i, y_i)(i=1,2,3,\cdots,n)$为两变量的$n$组观测值，对任一给定的$x_i$，将其带入式(9-6)，即可得到$y_i$的估计值$\hat{y}_i=\hat{\alpha}+\hat{\beta}x_i(i=1,2,3,\cdots,n)$。$\hat{y}_i$与其实际观测值$y_i$的差值，即离差为$y_i-\hat{y}_i=y_i-\hat{\alpha}-\hat{\beta}x_i(i=1,2,3,\cdots,n)$。

根据最小二乘法原理，欲使回归直线与变量的n组观测值拟合得最好，就必须使得这些离差的平方和取得最小值，即必须使$Q=\sum(y-\hat{y})^2=\sum(y-\hat{\alpha}-\hat{\beta}x)^2$取得最小值。

根据微积分中求极小值的理论，欲取得最小值，只需将上式分别对$\hat{\alpha}$和$\hat{\beta}$求偏导数，并令其等于0，最后整理可得：

$$\begin{cases} \sum y = n\hat{\alpha} + \hat{\beta}\sum x \\ \sum xy = \hat{\alpha}\sum x + \hat{\beta}x^2 \end{cases}$$

解以上方程组，即可以得到回归参数的估计值分别为：

$$\begin{cases} \hat{\beta} = \dfrac{n\sum xy - \sum x \sum y}{n\sum x^2 - \left(\sum x\right)^2} \\ \hat{\alpha} = \bar{y} - \hat{\beta}\bar{x} \end{cases} \tag{9-7}$$

一旦求得 $\hat{\alpha}$ 和 $\hat{\beta}$，一元线性回归方程也就随之确定了。

【观念运用 9-2-2】以表 9-1-1 所示数据为例，试在企业利润总额 y 与年均资金投入 x 之间建立一元线性回归方程。

解：根据观念运用 9-1-8 所得结果可知，企业利润 y 与年均资金投入 x 之间存在显著的线性相关关系，且相关系数为 0.90。因此，可以在二者之间建立一元线性回归方程，以确定二者之间在数量上的变化规律。

根据观念运用 9-1-8 的计算结果有：$\sum x = 6525$、$\sum y = 1079$、$\sum x^2 = 5668539$、$\sum xy = 795734$、$\sum y^2 = 130367$、$n = 10$。将其分别代入公式(9-7)中，有：

$$\hat{\beta} = \frac{n\sum xy - \sum x \sum y}{n\sum x^2 - \left(\sum x\right)^2} = \frac{10 \times 795734 - 6525 \times 1079}{10 \times 5668539 - (6525)^2} = 0.06498$$

$$\hat{\alpha} = \bar{y} - \hat{\beta}\bar{x} = 107.9 - 0.065 \times 652.5 = 65.5$$

因此，利润总额 y 与年均资金投入 x 之间的一元线性回归方程为：

$$\hat{y} = 65.5 + 0.06498x$$

其中，$\hat{\beta} = 0.06498$，表示在其他条件保持不变时，年均资金投入增加 1 万元，物业服务企业的利润总额可以增加 0.06498 万元。

(三)一元线性回归的估计标准误差

一般而言，根据一元线性回归方程得到的被解释变量的理论值 $\hat{y}$ 与实际值 y 是有差距的。因此，这便产生了如何衡量估计结果的准确性问题。

一元线性回归的估计标准误差，简称为估计标准差，是用来衡量回归直线对相关关系的代表性大小的统计分析指标，是指被解释变量实际值与估计值的平均离差。其计算公式为：

$$s_e = \sqrt{\frac{\sum (y - \hat{y})^2}{n - 2}} \tag{9-8}$$

或者

$$s_e = \sqrt{\frac{\sum y^2 - \hat{\alpha}\sum y - \hat{\beta}\sum xy}{n - 2}} \tag{9-9}$$

式中 $n-2$——自由度；

s_e——估计标准误差。

实践中，在样本容量比较大的情况下，为了计算上的便利，我们可以用 n 代替式(9-8)、式(9-9)中的 $n-2$，从而得到以下计算公式：

$$s_e = \sqrt{\frac{\sum (y - \hat{y})^2}{n}} \tag{9-10}$$

$$s_e=\sqrt{\frac{\sum y^2-\hat{\alpha}\sum y-\hat{\beta}\sum xy}{n}} \tag{9-11}$$

估计标准差与被解释变量 y 的计量单位应该相同。作为反映平均差异程度和代表性的指标,估计标准差反映了被解释变量的实际值与其估计值之间的平均差异程度,表明了估计值对实际值的代表性的强弱。估计标准差越小,说明被解释变量估计值与实际值的差异越小,估计值对实际值的代表性越强,回归方程估计或预测的精确度越高;估计标准差越大,说明被解释变量估计值与实际值的差异越大,估计值对实际值的代表性越弱,回归方程估计或预测的精确度越低。

【观念运用 9-2-3】以表 9-1-1 中有关年均资金投入与利润总额的数据为例,计算利润总额对年均资金投入 x 回归估计的标准差。

解:由观念运用 9-2-2 的计算结果可知:$\sum y=1079$、$\sum y^2=130367$、$\hat{\alpha}=65.5$、$\sum xy=795734$ 以及 $\hat{\beta}=0.06498$。将这些数据代入估计标准差的计算公式(9-9)中得:

$$s_e=\sqrt{\frac{\sum y^2-\hat{\alpha}\sum y-\hat{\beta}\sum xy}{n-2}}=\sqrt{\frac{130367-65.5\times1079-0.06498\times795734}{10-2}}$$

$$=31.5945(\text{万元})$$

计算得到的估计标准差为 31.5945 万元,意味着利润总额的实际值与估计值之间平均相差 31.5945 万元。

任务三　如何进行多元线性回归分析

【任务导入】

一家房地产评估公司想对某城市的房地产销售价格(y)与地产的评估价值(x_1)、房产的评估价值(x_2)和使用面积(x_3)建立一个模型,以便对销售价格作出合理预测。为此,收集了 20 栋住宅的房地产评估数据,如表 9-3-1 所示。

表 9-3-1　20 栋住宅的房地产评估数据

房地产编号	销售价格 y(元/平方米)	地产估价 x_1(万元)	房产估价 x_2(万元)	使用面积 x_3(平方米)
1	6890	596	4497	18730
2	4850	900	2780	9280
3	5550	950	3144	11260
4	6200	1000	3959	12650
5	11650	1800	7283	22140

续表 9-3-1

房地产编号	销售价格 y（元/平方米）	地产估价 x_1（万元）	房产估价 x_2（万元）	使用面积 x_3（平方米）
6	4500	850	2732	9120
7	3800	800	2986	8990
8	8300	2300	4775	18030
9	5900	810	3912	12040
10	4750	900	2935	17250
11	4050	730	4012	10800
12	4000	800	3168	15290
13	9700	2000	5851	24550
14	4550	800	2345	11510
15	4090	800	2089	11730
16	8000	1050	5625	19600
17	5600	400	2086	13440
18	3700	450	2261	9880
19	5000	340	3595	10760
20	2240	150	578	9620

用 Excel 进行回归，回答下面的问题：

(1)写出估计的多元回归方程；

(2)在销售价格的总方差中，被估计的回归方程所能解释的比例是多少；

(3)检验回归方程的线性关系是否显著($\alpha=0.05$)；

(4)检验各回归系数是否显著($\alpha=0.05$)。

【任务分析】

多元线性回归分析是指在线性相关的条件下，对一个变量受到另外两个或两个以上变量影响的数量变化关系所作的分析。它是一元线性回归的深化和继续，对各个参数的含义的解释与一元线性回归相似。

多元线性回归与一元线性回归的建立程序和参数估计方法是相似的，只是计算过程会复杂一些，具体计算方法和步骤不在本书的介绍范围之内。但是，通过借助于统计软件，我们可以很方便地得到多元线性回归方程中的参数估计值。

【相关知识链接】

一、什么是多元线性回归分析

在现实社会经济活动中，变量之间的关系是错综复杂的，一个变量的变化可能受到多个因素变化的影响。在这种情况下，为研究变量之间数量变化的规律性，就有必要进行多元线性回归分析。

多元线性回归分析是指在线性相关的条件下，对一个变量受到另外两个或两个以上变量影响的数量变化关系所作的分析。

【观念运用 9-3-1】对表 9-3-1 中所列的数据，我们可以把销售价格看做被解释变量，而把地产估价 x_1、房产估价 x_2、使用面积 x_3 看做解释变量，建立一个多元线性回归模型，以便对它们之间的数量变化关系进行研究。

二、多元线性回归模型的一般形式

多元线性回归模型是在线性相关的条件下，表现一个变量对另外两个或两个以上变量之间数量变化关系的数学公式。其一般形式如下：

$$\hat{y}=\beta_0+\beta_1x_1+\beta_2x_2+\cdots+\beta_kx_k$$

式中　$\hat{y}$——被解释变量，也称为因变量；

x_1、x_2、…、x_k——解释变量，也称为自变量；

β_0、β_1、β_2、…、β_k——模型的待估计参数。

多元线性回归模型的分析方法步骤与一元线性回归模型很相似，但符号比较复杂，计算量也相对较大。对模型参数的估计，也是运用普通最小二乘法，即使得 $\sum(y-\hat{y})^2$ 取最小值。由于计算量非常大，因此在统计实践中，一般都运用统计软件来计算待估参数。具体计算过程本教材不做要求。

本模块小结

本学习模块主要介绍了相关关系的判断及其测度、一元线性回归分析、多元线性回归分析等内容。

1. 作为统计学中研究变量之间数量关系的两大分析工具，相关关系与函数关系既存在联系，也存在着区别。相关关系是指在诸变量之间存在的、非确定性的数量关系，它不是一种严格的函数关系。依据不同的标准，相关关系可以划分为不同的类型，如：不相关、相关与完全相关；正相关和负相关；单相关和复相关；线性相关和非线性相关。

2. 测定变量之间是否存在相关关系及其相关的方向与紧密程度的方法主要有三种：编制相关表、绘制相关图以及计算相关系数。其中，相关表和相关图虽然简单直接，但只能从定性上分析变量之间是否存在相关关系及其大小，要想从定量的角度测度相关关系的紧密程度，就需要计算相关系数。相关系数的大小受到样本容量与样本的代表性两大因素的影响，可以运用其检验来分析相关系数的显著性。

3. 一元线性回归是指对具有线性相关关系的两个变量之间数量变化的一般规

律进行测定，确定一个与之相应的线性方程，以便进行预测和控制。一元线性回归的最大特点是只包含解释变量和被解释变量两个变量。我们可以采取最小二乘法来对一元线性模型的参数进行估计。

4. 多元线性回归分析是一元线性回归分析的继续和深化，一元线性回归分析的理论可以容易地运用到多元线性回归分析上来。所谓多元线性回归是指在线性相关的条件下，对一个变量受到另外两个或两个以上变量影响的数量变化关系所作的分析。运用统计软件可以非常方便地求取多元线性回归模型中的参数估计值。

关键概念

相关关系　Relationship　　函数关系　Functionship

相关分析　Relational analysis　　相关系数　Relational coefficient

回归分析　Regression analysis　　回归模型　Regression model

估计标准误差　Standard error of estimation　　单相关　Single correlation

复相关　Multiple correlation　　完全相关　Complete correlation

不相关　Non-correlation　　线性相关　Linear correlation

非线性相关　Nonlinear correlation

复习思考题

一、填空题

1. 在现实经济生活中，普遍存在着两种类型的数量关系：一种是(　　)；另一种是(　　)。

2. 相关表是指将被研究变量的(　　)按照一定的顺序排列在同一张表中，由表明(　　)的相关关系所形成的表格。

3. 相关系数是指反映两个变量之间(　　)程度以及方向的统计指标，一般用(　　)表示。

4. 按照回归线形态的不同，可以分为(　　)和(　　)。

5. 一元线性回归是指对具有线性相关关系的两个变量之间(　　)的一般规律进行测定，确定一个与之相应的线性方程，以便进行(　　)。

二、判断题

1. 相关关系是指诸变量之间存在的确定的数量关系。(　　)

2. 按照变量间相关的方向划分，相关关系可以分为正相关和负相关。(　　)

3. 大致说来，居民家庭的消费支出与月可支配收入之间大致就是一种线性相关关系。(　　)

4. 一元回归分析最大的特点是研究对象只包含两个变量，一个是解释变量；另一个是被解释变量，且两个变量之间具有非线性关系。（ ）

5. 多元线性回归模型是在线性相关的条件下，表现一个变量对另外两个或两个以上变量的数量变化关系所作的分析。（ ）

三、简答题

1. 简述函数关系与相关关系的区别与联系。

2. 相关关系按变量间相关的表现形态可划分为什么？作具体说明。

3. 根据相关系数的计算公式可知，结果受哪几个因素的影响？

4. 相关分析与回归分析的区别是什么？

5. 什么是多元线性回归分析？

四、计算题

1. 某咨询机构为了对消费者的特点进行调查研究，随机抽取了30名消费者组成样本，并分别向他们收集了有关年收入、家庭成员数以及年信用卡支付数额的相关情况，得到如下表所示的数据资料。

附表1 消费者年收入、家庭人数及信用卡支付额数据资料

编号	年收入（元）	家庭人数（人）	信用卡支付额（元）	编号	年收入（元）	家庭人数（人）	信用卡支付额（元）
01	270000	3	40160	16	210000	6	44120
02	150000	2	31590	17	125000	3	42080
03	160000	4	51000	18	105000	2	24480
04	250000	5	47420	19	220000	1	29950
05	155000	2	18640	20	185000	5	41710
06	275000	2	40700	21	310000	6	56780
07	185000	1	27310	22	105000	3	36230
08	200000	2	33480	23	275000	7	53010
09	330000	4	47640	24	210000	2	30200
10	255000	3	41100	25	205000	7	48280
11	240000	4	42190	26	195000	3	39040
12	135000	1	24770	27	180000	5	45160
13	165000	2	25140	28	260000	2	25460
14	325000	3	42140	29	315000	3	43550
15	315000	4	49650	30	360000	7	54890

根据以上数据，回答以下问题：

(1)试分别判断年收入、家庭人数与信用卡支付额之间是否存在相关关系。若存在,其相关关系的方向、形式及紧密程度如何?

(2)分别建立以年收入为解释变量、信用卡支付额为被解释变量的回归方程以及以家庭人数为解释变量、信用卡支付额为被解释变量的回归方程,估计其参数,判断哪一个解释变量能更好地解释和预测信用卡支付额的变化。

(3)同时以年收入和家庭人数为解释变量、信用卡支付额为被解释变量建立多元线性回归方程,运用统计软件求取参数的估计值,试对计算结果进行解释。

2. 某物业服务企业为了获得其经营方面的信息,收集了其承接的10个物业项目管理处的年营业收入与利润总额数据,如下表所示。

附表2　某物业服务企业各管理处的营业收入与利润总额数据　　单位:万元

管理处编号	年营业收入	利润总额	管理处编号	年营业收入	利润总额
01	178	8.5	06	1000	78.0
02	250	12.5	07	270	12.8
03	395	25.4	08	850	62.0
04	435	28.2	09	680	42.5
05	560	34.0	10	790	48.5

试根据以上数据资料回答以下问题:

(1)计算相关系数,判断该物业服务企业年营业收入与利润总额之间相关关系的方向和紧密程度。

(2)以年营业收入为解释变量、利润总额为被解释变量建立一元线性回归方程,并估计其参数。

(3)计算出估计的标准误差。

(4)根据所得到的一元线性回归方程,判断当年营业收入每增加1万元时,相应的利润总额平均增加多少万元。

五、实训题

将班级学生分成若干个小组,每组学生人数控制在8人以内。利用课余时间深入学校周边附近的某住宅小区进行调研,以确定业主的月工资水平与消费支出之间的关系。要求:

1. 自行确定统计调查的组织方式和方法;

2. 根据所获得的数据资料,编制相关表或绘制相关图,以判断工资水平与消费支出之间相关关系的方向;

3. 计算消费支出与工作水平之间的相关系数,并对其进行显著性检验,以判断二者相关关系的紧密程度;

4. 建立一元线性回归模型进行分析,使用统计软件计算参数估计值并说明其经济含义。

附 录

附录一 标准正态分布双侧检验临界值表

x	0.00	0.01	0.02	0.03	0.04	0.05	0.06	0.07	0.08	0.09
0.0	0.0000	0.0080	0.0160	0.0239	0.0319	0.0399	0.0478	0.0558	0.0638	0.0717
0.1	0.0797	0.0876	0.0955	0.1034	0.1113	0.1192	0.1271	0.1350	0.1428	0.1507
0.2	0.1585	0.1663	0.1741	0.1819	0.1897	0.1974	0.2051	0.2128	0.2205	0.2282
0.3	0.2358	0.2434	0.2510	0.2586	0.2661	0.2737	0.2812	0.2886	0.2961	0.3035
0.4	0.3108	0.3182	0.3255	0.3328	0.3401	0.3473	0.3545	0.3616	0.3688	0.3759
0.5	0.3829	0.3899	0.3969	0.4039	0.4108	0.4177	0.4245	0.4313	0.4381	0.4448
0.6	0.4515	0.4581	0.4647	0.4713	0.4778	0.4843	0.4907	0.4971	0.5035	0.5098
0.7	0.5161	0.5223	0.5283	0.5346	0.5407	0.5467	0.5527	0.5587	0.5646	0.5705
0.8	0.5763	0.5821	0.5878	0.5935	0.5991	0.6047	0.6102	0.6157	0.6211	0.625
0.9	0.6319	0.6372	0.6424	0.6473	0.6528	0.6579	0.6629	0.6680	0.6729	0.6778
1.0	0.6827	0.6875	0.6923	0.6970	0.7017	0.7063	0.7109	0.7154	0.719	0.7243
1.1	0.7287	0.7330	0.7373	0.7415	0.7457	0.749	0.7540	0.7580	0.7620	0.7660
1.2	0.7699	0.7737	0.7775	0.7818	0.7850	0.7887	0.7923	0.757	0.7995	0.8030
1.3	0.8064	0.8098	0.8132	0.8165	0.818	0.8230	0.8262	0.8293	0.8324	0.8355
1.4	0.8583	0.8415	0.8444	0.8473	0.8501	0.8529	0.8557	0.8584	0.811	0.8638
1.5	0.8664	0.8690	0.8715	0.8740	0.8764	0.878	0.8812	0.8836	0.8859	0.8882
1.6	0.8904	0.8926	0.848	0.896	0.8990	0.011	0.9031	0.9051	0.9070	0.9090
1.7	0.9109	0.9127	0.9146	0.9164	0.9181	0.9199	0.9216	0.9233	0.9249	0.9265
1.8	0.9281	0.9097	0.9312	0.9328	0.9342	0.9357	0.9371	0.9385	0.9399	0.9412
1.9	0.9426	0.9439	0.9451	0.9464	0.9476	0.9488	0.9500	0.9512	0.9523	0.9534
2.0	0.9545	0.9556	0.9566	0.9576	0.9586	0.9596	0.9606	0.9616	0.9625	0.9634
2.1	0.9643	0.9655	0.9660	0.9668	0.9676	0.9684	0.9692	0.9700	0.9707	0.9714
2.2	0.9722	0.9728	0.9736	0.0.742	0.9749	0.9756	0.9762	0.9768	0.9774	0.9780
2.3	0.9786	0.9792	0.9797	0.9802	0.9807	0.9812	0.9817	0.9822	0.9827	0.9832
2.4	0.9836	0.9840	0.9845	0.9850	0.9853	0.9858	0.9861	0.9864	0.9869	0.9872
2.5	0.9876	0.9880	0.9883	0.9886	0.9889	0.9892	0.9895	0.9898	0.9901	0.9904
2.6	0.9907	0.910	0.9912	0.9914	0.9917	0.9920	0.9922	0.9924	0.9926	0.9928
2.7	0.9931	0.932	0.9935	0.9936	0.9939	0.9941	0.9942	0.9944	0.9946	0.9948
2.8	0.9949	0.9950	0.9952	0.9954	0.9955	0.9956	0.9958	0.9959	0.9960	0.9967
2.9	0.962	0.9964	0.9965	0.9966	0.9967	0.9968	0.9969	0.9970	0.9971	0.9972
3.0	0.9973	0.9974	0.9975	0.9976	0.9977	0.9978	0.9978	0.9978	0.9980	0.9980

附录二　标准正态分布函数数值表

$$\varphi(x)=\int_{-\infty}^{x}\frac{1}{\sqrt{2\pi}}e^{-\frac{x^2}{2}}dx$$

x	0.00	0.01	0.02	0.03	0.04	0.05	0.06	0.07	0.08	0.09
0.0	0.5000	0.5040	0.5080	0.5120	0.5160	0.5199	0.5239	0.5279	0.5319	0.5359
0.1	0.5398	0.5438	0.5478	0.5517	0.5557	0.5596	0.5636	0.5675	0.5714	0.5753
0.2	0.5793	0.5832	0.5871	0.5910	0.5948	0.5987	0.6026	0.6064	0.6103	0.6141
0.3	0.6179	0.6217	0.6255	0.6293	0.6331	0.6368	0.6406	0.6443	0.6480	0.6517
0.4	0.6554	0.6591	0.6628	0.6664	0.6700	0.6736	0.6772	0.6808	0.6844	0.6879
0.5	0.6915	0.6950	0.6985	0.7019	0.7054	0.7088	0.7123	0.7157	0.7190	0.7224
0.6	0.7257	0.7291	0.7324	0.7357	0.7389	0.7422	0.7454	0.7486	0.7517	0.7549
0.7	0.7580	0.7611	0.7642	0.7673	0.7703	0.7734	0.7764	0.7794	0.7823	0.7852
0.8	0.7881	0.7910	0.7939	0.7967	0.7995	0.8023	0.8051	0.8078	0.8106	0.8133
0.9	0.8159	0.8186	0.8212	0.8238	0.8264	0.8289	0.8315	0.8340	0.8365	0.8389
1.0	0.8413	0.8438	0.8461	0.8485	0.8508	0.8531	0.8554	0.8577	0.8599	0.8621
1.1	0.8643	0.8665	0.8686	0.8708	0.8729	0.8749	0.8770	0.8790	0.8810	0.8830
1.2	0.8849	0.8869	0.8888	0.8907	0.8925	0.8944	0.8962	0.8980	0.8997	0.9015
1.3	0.9032	0.9049	0.9066	0.9082	0.9099	0.9115	0.9131	0.9147	0.9162	0.9177
1.4	0.9192	0.9207	0.9222	0.9236	0.9251	0.9265	0.9278	0.9292	0.9306	0.9319
1.5	0.9332	0.9345	0.9357	0.9370	0.9382	0.9394	0.9406	0.9418	0.9430	0.9441
1.6	0.9452	0.9463	0.9474	0.9484	0.9495	0.9505	0.9515	0.9525	0.9535	0.9545
1.7	0.9554	0.9564	0.9573	0.9582	0.9591	0.9599	0.9608	0.9616	0.9625	0.9633
1.8	0.9641	0.9648	0.9656	0.9664	0.9671	0.9678	0.9686	0.9693	0.9700	0.9706
1.9	0.9713	0.9719	0.9726	0.9732	0.9738	0.9744	0.9750	0.9756	0.9762	0.9767
2.0	0.9772	0.9778	0.9783	0.9788	0.9793	0.9798	0.9803	0.9808	0.9812	0.9817
2.1	0.9821	0.9826	0.9830	0.9834	0.9838	0.9842	0.9846	0.9850	0.9854	0.9857
2.2	0.9861	0.9864	0.9868	0.9871	0.9874	0.9878	0.9881	0.9884	0.9887	0.9890
2.3	0.9893	0.9896	0.9898	0.9901	0.9904	0.9906	0.9909	0.9911	0.9913	0.9916
2.4	0.9918	0.9920	0.9922	0.9925	0.9927	0.9929	0.9931	0.9932	0.9934	0.9936
2.5	0.9938	0.9940	0.9941	0.9943	0.9945	0.9946	0.9948	0.9949	0.9951	0.9952
2.6	0.9953	0.9955	0.9956	0.9957	0.9959	0.9960	0.9961	0.9962	0.9963	0.9964
2.7	0.9965	0.9966	0.9967	0.9968	0.9969	0.9970	0.9971	0.9972	0.9973	0.9974
2.8	0.9974	0.9975	0.9976	0.9977	0.9977	0.9978	0.9979	0.9979	0.9980	0.9981
2.9	0.9981	0.9982	0.9982	0.9983	0.9984	0.9984	0.9985	0.9985	0.9986	0.9986
3.0	0.9987	0.9990	0.9993	0.9995	0.9997	0.9998	0.9998	0.9999	0.9999	1.0000

注：本表最后一行自左至右依次是 $\varphi(3.0)$、…、$\varphi(3.9)$的值。

附录三 t 分布临界值表

$$P\{t(k)>t\}=\alpha$$

$\alpha_{\alpha}k$	0.25	0.10	0.05	0.025	0.01	0.005
1	1.0000	3.0777	6.3138	12.7062	31.8207	63.6574
2	0.8165	1.885x6	2.9200	4.3027	6.9646	9.9248
3	0.7649	1.6377	2.3534	3.1824	4.5407	5.8409
4	0.7407	1.5332	2.1318	2.7764	3.7469	4.6041
5	0.7267	1.4759	2.0150	2.5706	3.3649	4.0322
6	0.7176	1.4398	1.9432	2.4469	3.1427	3.7074
7	0.7111	1.4149	1.8946	2.3646	2.9980	3.4995
8	0.7064	1.3968	1.8595	2.3060	2.8965	3.3554
9	0.7027	1.3830	1.8331	2.2622	2.8214	3.2498
10	0.6998	1.3722	1.8125	2.2281	2.7638	3.1693
11	0.6974	1.3634	1.7959	2.2010	2.7181	3.1058
12	0.6955	1.3562	1.7823	2.1788	2.6810	3.0545
13	0.6928	1.3502	1.7709	2.1604	2.6503	3.0123
14	0.6924	1.3450	1.7613	2.1448	2.6245	2.9768
15	0.6912	1.3406	1.7531	2.1315	2.6025	2.9467
16	0.6901	1.3368	1.7459	2.1199	2.5835	2.9208
17	0.6892	1.3334	1.7396	2.1098	2.5669	2.8982
18	0.6884	1.3304	1.7341	2.1009	2.5524	2.8784
19	0.6876	1.3277	1.7291	2.0930	2.5395	2.8609
20	0.6870	1.3253	1.7247	2.0860	2.5280	2.8453
21	0.6864	1.3232	1.7207	2.0796	2.5177	2.8314
22	0.6858	1.3212	1.7171	2.0739	2.5083	2.8188
23	0.6853	1.3195	1.7139	2.0687	2.4999	2.8073
24	0.6848	1.3178	1.7109	2.0639	2.4922	2.7969
25	0.6844	1.3163	1.7081	2.0595	2.4851	2.7874
26	0.6840	1.3150	1.7056	2.0555	2.4786	2.7787
27	0.6837	1.3137	1.7033	2.0518	2.4727	2.7707
28	0.6834	1.3125	1.7011	2.0484	2.4671	2.7633
29	0.6830	1.3114	1.6991	2.0452	2.4620	2.7564
30	0.6828	1.3104	1.6973	2.0423	2.4573	2.7500

续附录三

$\alpha_a k$	0.25	0.10	0.05	0.025	0.01	0.005
31	0.6825	1.3095	1.6955	2.0395	2.4528	2.7440
32	0.6822	1.3086	1.6939	2.0369	2.4487	2.7385
33	0.6820	1.3077	1.6924	2.0345	2.4448	2.7333
34	0.6818	1.3070	1.6909	2.0322	2.4411	2.7284
35	0.6816	1.3062	1.6896	2.0301	2.4377	2.7238
36	0.6814	1.3055	1.6883	2.0281	2.4345	2.7195
37	0.6812	1.3049	1.6871	2.0262	2.4314	2.7154
38	0.6810	1.3042	1.6860	2.0244	2.4286	2.7116
39	0.6808	1.3036	1.6849	2.0227	2.4258	2.7079
40	0.6807	1.3031	1.6839	2.0211	2.4233	2.7045
41	0.6805	1.3025	1.6829	2.0195	2.4208	2.7012
42	0.6804	1.3020	1.6820	2.0181	2.4185	2.6981
43	0.6802	1.3016	1.6811	2.0167	2.4163	2.6951
44	0.6801	1.3011	1.6802	2.0154	2.4141	2.6923
45	0.6800	1.3006	1.6794	2.0141	2.4121	2.6896

附录四　卡方分布临界值表

df \ α	0.995	0.99	0.975	0.95	0.9	0.75	0.25	0.1	0.05	0.025	0.01	0.005
1	…	…	0.001	0.004	0.016	0.102	1.323	2.706	3.841	5.024	6.635	7.879
2	0.010	0.020	0.051	0.103	0.211	0.575	2.773	4.605	5.991	7.378	9.210	10.597
3	0.072	0.115	0.216	0.352	0.584	1.213	4.108	6.251	7.815	9.348	11.345	12.838
4	0.207	0.297	0.484	0.711	1.064	1.923	5.385	7.779	9.488	11.143	13.277	14.860
5	0.412	0.554	0.831	1.145	1.610	2.675	6.626	9.236	11.071	12.833	15.086	16.750
6	0.676	0.872	1.237	1.635	2.204	3.455	7.841	10.645	12.592	14.449	16.812	18.548
7	0.989	1.239	1.690	2.167	2.833	4.255	9.037	12.017	14.067	16.013	18.475	20.278
8	1.344	1.646	2.180	2.733	3.490	5.071	10.219	13.362	15.507	17.535	20.090	21.955
9	1.735	2.088	2.700	30325	4.168	5.899	11.389	14.684	16.919	19.023	23.209	25.188
10	2.156	2.558	3.247	3.940	4.865	6.737	12.549	15.987	18.307	20.483	23.209	25.188
11	2.603	3.053	3.816	4.575	5.578	7.584	13.701	17.275	9.675	21.920	24.725	26.757
12	3.074	3.571	4.404	5.226	6.304	8.438	14.845	18.549	21.026	23.337	26.217	28.299
13	3.565	4.107	5.009	5.892	7.042	9.299	15.984	19.812	22.362	24.736	27.688	29.819
14	4.075	4.660	5.629	6.571	7.790	10.165	17.117	21.064	23.685	16.119	29.141	31.319
15	4.601	5.229	6.262	7.261	8.547	11.037	18.245	22.307	24.966	27.488	30.578	32.801
16	5.142	5.812	6.908	7.962	9.312	11.912	19.369	23.542	26.296	28.845	32.000	34.267
17	5.697	6.408	7.564	8.672	10.085	12.792	20.489	24.769	27.587	30.191	33.409	35.718
18	6.265	7.015	8.231	9.390	10.865	13.675	21.205	25.989	28.869	31.562	34.805	37.156
19	6.844	7.633	8.907	10.117	11.651	14.562	22.718	27.204	30.144	32.852	36.191	38.582
20	7.434	8.260	9.591	10.851	12.443	15.452	23.828	28.412	31.410	34.170	37.566	39.997
21	8.034	8.897	10.283	11.591	13.240	16.344	24.935	29.615	32.671	35.479	38.932	41.401
22	8.643	9.542	10.982	12.338	14.042	17.240	26.039	30.813	33.924	36.781	40.289	42.796
23	9.260	10.196	11.689	13.091	14.848	18.137	27.141	32.007	35.172	38.076	41.638	44.181
24	9.886	10.856	12.401	13.848	15.659	19.037	28.241	33.196	36.415	39.364	42.980	45.559
25	10.520	11.524	13.120	14.611	16.673	19.939	29.339	34.382	37.652	40.646	44.314	46.928

续附录四

df \ α	0.995	0.99	0.975	0.95	0.9	0.75	0.25	0.1	0.05	0.025	0.01	0.005
26	11.160	12.198	13.844	15.379	17.292	20.843	30.435	35.563	38.885	41.923	45.642	48.290
27	11.808	12.879	14.573	16.151	18.114	21.749	31.528	36.741	40.113	43.194	46.963	49.645
28	12.461	13.565	15.308	16.928	18.939	22.657	32.620	37.916	41.337	44.461	48.278	50.993
29	13.121	14.257	16.047	17.708	19.768	23.567	33.711	39.087	42.557	45.722	49.588	52.336
30	13.787	14.954	16.791	18.493	20.599	24.478	34.800	40.256	43.773	46.979	50.892	53.672
31	14.458	15.655	17.539	19.281	21.434	25.390	35.887	41.422	44.985	48.232	52.191	55.003
32	15.134	16.362	18.291	20.072	22.271	26.304	36.973	42.585	48.232	52.591	53.486	61.581
33	15.815	17.074	19.047	20.867	23.100	27.219	38.058	43.745	47.400	50.725	54.776	57.648
34	16.501	17.789	19.806	21.664	23.952	28.136	39.141	44.903	48.602	51.966	56.061	58.964
35	17.192	18.509	20.569	22.465	240797	29.054	40.223	46.059	49.802	53.203	57.342	60.275
36	17.887	190233	21.336	23.269	25.643	29.973	41.304	47.212	50.998	54.437	58.619	61.581
37	18.586	19.960	22.106	24.075	26.492	30.893	42.383	48.363	52.192	55.668	59.892	62.883
38	19.289	20.691	22.878	24.884	27.343	31.815	43.462	49.513	53.384	56.896	61.162	64.181
39	19.996	21.462	23.654	25.695	28.196	32.737	44.539	50.660	54.572	58.120	62.428	65.476
40	20.707	22.164	240433	26.509	29.051	33.660	45.616	51.805	55.758	59.342	63.691	66.766
41	21.421	22.906	25.215	27.326	29.937	34.585	46.692	52.949	56.942	60.561	64.950	68.053
42	22.138	23.650	25.999	28.144	30.765	35.510	47.766	54.090	58.124	61.777	66.206	69.336
43	22.859	24.398	26.789	28.965	31.625	36.436	48.840	55.230	59.304	62.990	67.459	70.616
44	23.584	25.184	27.575	29.987	32.487	37.363	49.913	56.369	60.481	64.201	68.710	71.893
45	24.311	25.901	28.366	30.612	33.350	38.291	50.985	57.505	61.656	65.410	69.957	73.166

附录

附录五 F分布临界值表

$$P\{F(k_1, k_2) > F\alpha\} = \alpha$$

$$\alpha = 0.005$$

n_2 \ n_1	1	2	3	4	5	6	8	12	24	∞
1	16211	20000	21615	22500	23056	23437	23925	24426	24940	25465
2	198.5	199.0	199.2	199.2	199.3	199.3	199.4	199.4	199.5	199.5
3	55.55	49.80	47.47	46.19	45.39	44.84	44.13	43.39	42.62	41.83
4	31.33	26.28	24.26	23.15	22.46	21.97	21.35	20.70	20.03	19.32
5	22.78	18.31	16.53	15.56	14.94	14.51	13.96	13.38	12.78	12.14
6	18.63	14.45	12.92	12.03	11.46	11.07	10.57	10.03	9.47	8.88
7	16.24	12.40	10.88	10.05	9.52	9.16	8.68	8.18	7.65	7.08
8	14.69	11.04	9.60	8.81	8.30	7.95	7.50	7.01	6.50	5.95
9	13.61	10.11	8.72	7.96	7.47	7.13	6.69	6.23	5.73	5.19
10	12.83	9.43	8.08	7.34	6.87	6.54	6.12	5.66	5.17	4.64
11	12.23	8.91	7.60	6.88	6.42	6.10	5.68	5.24	4.76	4.23
12	11.75	8.51	7.23	6.52	6.07	5.76	5.35	4.91	4.43	3.90
13	11.37	8.19	6.93	6.23	5.79	5.48	5.08	4.64	4.17	3.65
14	11.06	7.92	6.68	6.00	5.56	5.26	4.86	4.43	3.96	3.44
15	10.80	7.70	6.48	5.80	5.37	5.07	4.67	4.25	3.79	3.26
16	10.58	7.51	6.30	5.64	5.21	4.91	4.52	4.10	3.64	3.11
17	10.38	7.35	6.16	5.50	5.07	4.78	4.39	3.97	3.51	2.98
18	10.22	7.21	6.03	5.37	4.96	4.66	4.28	3.86	3.40	2.87
19	10.07	7.09	5.92	5.27	4.85	4.56	4.18	3.76	3.31	2.78
20	9.94	6.99	5.82	5.17	4.76	4.47	4.09	3.68	3.22	2.69
21	9.83	6.89	5.73	5.09	4.68	4.39	4.01	3.60	3.15	2.61
22	9.73	6.81	5.65	5.02	4.61	4.32	3.94	3.54	3.08	2.55
23	9.63	6.73	5.58	4.95	4.54	4.26	3.88	3.47	3.02	2.48
24	9.55	6.66	5.52	4.89	4.49	4.20	3.83	3.42	2.97	2.43
25	9.48	6.60	5.46	4.84	4.43	4.15	3.78	3.37	2.92	2.38
26	9.41	6.54	5.41	4.79	4.38	4.10	3.73	3.33	2.87	2.33
27	9.34	6.49	5.36	4.74	4.34	4.06	3.69	3.28	2.83	2.29
28	9.28	6.44	5.32	4.70	4.30	4.02	3.65	3.25	2.79	2.25
29	9.23	6.40	5.28	4.66	4.26	3.98	3.61	3.21	2.76	2.21
30	9.18	6.35	5.24	4.62	4.23	3.95	3.58	3.18	2.73	2.18
40	8.83	6.07	4.98	4.37	3.99	3.71	3.35	2.95	2.50	1.93
60	8.49	5.79	4.73	4.14	3.76	3.49	3.13	2.74	2.29	1.69
120	8.18	5.54	4.50	3.92	3.55	3.28	2.93	2.54	2.09	1.43
∞	7.88	5.30	4.28	3.72	3.35	3.09	2.74	2.36	1.90	1.00

$\alpha=0.01$

n_2 \ n_1	1	2	3	4	5	6	8	12	24	∞
1	4052	4999	5403	5625	5764	5859	5981	6106	6234	6366
2	98.49	99.01	99.17	99.25	99.30	99.33	99.36	99.42	99.46	99.50
3	34.12	30.81	29.46	28.71	28.24	27.91	27.49	27.05	26.60	26.12
4	21.20	18.00	16.69	15.98	15.52	15.21	14.80	14.37	13.93	13.46
5	16.26	13.27	12.06	11.39	10.97	10.67	10.29	9.89	9.47	9.02
6	13.74	10.92	9.78	9.15	8.75	8.47	8.10	7.72	7.31	6.88
7	12.25	9.55	8.45	7.85	7.46	7.19	6.84	6.47	6.07	5.65
8	11.26	8.65	7.59	7.01	6.63	6.37	6.03	5.67	5.28	4.86
9	10.56	8.02	6.99	6.42	6.06	5.80	5.47	5.11	4.73	4.31
10	10.04	7.56	6.55	5.99	5.64	5.39	5.06	4.71	4.33	3.91
11	9.65	7.20	6.22	5.67	5.32	5.07	4.74	4.40	4.02	3.60
12	9.33	6.93	5.95	5.41	5.06	4.82	4.50	4.16	3.78	3.36
13	9.07	6.70	5.74	5.20	4.86	4.62	4.30	3.96	3.59	3.16
14	8.86	6.51	5.56	5.03	4.69	4.46	4.14	3.80	3.43	3.00
15	8.68	6.36	5.42	4.89	4.56	4.32	4.00	3.67	3.29	2.87
16	8.53	6.23	5.29	4.77	4.44	4.20	3.89	3.55	3.18	2.75
17	8.40	6.11	5.18	4.67	4.34	4.10	3.79	3.45	3.08	2.65
18	8.28	6.01	5.09	4.58	4.25	4.01	3.71	3.37	3.00	2.57
19	8.18	5.93	5.01	4.50	4.17	3.94	3.63	3.30	2.92	2.49
20	8.10	5.85	4.94	4.43	4.10	3.87	3.56	3.23	2.86	2.42
21	8.02	5.78	4.87	4.37	4.04	3.81	3.51	3.17	2.80	2.36
22	7.94	5.72	4.82	4.31	3.99	3.76	3.45	3.12	2.75	2.31
23	7.88	5.66	4.76	4.26	3.94	3.71	3.41	3.07	2.70	2.26
24	7.82	5.61	4.72	4.22	3.90	3.67	3.36	3.03	2.66	2.21
25	7.77	5.57	4.68	4.18	3.86	3.63	3.32	2.99	2.62	2.17
26	7.72	5.53	4.64	4.14	3.82	3.59	3.29	2.96	2.58	2.13
27	7.68	5.49	4.60	4.11	3.78	3.56	3.26	2.93	2.55	2.10
28	7.64	5.45	4.57	4.07	3.75	3.53	3.23	2.90	2.52	2.06
29	7.60	5.42	4.54	4.04	3.73	3.50	3.20	2.87	2.49	2.03
30	7.56	5.39	4.51	4.02	3.70	3.47	3.17	2.84	2.47	2.01
40	7.31	5.18	4.31	3.83	3.51	3.29	2.99	2.66	2.29	1.80
60	7.08	4.98	4.13	3.65	3.34	3.12	2.82	2.50	2.12	1.60
120	6.85	4.79	3.95	3.48	3.17	2.96	2.66	2.34	1.95	1.38
∞	6.64	4.60	3.78	3.32	3.02	2.80	2.51	2.18	1.79	1.00

$\alpha=0.025$

n_2 \ n_1	1	2	3	4	5	6	8	12	24	∞
1	647.8	799.5	864.2	899.6	921.8	937.1	956.7	976.7	997.2	1018
2	38.51	39.00	39.17	39.25	39.30	39.33	39.37	39.41	39.46	39.50
3	17.44	16.04	15.44	15.10	14.88	14.73	14.54	14.34	14.12	13.90
4	12.22	10.65	9.98	9.60	9.36	9.20	8.98	8.75	8.51	8.26
5	10.01	8.43	7.76	7.39	7.15	6.98	6.76	6.52	6.28	6.02
6	8.81	7.26	6.60	6.23	5.99	5.82	5.60	5.37	5.12	4.85
7	8.07	6.54	5.89	5.52	5.29	5.12	4.90	4.67	4.42	4.14
8	7.57	6.06	5.42	5.05	4.82	4.65	4.43	4.20	3.95	3.67
9	7.21	5.71	5.08	4.72	4.48	4.32	4.10	3.87	3.61	3.33
10	6.94	5.46	4.83	4.47	4.24	4.07	3.85	3.62	3.37	3.08
11	6.72	5.26	4.63	4.28	4.04	3.88	3.66	3.43	3.17	2.88
12	6.55	5.10	4.47	4.12	3.89	3.73	3.51	3.28	3.02	2.72
13	6.41	4.97	4.35	4.00	3.77	3.60	3.39	3.15	2.89	2.60
14	6.30	4.86	4.24	3.89	3.66	3.50	3.29	3.05	2.79	2.49
15	6.20	4.77	4.15	3.80	3.58	3.41	3.20	2.96	2.70	2.40
16	6.12	4.69	4.08	3.73	3.50	3.34	3.12	2.89	2.63	2.32
17	6.04	4.62	4.01	3.66	3.44	3.28	3.06	2.82	2.56	2.25
18	5.98	4.56	3.95	3.61	3.38	3.22	3.01	2.77	2.50	2.19
19	5.92	4.51	3.90	3.56	3.33	3.17	2.96	2.72	2.45	2.13
20	5.87	4.46	3.86	3.51	3.29	3.13	2.91	2.68	2.41	2.09
21	5.83	4.42	3.82	3.48	3.25	3.09	2.87	2.64	2.37	2.04
22	5.79	4.38	3.78	3.44	3.22	3.05	2.84	2.60	2.33	2.00
23	5.75	4.35	3.75	3.41	3.18	3.02	2.81	2.57	2.30	1.97
24	5.72	4.32	3.72	3.38	3.15	2.99	2.78	2.54	2.27	1.94
25	5.69	4.29	3.69	3.35	3.13	2.97	2.75	2.51	2.24	1.91
26	5.66	4.27	3.67	3.33	3.10	2.94	2.73	2.49	2.22	1.88
27	5.63	4.24	3.65	3.31	3.08	2.92	2.71	2.47	2.19	1.85
28	5.61	4.22	3.63	3.29	3.06	2.90	2.69	2.45	2.17	1.83
29	5.59	4.20	3.61	3.27	3.04	2.88	2.67	2.43	2.15	1.81
30	5.57	4.18	3.59	3.25	3.03	2.87	2.65	2.41	2.14	1.79
40	5.42	4.05	3.46	3.13	2.90	2.74	2.53	2.29	2.01	1.64
60	5.29	3.93	3.34	3.01	2.79	2.63	2.41	2.17	1.88	1.48
120	5.15	3.80	3.23	2.89	2.67	2.52	2.30	2.05	1.76	1.31
∞	5.02	3.69	3.12	2.79	2.57	2.41	2.19	1.94	1.64	1.00

$\alpha=0.05$

n_2 \ n_1	1	2	3	4	5	6	8	12	24	∞
1	161.4	199.5	215.7	224.6	230.2	234.0	238.9	243.9	249.0	254.3
2	18.51	19.00	19.16	19.25	19.30	19.33	19.37	19.41	19.45	19.50
3	10.13	9.55	9.28	9.12	9.01	8.94	8.84	8.74	8.64	8.53
4	7.71	6.94	6.59	6.39	6.26	6.16	6.04	5.91	5.77	5.63
5	6.61	5.79	5.41	5.19	5.05	4.95	4.82	4.68	4.53	4.36
6	5.99	5.14	4.76	4.53	4.39	4.28	4.15	4.00	3.84	3.67
7	5.59	4.74	4.35	4.12	3.97	3.87	3.73	3.57	3.41	3.23
8	5.32	4.46	4.07	3.84	3.69	3.58	3.44	3.28	3.12	2.93
9	5.12	4.26	3.86	3.63	3.48	3.37	3.23	3.07	2.90	2.71
10	4.96	4.10	3.71	3.48	3.33	3.22	3.07	2.91	2.74	2.54
11	4.84	3.98	3.59	3.36	3.20	3.09	2.95	2.79	2.61	2.40
12	4.75	3.88	3.49	3.26	3.11	3.00	2.85	2.69	2.50	2.30
13	4.67	3.80	3.41	3.18	3.02	2.92	2.77	2.60	2.42	2.21
14	4.60	3.74	3.34	3.11	2.96	2.85	2.70	2.53	2.35	2.13
15	4.54	3.68	3.29	3.06	2.90	2.79	2.64	2.48	2.29	2.07
16	4.49	3.63	3.24	3.01	2.85	2.74	2.59	2.42	2.24	2.01
17	4.45	3.59	3.20	2.96	2.81	2.70	2.55	2.38	2.19	1.96
18	4.41	3.55	3.16	2.93	2.77	2.66	2.51	2.34	2.15	1.92
19	4.38	3.52	3.13	2.90	2.74	2.63	2.48	2.31	2.11	1.88
20	4.35	3.49	3.10	2.87	2.71	2.60	2.45	2.28	2.08	1.84
21	4.32	3.47	3.07	2.84	2.68	2.57	2.42	2.25	2.05	1.81
22	4.30	3.44	3.05	2.82	2.66	2.55	2.40	2.23	2.03	1.78
23	4.28	3.42	3.03	2.80	2.64	2.53	2.38	2.20	2.00	1.76
24	4.26	3.40	3.01	2.78	2.62	2.51	2.36	2.18	1.98	1.73
25	4.24	3.38	2.99	2.76	2.60	2.49	2.34	2.16	1.96	1.71
26	4.22	3.37	2.98	2.74	2.59	2.47	2.32	2.15	1.95	1.69
27	4.21	3.35	2.96	2.73	2.57	2.46	2.30	2.13	1.93	1.67
28	4.20	3.34	2.95	2.71	2.56	2.44	2.29	2.12	1.91	1.65
29	4.18	3.33	2.93	2.70	2.54	2.43	2.28	2.10	1.90	1.64
30	4.17	3.32	2.92	2.69	2.53	2.42	2.27	2.09	1.89	1.62
40	4.08	3.23	2.84	2.61	2.45	2.34	2.18	2.00	1.79	1.51
60	4.00	3.15	2.76	2.52	2.37	2.25	2.10	1.92	1.70	1.39
120	3.92	3.07	2.68	2.45	2.29	2.17	2.02	1.83	1.61	1.25
∞	3.84	2.99	2.60	2.37	2.21	2.09	1.94	1.75	1.52	1.00

α=0.10

n_2 \ n_1	1	2	3	4	5	6	8	12	24	∞
1	39.86	49.50	53.59	55.83	57.24	58.20	59.44	60.71	62.00	63.33
2	8.53	9.00	9.16	9.24	9.29	9.33	9.37	9.41	9.45	9.49
3	5.54	5.46	5.36	5.32	5.31	5.28	5.25	5.22	5.18	5.13
4	4.54	4.32	4.19	4.11	4.05	4.01	3.95	3.90	3.83	3.76
5	4.06	3.78	3.62	3.52	3.45	3.40	3.34	3.27	3.19	3.10
6	3.78	3.46	3.29	3.18	3.11	3.05	2.98	2.90	2.82	2.72
7	3.59	3.26	3.07	2.96	2.88	2.83	2.75	2.67	2.58	2.47
8	3.46	3.11	2.92	2.81	2.73	2.67	2.59	2.50	2.40	2.29
9	3.36	3.01	2.81	2.69	2.61	2.55	2.47	2.38	2.28	2.16
10	3.29	2.92	2.73	2.61	2.52	2.46	2.38	2.28	2.18	2.06
11	3.23	2.86	2.66	2.54	2.45	2.39	2.30	2.21	2.10	1.97
12	3.18	2.81	2.61	2.48	2.39	2.33	2.24	2.15	2.04	1.90
13	3.14	2.76	2.56	2.43	2.35	2.28	2.20	2.10	1.98	1.85
14	3.10	2.73	2.52	2.39	2.31	2.24	2.15	2.05	1.94	1.80
15	3.07	2.70	2.49	2.36	2.27	2.21	2.12	2.02	1.90	1.76
16	3.05	2.67	2.46	2.33	2.24	2.18	2.09	1.99	1.87	1.72
17	3.03	2.64	2.44	2.31	2.22	2.15	2.06	1.96	1.84	1.69
18	3.01	2.62	2.42	2.29	2.20	2.13	2.04	1.93	1.81	1.66
19	2.99	2.61	2.40	2.27	2.18	2.11	2.02	1.91	1.79	1.63
20	2.97	2.59	2.38	2.25	2.16	2.09	2.00	1.89	1.77	1.61
21	2.96	2.57	2.36	2.23	2.14	2.08	1.98	1.87	1.75	1.59
22	2.95	2.56	2.35	2.22	2.13	2.06	1.97	1.86	1.73	1.57
23	2.94	2.55	2.34	2.21	2.11	2.05	1.95	1.84	1.72	1.55
24	2.93	2.54	2.33	2.19	2.10	2.04	1.94	1.83	1.70	1.53
25	2.92	2.53	2.32	2.18	2.09	2.02	1.93	1.82	1.69	1.52
26	2.91	2.52	2.31	2.17	2.08	2.01	1.92	1.81	1.68	1.50
27	2.90	2.51	2.30	2.17	2.07	2.00	1.91	1.80	1.67	1.49
28	2.89	2.50	2.29	2.16	2.06	2.00	1.90	1.79	1.66	1.48
29	2.89	2.50	2.28	2.15	2.06	1.99	1.89	1.78	1.65	1.47
30	2.88	2.49	2.28	2.14	2.05	1.98	1.88	1.77	1.64	1.46
40	2.84	2.44	2.23	2.09	2.00	1.93	1.83	1.71	1.57	1.38
60	2.79	2.39	2.18	2.04	1.95	1.87	1.77	1.66	1.51	1.29
120	2.75	2.35	2.13	1.99	1.90	1.82	1.72	1.60	1.45	1.19
∞	2.71	2.30	2.08	1.94	1.85	1.17	1.67	1.55	1.38	1.00

参考文献

一、著作类

[1]余群英.现代统计技术.北京:机械工业出版社,2006

[2]胡德华.统计学原理.北京:清华大学出版社,2009

[3]吕朝辉,张会锋.统计学基础.北京:化学工业出版社,2008

[4]杨国良.统计学原理.重庆:重庆大学出版社,2006

[5]刘美荣.统计学基础.北京:中国人民大学出版社,2008

[6]胡宝坤.统计学基础实训教程.北京:中国农业大学出版社,2009

[7]迟艳芹.统计学原理与运用.北京:清华大学出版社,2005

[8]史书良.统计学原理.北京:北京交通大学出版社,2006

[9]阮红伟.统计学基础.北京:中国农业大学出版社,2009

[10]周英豪,范翠玲,时伟.新编统计学.北京:北京大学出版社,2006

[11]宫春子.统计学基础.大连:东北财经大学出版社,2007

[12]吕亚君.统计学原理.南京:南京大学出版社,2008

[13]陈在余,陶应虎,罗卫国.统计学原理与实务.北京:清华大学出版社,2009

[14]姜长文,简家进.统计学原理与实务.北京:中国林业出版社,2007

[15]黄长凌.工商管理统计学.北京:清华大学出版社,2009

[16]曹尔黎.统计基础与运用.北京:清华大学出版社,2009

[17]周恩荣.运用统计学.北京:北京交通大学出版社,2007

[18]苏爱艳,李杰.统计学基础.北京:化学工业出版社,2007

[19]张凌云,韩小平,秦伟英.物业统计.上海:华东师范大学出版社,2008

[20]李渠建.物业统计.北京:中国建筑工业出版社,2006

[21]栗方忠.统计学原理习题与实训.大连:东北财经大学出版社,2009

二、网站类

[1]中华人民共和国国家统计局:http://www.stats.gov.cn/

[2]珠海市统计局:www.stats-zh.gov.cn

[3]世邦魏理仕:http://www.cbre.com.cn/china/chs/

[4]统计在线学习馆:http://estat.ncku.edu.tw/

[5]中国应用统计网:http://www.applstats.org.cn/

[6]互动式统计教学:http://ibm9.math.nsysu.edu.tw/StatDemo/